大学生法治教育

主　编　李　真　李　燕　豆雨思
副主编　宋晨辉　刘　宇　陈和芳

北京交通大学出版社

·北京·

内 容 简 介

为将法治教育落到实处，培养大学生学法、懂法、用法、畏法、敬法的法律素养，提高大学生的违法意识和抗风险意识，本书选取与大学生日常生活相关的宪法、刑法、创新创业相关的法律制度及婚姻家庭继承法律制度等内容，并辅以新鲜、全面、权威的案例，以方便学生学习。

本书适用于普通高等院校非法学专业本（专科）学生使用的教材。

图书在版编目(CIP)数据

大学生法治教育/李真主编. —北京：北京交通大学出版社，2016.8（2020.8 重印）
ISBN 978 -7 -5121 -3033 -3

Ⅰ. ①大… Ⅱ. ①李… Ⅲ. ①社会主义法制-法制教育-中国-高等学校-教材
Ⅳ. ①D920.4 ②G641.5

中国版本图书馆 CIP 数据核字（2016）第 207542 号

大学生法治教育

DAXUESHENG FAZHI JIAOYU

策划编辑：李运文
责任编辑：陈跃琴
出版发行：北京交通大学出版社　　　电话：010 -51686414　　　http：//www. bjtup. com. cn
　　　　　北京市海淀区高梁桥斜街 44 号　　　邮编：100044
印 刷 者：北京鑫海金澳胶印有限公司
经　　销：全国新华书店
开　　本：185 mm ×260 mm　　　印张：13.75　　　字数：344 千字
版 印 次：2016 年 8 月第 1 版　　　2020 年 8 月第 7 次印刷
印　　数：21 001 ~27 000 册　　　定价：39.00 元

本书如有质量问题，请向北京交通大学出版社质监组反映。对您的意见和批评，我们表示欢迎和感谢。
投诉电话：010 -51686043，51686008；传真：010 -62225406；E -mail：press@ bjtu. edu. cn。

前　言

2014 年 10 月党的十八届四中全会通过《中共中央关于全面推进依法治国若干重大问题的决定》，教育部也颁布了《全面推进依法治校实施纲要》。大学生接受法治教育既是大学生的义务，也是其应有的权利。全国各省（自治区、直辖市）以此为契机纷纷出台文件，要求切实安排学时学分将法治教育落到实处。本书的编写与出版旨在满足此需求。

必备的法律素养已成为现代公民特别是青年大学生立足社会的基本要件。法治国家的建设，首先需要培养公民的法律意识，尤其是权利义务意识。大学生作为法治国家建设的未来中坚力量，他们任重而道远。然而，"云南版许霆案""郑州大学生掏鸟窝案"等频频向我们警示：大学生距离犯罪并不遥远。但是，大学生犯罪往往主观恶性不大，主要是他们缺乏法律知识导致触犯刑法，最终彻底改变了人生轨迹，令人扼腕。《大学生法治教育》是一部适合普通高等院校法治教育公共课使用的教材，旨在培养大学生学法、懂法、用法、畏法、敬法的法律素养，提高大学生的违法责任意识和抗风险意识。

本教材主要有以下两大特点。

第一，内容简、精、准。囿于使用主体的非专业性和普适性，本教材在内容选择上充分考量与大学生日常生活的相关度，重点选择了宪法、刑法、创新创业相关的法律制度及婚姻家庭继承法律制度，摒弃法学教材一贯深涩难懂、理论争鸣的编写范式，简洁准确地阐释相关法律制度。

第二，案例鲜、全、权。本教材最大的亮点在于以案例辅助理论和法律制度的消化学习，以解决法律语言枯燥、严肃的天然缺憾。教材所编写全部案例均来自全国人民法院的生效判决，案例新鲜、全面、权威，并对其进行详细评析以方便学生学习。

本书由重庆人文科技学院的教学第一线中青年教师编写，参编教师均具有丰富的法律实践经验，或为律师，或为人民陪审员。本书由李真、李燕、豆雨思任主编，宋晨辉、刘宇、陈和芳任副主编。本教材由主编拟定写作提纲并经由全体编者讨论修订后分工撰写，最后由主编、副主编审阅后统一定稿。各编、章撰稿人分工如下（按撰写编、章的先后为序）。第一编：第一章——王立新，第二章——李真，李燕，陈和芳；第二编：豆雨思；第三编：第五章——刘宇，第六章——豆雨思；第四编：李真，李燕；第五编：第十一章至第十四章——豆雨思，第十五章至第十八章——宋晨辉。

本书在编写过程中参考了大量的相关著作、教材及部分法院已生效的判决书，在此向相关作者和单位一并致谢。感谢北京交通大学出版社的大力支持，使得本书能够及时出版。

需要指出的是，由于时间仓促，编者水平所限，不足之处定然存在，权当引玉之砖求教于行业同仁，也恳请各位读者批评指正。

编　者

2019 年 6 月

目 录

第一编 法学基本理论与社会主义法治

第一章 法学基本理论 …………………………………………………………… (3)

  第一节 法的基本概念 ………………………………………………………… (3)

  第二节 立法及法的运行 …………………………………………………… (13)

第二章 依法治国，建设社会主义法治国家 …………………………………… (20)

第二编 宪 法

第三章 宪法概述 ……………………………………………………………… (31)

  第一节 宪法的概念和法律特征 …………………………………………… (31)

  第二节 宪法的运行和作用 ………………………………………………… (33)

  第三节 《中华人民共和国宪法》主要内容 ……………………………… (36)

  第四节 《宪法修正案（2018）》及其解读 ……………………………… (39)

第四章 我国公民的基本权利和义务 ………………………………………… (45)

  第一节 我国公民的基本权利 ……………………………………………… (45)

  第二节 我国公民的基本义务 ……………………………………………… (58)

第三编 刑 法

第五章 犯罪及刑罚概说 ……………………………………………………… (65)

  第一节 犯罪 ………………………………………………………………… (65)

  第二节 正当行为 …………………………………………………………… (68)

  第三节 故意犯罪的停止形态 ……………………………………………… (69)

  第四节 共同犯罪 …………………………………………………………… (70)

  第五节 刑罚 ………………………………………………………………… (71)

第六章 大学生常见的主要犯罪 ……………………………………………… (78)

  第一节 大学生犯罪的原因 ………………………………………………… (78)

  第二节 人身伤害类犯罪 …………………………………………………… (81)

  第三节 财产类犯罪 ………………………………………………………… (87)

  第四节 公共安全类犯罪 …………………………………………………… (100)

  第五节 社会管理秩序类犯罪 ……………………………………………… (106)

  第六节 考试舞弊类犯罪 …………………………………………………… (110)

第四编　创新创业相关的法律制度

第七章　创业组织形式的法律制度·······················（121）

第八章　创业经营过程的相关法律制度·················（124）

第九章　创业终止相关法律制度··························（140）

第十章　创新创业涉及的知识产权法律制度············（143）

第五编　婚姻家庭继承法律制度

第十一章　结婚制度····································（151）

　　第一节　结婚的构成要件····························（151）

　　第二节　事实婚姻、无效婚姻、可撤销婚姻··········（156）

第十二章　夫妻关系····································（161）

　　第一节　夫妻人身关系······························（161）

　　第二节　夫妻财产关系······························（164）

第十三章　离婚制度····································（168）

　　第一节　登记离婚··································（168）

　　第二节　诉讼离婚··································（169）

　　第三节　离婚的法律后果····························（172）

第十四章　父母子女关系································（179）

第十五章　继承法律制度概述····························（183）

　　第一节　我国继承法的基本原则······················（183）

　　第二节　继承法律关系······························（186）

第十六章　法定继承与遗嘱继承··························（192）

　　第一节　法定继承··································（192）

　　第二节　遗嘱继承··································（198）

第十七章　遗赠与遗赠扶养协议··························（204）

　　第一节　遗赠······································（204）

　　第二节　遗赠扶养协议······························（206）

第十八章　债务清偿与遗产分割··························（209）

　　第一节　遗产债务的清偿····························（209）

　　第二节　遗产的分割································（210）

　　第三节　无人继承又无人受遗赠遗产的处理············（212）

参考文献··（213）

第 一 编

法学基本理论与社会主义法治

第一章
法学基本理论

第一节 法的基本概念

一、法

（一）法的用词

"万物皆规律，有法天下和。"在中国古代，人们总是在不同的场合使用"法"字。然而，法在不同的历史时期，其用词是有区别的。东汉许慎编著的我国历史上的第一部字书《说文解字》指出，汉语中"法"的古体是"灋"。"法，刑也。平之如水，从水；廌，所以触不直者去之，从去。"[①] 这表明，我国古代法即刑罚（惩罚、镇压、杀戮）之意。此其一。其二，"平之如水，从水"。这说明我国古代法还兼有准则、促进公平之意；另外，"廌[②]，所以触不直者去之，从去"，表明我国古代法亦有"决断是非曲直"之意。在我国古代，法除与刑通用外，也往往与律通用。"商鞅相秦变法，改法为律"。在秦汉时期，法与律已同义。法律作为独立合成词，在古代文献中偶尔出现过，但主要是近现代的用法。

在现代中国，法与法律亦在各种不同的场合使用。对法的理解，可以从广义和狭义两个层面进行[③]。"法，规则也"。一般而言，广义的法可泛指一切行为准则，如学法、步法、指法、章法、党纪国法、家法等。而狭义的法指宪法、法律、法规、规章等。我们经常强调的"守法""依法办事""依法治国""法治"则应理解为狭义的法。一般认为，法律是由享有立法权的立法机关，依照法定程序制定、修改并颁布的，并由国家强制力保证实施的行为规范的总称。

（二）法的概念

法是一个关乎人类社会生活大局的极为重要的现象，也是一个调整范围非常广阔、涉及问题甚为复杂的事物。如上所述，广义的法是指一切行为准则。那么对狭义的法，我们又如何从概念上予以界定呢？

首先，法是由国家制定、认可并保证实施的行为规范，这是法的来源和效力保证；

其次，法的调整内容受特定的物质生活条件所制约，它必须反映人民大众意志，这是法的生成基础和主旨所在；

---

① 许慎. 说文解字［M］. 影印本. 北京：中华书局，1963：202.

② 我国古代传说中的一种独角神兽。其性知有罪，"有罪则触，无罪则不触"。

③ 本书对法的概念采取狭义界定方法。

再次，法以调整和规范权利、义务为主要内容，这是它的内容和历史使命；

最后，法以调整社会关系为目标，这是它的出发点和归宿。

综上所述，法是由国家制定、认可并保障实施的，反映特定历史条件下统治阶级意志的，以权利、义务为主要内容的社会关系的法律规范的总称。

（三）法的本质

马克思主义认为，法的本质是统治阶级意志的体现。具体地说，法是指国家按照统治阶级的利益制定或认可，并以国家强制力保证其实施的法律规范的总和。法是被提升为国家意志的统治阶级的意志的体现，这说明了法的阶级性。法不是超阶级的，它总是一定阶级的意志的体现。法只能属于统治阶级，法只能属于在经济上、政治上居于支配地位的阶级，即是统治阶级的意志的体现。法是通过自己所掌握的国家政权把自己的意志上升为国家意志，但它不是统治阶级中个人意志的体现，也不是统治阶级个别或部分（阶级、阶层）意志的体现；法是统治阶级的基本意志的体现，不是全部意志的体现。统治阶级的意志要靠多种方式、多种途径去体现、去贯彻。法不可能包罗万象，它只规定和调整有关统治阶级基本利益、社会基本制度和主要的社会关系。法所体现的统治阶级意志的内容，是由这个阶级所处的物质生活条件及该阶级所代表的、与一定生产力发展水平相适应的生产关系所决定的。

（四）法的特征

法的特征是法的本质的外化，是法区别于其他事物和现象的征兆和标志。法的特征有如下几个方面：

（1）法是调整人们行为的特殊的行为规范。法作为一种行为规范，只调整人们的行为，不调整人们的思想；法通过调整人们的行为而达到调整社会关系的目的；法通过告示、指引、评价、预测、教育、强制等作用来调整人们的行为；法能够对人们的行为进行调整，是因为法律规范所特有的概括性和普遍性特点。

（2）法是由国家制定和认可的行为规范。国家创立法的方式主要有两种：一是制定，即"成文法"；二是认可，即"不成文法"。法是由国家制定或认可的，因此具有高度的统一性、普遍适用性。这种统一性是建立在国家权力和国家意志的统一性基础之上的。从法的统一性又可引申出法的普遍适用性，即法作为一个整体在本国主权范围内具有普遍的约束力，所有国家机关、社会组织和个人都必须遵守法的规定。任何人的合法行为都无一例外地受到法的保护，任何人的违法行为也都无一例外地受到法的制裁。

（3）法是以规定人们权利和义务为主要内容的行为规范。法主要是通过规定人们权利、义务来指引人们的行为，进而调整社会关系的。权利是法律规定的公民或法人依法行使某种利益的"资格"和享受的利益。权利从法律上讲意味着法律关系主体可以做或不做一定的行为，以及可以要求他人做或不做一定的行为。义务是公民或法人按照法律规定应尽的责任，意味着法律关系主体必须做或不做一定的行为。义务包括作为义务和不作为义务两种形式。

（4）法是由国家强制力保证实施的行为规范。法的强制性是一种特殊的强制性——国家强制性。这里需注意四个问题：①法是依靠国家强制力保证实施的，但这并不意味着每一个法的实施活动或实施过程，都必须借助国家政权和暴力系统；②法是依靠国家强制力保证实施的，但这并不意味着国家强制力是保证法实施的唯一力量；③法本身所具有的是国家强制性，而非国家强制力；④法的强制性离不开法的规范性。

二、法的渊源、形式、分类和效力

（一）法的渊源

所谓法的渊源，是指法制定、产生的依据、来源或出处。如成文法、判例法、习惯法、法理等都是法的渊源。法的渊源可分为两种：一是法的正式渊源，是指那些具有明文规定的法律效力且直接作为法官审理案件之依据的规范来源，如宪法、法律、法规、规章等；二是非正式渊源，是指那些不具有明文规定的法律效力，但却具有法律意义并可能构成法官审理案件之依据的准则来源，如法律思想、法律原则、社会思潮、风俗习惯等。法的渊源和法的表现形式是有区别的，二者不可混同。法的渊源较法的表现形式来说，前者范围要宽，后者范围要窄得多，且仅仅指宪法、法律、法规、规章等。

（二）法的形式

法的形式，又叫法的表现形式，是指国家制定和认可的各种法的具体外在表现样式，是法的运行必不可少的外在物质条件。法的形式是法治必不可少的物质载体，是法治的基础性构件。在我国，法的形式包括宪法、法律、法规和规章等。

（1）宪法。宪法是国家的根本大法，是特定社会政治经济和思想文化条件综合作用的产物，集中反映各种政治力量的实际对比关系，确认革命胜利成果和现实的民主政治，规定国家的根本任务和根本制度，包括社会制度、国家制度、经济制度和国家政权的组织，以及公民的基本权利义务等内容。

（2）法律。法律是由立法机关制定或认可，由国家强制力保障实施的行为规范。法律体现人民大众的意志，是阶级专政的工具之一。宪法是国家法的基础与核心，法律则是国家法制体系的重要组成部分。法律可划分为基本法律和一般法律。基本法律是关乎国计民生的基础性法律，一般而言只能由全国人民代表大会制定或修改，如刑法、刑事诉讼法、民法、民事诉讼法、刑事诉讼法等。普通法律，是指由全国人民代表大会常务委员会制定和修改的法律，如婚姻法、教育法、文物保护法等[①]。

（3）法规。一是行政法规。行政法规是最高国家行政管理机关——国务院为领导和管理国家各项行政工作，根据宪法和法律，按照行政法规规定的程序制定的政治、经济、教育、科技、文化、外事等各类法规的总称。由于法律关于行政权力的规定常常比较原则、抽象，因而还需要由行政机关进一步具体化。行政法规就是对法律内容具体化的一种主要形式。其具体名称有条例、决定、决议、命令、指示等。二是地方性法规。地方性法规是指省、自治区、直辖市，经济特区所在地的市，以及国务院规定的较大的市的人民代表大会及其常务委员会，在不与宪法、法律和行政法规相抵触的前提下制定、颁布的规范性文件。三是自治法规。民族区域自治地方的自治机关依法制定的自治条例和单行条例则属于自治法规的范畴。

---

① 我国《立法法》第七条规定，全国人民代表大会和全国人民代表大会常务委员会行使国家立法权。全国人民代表大会制定和修改刑事、民事、国家机构的和其他的基本法律。

（4）规章。一是地方政府规章。是指省、自治区、直辖市人民政府及省、自治区、直辖市人民政府所在地的市、经济特区所在地的市和国务院批准的较大的市的人民政府，根据法律、行政法规所制定的规章。其具体表现形式有规程、规则、细则、办法、纲要、标准、准则等。二是部门规章。部门规章是国务院各部门、各委员会根据法律及行政法规的规定和国务院的决定，在本部门的权限范围内制定和发布的调整本部门范围内的行政管理关系的，并不得与宪法、法律和行政法规相抵触的规范性文件。其主要形式是命令、指示、规章等。

（三）法的分类

法的分类，就是以某种标准或从某种角度将法与法之间的界限厘清。一般地，法有如下分类：

（1）国内法与国际法。国内法是指由国内有立法权的主体制定的、其效力范围一般不超过本国主权范围的法。国际法是由两个或两个以上的国家或国际组织制定、认可或缔结的，确定其相互关系中权利和义务的法。

（2）成文法与不成文法。成文法又称制定法，是指有立法权或立法性职权的国家机关制定或认可的、以规范化的文字形式出现的法。不成文法，是指由国家有权机关认可的、不具有文字形式或虽有文字形式但却不具有规范化成文形式的法，一般指习惯法。

（3）根本法与普通法。根本法，即宪法，是指在一个国家中规定国家的最根本的经济、政治和社会制度，公民的基本权利和义务及国家机构组织和活动的基本原则，具有最高的法律地位和效力，它的制定、修改需要经过特别的程序。普通法，其内容一般是调整某一或者某些社会关系，效力低于根本法，其制定和修改必须符合根本法，相应的程序较根本法简单。

（4）一般法与特别法。这是按照法的效力范围的不同所做的分类。一般法是指在一国范围内，对一般的人和事有效的法，如刑法、民法、婚姻法等。特别法是指在一国的特定地区、特定期间或对特定事件、特定公民有效的法，如《中华人民共和国香港特别行政区基本法》等。一般情况下，在同一领域，法律适用遵循特别法优于一般法的原则。

（5）实体法与程序法。实体法是指以规定主体的权利和义务为主要内容的法，如民法、刑法、行政法等。程序法是指以规定主体的权利、义务实现的方式、方法、程序和步骤的法，如民事诉讼法、刑事诉讼法、行政诉讼法等。

（四）法的效力

法的效力，即法律的约束力，指人们应当按照法律规定的指引行为，否则将付出对自己不利的否定的法律后果。通常，法的效力分为规范性法律文件的效力和非规范性法律文件的效力。

规范性法律文件的效力，也叫狭义的法的效力，即指法律的生效范围或适用范围。

非规范性法律文件的效力，指判决书、裁定书、逮捕证、许可证、合同等的法律效力。这些文件在经过法定程序之后也具有约束力，任何人不得违反。但是，非规范性法律文件是适用法律的结果而不是法律本身，因此不具有普遍约束力。

根据我国《立法法》的有关规定，我国法的效力层次可以概括为：上位法的效力高于下位法，即规范性法律文件的效力层次决定于其制定主体的法律地位，如行政法规的效力高于地方性法规；在同一位阶的法律之间，特别法优于一般法，即同一事项，两种法律都有规定的，特别法比一般法优先，优先适用特别法；新法优于旧法。法的效力可以分为三种，即对象效力、空间效力、时间效力。对象效力即法律对人的效力，是指法律对谁有效力，适用于哪些人。空间效力，即法律发生效力的地域范围，是指法律在哪些地域有效力，适用于哪些地区。时间效力，指法律何时生效、何时终止效力，以及法律对其生效以前的事件和行为有无溯及力。

三、法的要素

法的要素是指法律由哪些基本因素或者元素构成。一般认为，法由法律概念、法律规则和法律原则三个要素构成。

（一）法律概念

法律概念是具有法律意义的概念，是对各种法律现象、事实和状态进行概括，抽象出它们的共同特征而形成的法律性术语。例如我国《宪法》第三十三条规定"中华人民共和国公民在法律面前一律平等"，这是人们非常熟悉的一条法律原则。这一法律原则中就包含了"公民""法律""平等"等法律概念。再如，民主、公平、正义、权利、义务等都是我们日常生活中使用频率较高的法律概念。法律概念与日常生活用语中的概念不同，它具有明确性、规范性、统一性等特点。法律概念是构成整个法律体系的原子，是法律知识体系中最基本的要素。

（二）法律规则

法律规则是指由国家制定或认可的关于人们行为或活动的命令、允许和禁止的一种准则，即日常用语中所称的"规矩"。法律规则是法律规范中最具硬度的部分，法律规范主要是由法律规则构成的。法律规则是采取一定的结构形式具体规定人们的法律权利、法律义务及相应的法律后果的行为准则。

（三）法律原则

法律原则是指在一定法律体系中构成法律规则之基础或本源的综合性、稳定性的法律原理和准则。法律原则无论是对法的创制（立法）还是对法律的实施（法的运行）都具有重要的意义。遵循法律原则是现代法治的基本要求，如法律面前一律平等原则、罪刑法定原则、疑罪从无原则、司法独立原则等。

四、法律体系

（一）法律体系的概念

法律体系，法学中有时也称为"法的体系"，是指由一国现行的全部法律规范按照不同的法律部门分类组合而形成的一个呈体系化的有机联系的统一整体。法律体系具有如下特征：第一，法律体系是一个国家全部现行法律构成的整体；第二，法律体系是一个由法律部门分类组合而形成的呈体系化的有机整体；第三，法律体系的理想化要求是门类齐全、结构严密、内在协调；第四，法律体系是客观法则和主观属性的有机统一。

（二）当代中国的法律体系

中国特色社会主义法律体系，是指适应我国社会主义初级阶段的基本国情，与社会主义的根本任务相一致，以宪法为统帅和根本依据，由部门齐全、结构严谨、内部协调、体例科学、调整有效的法律及其配套法规所构成，服务和保障我们国家沿着中国特色社会主义道路前进的各项法律制度的有机的统一整体。这个体系由法律、行政法规、地方性法规三个层次，宪法及宪法相关法、民法①、行政法、经济法、社会法、刑法、诉讼与非诉讼程序法七个法律部门组成。我国已于 2010 年建成了较为完备的具有中国特色的社会主义法律体系②。

五、权利与义务

（一）权利与义务的概念

权利与义务是一对表征关系和状态的法律概念，是法学概念体系中的最基本的法律概念。法律意义上的权利，即"法律权利"。从本质上看，权利是指法律保护的某种利益；从行为方式的角度看，它表现为要求权利相对人可以怎样行为、必须怎样行为或不得怎样行为。法律意义上的义务，即"法律义务"。一般而言，义务指人们必须履行的某种责任，它表现为必须怎样行为和不得怎样行为两种方式。在法律调整状态下，权利是受法律保障的利益，其行为方式表现为意志和行为的自由。义务则是对法律所要求的意志和行为的限制及利益的付出。权利和义务是法律调整的特有机制，是法律行为区别于道德行为最明显的标志，也是法律和法律关系内容的核心。

（二）权利与义务的关系

权利和义务是相辅相成的。享受权利的同时也必然要履行义务，反之亦然。世上没有无权利的义务，也没有无义务的权利。但同时也需注意：我们可以放弃享受权利，即所谓"权力可以主张，也可以放弃"，但却不能放弃履行义务。权利和义务在总量上是平衡的。权利与义务的关系包括以下几种。

（1）法律关系中的对应关系。这种对应关系是指任何一项法律权利都有相对应的法律义务，二者是相互关联、对立统一的。正如马克思指出的："没有无义务的权利，也没有无权利的义务。"③

（2）社会生活中的对等关系。这主要表现在权利、义务的总量是大体相等的。如果权利的总量大于义务的总量，有的权利就是虚设的；如果义务总量大于权利总量，就有特权存在。在具体的法律关系中，二者的总量也是相等的，如债权与债务是对等、等量的。

（3）功能上的互补关系。法律权利的享有有助于法律义务的积极履行。在许多情况下，不主张权利，义务人就不去履行义务。法律义务也是法律责任，义务规范要求的作为与不作为要令行禁止。法律主体如果都能这样对待义务，就必然有助于权利的实现，建立起良好的"公序良俗"。

（4）价值选择中的主从关系。在任何类型的法律体系中，都是既有权利又有义务的，只有这样，才能通过法律对人们的各种行为进行调整。但是由于国家本质和社会性质的不同，决定了人们的价值选择不同，因而，有的法律体系以义务为本位。如从奴隶社会开始

---

① 此处的"民法"是指包括商法在内的广义的民法，也称为"民商法"。
② 新华社. 中国特色社会主义法律体系即将形成［N］. 人民法院报，2010-12-7.
③ 中共中央马克思恩格斯列宁斯大林著作编译局. 马克思恩格斯选集：第 2 卷［M］. 3 版. 北京：人民出版社，2012：173.

有法的时候起，历史上一系列法律体系，就"几乎把一切权利赋予一个阶级，另一方面却几乎把一切义务推给另一个阶级。"①

六、法律行为

（一）法律行为的概念

法律行为是指以意思表示为要素，依照意思表示所实施的、能够发生法律效力、产生一定法律效果的行动和作为。

（二）法律行为的分类

（1）以意思表示的形式区分为单方法律行为、双方法律行为、多方（共同）法律行为。单方法律行为指仅基于当事人一方意思表示即可依法成立的法律行为，是"双方法律行为"的对称。如"免除债务"就属于单方法律行为。双方法律行为指基于双方当事人的意思表示一致才能够发生法律效力的法律行为，如"合同行为"。多方法律行为，是指两个以上当事人并行的意思表示达成一致才可成立的法律行为。如两个以上的合伙人订立合伙合同的行为，即为多方法律行为。

（2）根据法律行为的存在是否需要特定的方式或程序，其可分为要式法律行为和非要式法律行为。要式法律行为是指法律明确规定必须采取一定形式或履行一定程序才能成立的法律行为，例如融资租赁合同、建设工程合同、技术开发合同应当采用书面形式；非要式法律行为是指法律未规定特定形式，可由当事人自由选择形式即可成立的法律行为②。

（3）根据法律行为是否合法，其可分为两类：①合法行为。即符合现行法律规定的行为。由此而引起法律关系的产生、变更和消灭的情况非常广泛。例如职工的录用、买卖合同的缔结等。②违法行为。即违反现行法律的行为，既包括做出了法律所禁止的行为，也包括不做法律所要求的行为。

（4）根据行为的产生是否需要其他行为的支撑，其可分为主法律行为和从法律行为。主法律行为是指不需要有其他法律行为的存在就可以独立成立的法律行为；从法律行为是指从属于其他法律行为而存在的法律行为。例如，当事人为保证借款合同的履行，又订立一项担保合同。其中，借款合同是主合同（主法律行为），担保合同是从合同（从法律行为）。主法律行为不成立，从法律行为则不能成立；主法律行为无效，则从法律行为也当然不能生效；但主法律行为履行完毕，并不必然导致从法律行为效力的丧失。

七、法律关系

（一）法律关系的概念

法律关系是法律规范在调整社会关系的过程中所形成的一种权利义务关系。如企业与职工依法订立劳动合同后，就构成了双方的劳动法律关系。法律关系是以法律为前提而产生的一种社会关系，没有法律的规定，就不可能形成相应的法律关系。法律关系是以国家

---

① 中共中央马克思恩格斯列宁斯大林著作编译局. 马克思恩格斯选集：第4卷［M］.3版. 北京：人民出版社，2012：174.

② 我国《合同法》第一百九十七条规定，借款合同采用书面形式，但自然人之间借款另有约定的除外。这个条款规定了自然人之间的借款属于非要式法律行为，有没有书面形式的合同均可。

强制力作为保障和"证明"的社会关系，当法律关系受到破坏时，国家会动用强制力进行矫正或恢复。

（二）法律关系的分类

按照不同的标准，可以将法律关系作如下划分。

（1）调整性法律关系和保护性法律关系。调整性法律关系是基于人们的合法行为而产生的、执行法的调整职能的法律关系，它所实现的是法律规范的行为规则的内容。保护性法律关系是由于违法行为而产生的、旨在恢复被破坏的权利和秩序的法律关系，它执行法的保护职能，所实现的是法律规范的保护规则的内容。

（2）纵向（隶属）法律关系和横向（平权）法律关系。纵向法律关系是指在不平等的法律主体之间所建立的权力服从关系。其特点为：法律主体处于不平等的地位。例如，家长与未成年人、上级机关与下级机关。横向法律关系是指平权法律主体之间的权利义务关系。其特点在于：法律主体的地位是平等的，权利和义务的内容具有一定程度的任意性。

（3）单向（单务）法律关系、双向（双边）法律关系和多向（多边）法律关系等。所谓单向（单务）法律关系，是指权利人仅享有权利，义务人仅履行义务，两者之间不存在相反的联系（如不附条件的赠予关系）。双向（双边）法律关系，是指在特定的双方法律主体之间，存在着两个密不可分的单向权利义务关系，其中一方主体的权利对应另一方的义务，反之亦然。例如，买卖法律关系就包含着这样两个相互联系的单向法律关系。所谓多向（多边）法律关系，是指三个或三个以上相关法律关系的复合体，其中既包括单向法律关系，也包括双向法律关系。例如，行政法中的人事调动关系，至少包含三方面的法律关系，即调出单位与调入单位之间的关系，调出单位与被调动者之间的关系，调入单位与被调动者之间的关系；而这三种关系相互关联、互为条件，缺一不可。

（三）法律关系的构成要素

法律关系由三要素构成，即由法律关系主体、法律关系客体和法律关系内容等要素构成。

（1）法律关系主体。法律关系主体是法律关系的参加者，即在法律关系中一定权利的享有者和一定义务的承担者。在中国，根据各种法律的规定，能够参与法律关系的主体包括以下几类：一是公民（自然人）。这里的公民既指中国公民，也指居住在中国境内或在境内活动的外国公民和无国籍人。二是机构和组织（法人）。这主要包括三类：①各种国家机关（立法机关、行政机关和司法机关等）；②各种企事业组织和在中国领域内设立的"三资企业"，即中外合资经营企业、中外合作经营企业和外商独资企业；③各级政党和社会团体。这些机构和组织主体，在法学上可以笼统称为"法人"。三是国家。在特殊情况下，国家可以作为一个整体成为法律关系主体。要成为法律关系主体，必须具有一定的资格或条件，即权利能力和行为能力。

①权利能力。权利能力，是指能够参与一定的法律关系，依法享有一定权利和承担一定义务的法律资格。它是法律关系主体实际取得权利、承担义务的前提条件。在这里，值得一提的是，权利能力有公民的权利能力和法人的权利能力之分，二者有很大区别。首先，公民的权利能力始于出生，终于死亡；而法人的权利能力始于法人依法成立，终于法

人消灭。其次，公民的权利能力具有平等性，而法人的权利能力因其成立的宗旨和业务范围的不同而各有区别。最后，公民的权利能力和行为能力具有不一致性，而法人的权利能力和行为能力则具有一致性。公民的权利能力可以从不同角度进行分类：首先，根据享有权利能力的主体范围不同，公民的权利能力可以分为一般权利能力和特殊权利能力。其次，按照法律部门的不同，公民的权利能力可以分为民事权利能力、政治权利能力、行政权利能力、劳动权利能力、诉讼权利能力等。

②行为能力。行为能力，是指法律关系主体能够通过自己的行为实际取得权利和履行义务的能力。公民的行为能力问题，是由法律予以规定的。一般而言，公民的行为能力划分为三类：一是完全行为能力人。是指达到一定法定年龄、智力健全、能够对自己的行为负完全责任的自然人。二是限制行为能力人。是指行为能力受到一定限制，只有部分行为能力的公民。三是无行为能力人。是指完全不能以自己的行为行使权利、履行义务的公民。

（2）法律关系内容。涵括法律关系主体的法律权利和法律义务、法律关系主体权利和义务的实现两部分。

①法律关系主体的法律权利和法律义务。法律关系的内容就是法律关系主体之间的法律权利和法律义务，它是法律规则的内容（行为模式、法律权利与法律义务的一般规定）在实际的社会生活中的具体落实，是法律规则在社会关系中实现的一种状态。因此，法律关系主体的权利是特定的、实有的、个别化的，那么法律关系主体的权利和权利能力也是两个不同的概念，它们既有联系也有区别。两者的联系表现在：权利以权利能力为前提，是权利能力这一法律资格在法律关系中的具体反映。两者的区别是：第一，任何人即使具有权利能力，并不必然表明他可以参与某种法律关系，而要能够参与法律关系，就必须要有具体的权利。第二，权利能力包括享有权利和承担义务这两方面的法律资格，而权利本身不包括义务在内。

②法律关系主体权利和义务的实现。法律权利和法律义务的实现是一个复杂的问题。从大的方面讲，它取决于一个国家的物质生活条件的状况及科学文化条件和道德人文环境的改善等。从主观方面讲，权利和义务能否实现还要看法律关系主体之间各种关系的发展，法律关系主体的行为能力的状况，以及是否有法律认识上的错误和不以人的意志为转移的事件的发生等。权利和义务的实现最重要的是通过国家来保障，国家除了要不断创造和改善物质条件、政治条件和文化条件以外，还必须建立和健全法制，创设可预期的、稳定的制度性保障机制。国家通过法律的保障具体表现在：通过明确规定行使权利的步骤和程序，使权利具有可操作性；通过限制国家机关（尤其是行政机关）的权力，建立"依法行政""依法司法"的制度来保障权利；通过及时制裁侵权行为，督促义务人积极履行义务从而使权利得以实现。

（3）法律关系客体。法律关系客体是指法律关系主体之间权利和义务所指向的对象，它是构成法律关系的要素之一。法律关系客体是指一定利益的法律形式。任何外在的客体，一旦它承载某种利益价值，就可能成为法律关系客体。法律关系客体包括以下几种类型。

①物。法律意义上的物是指法律关系主体支配的、在生产上和生活上所需要的客观实体。物要成为法律关系客体，须具备以下条件：第一，应得到法律的认可。第二，应为人

类所认识和控制。第三，能够给人们带来某种物质利益，具有经济价值。第四，须具有独立性。至于哪些物可以成为法律关系客体，应由法律予以规定，但以下几种物不得进入国内商品流通领域，成为法律关系的客体：人类公共之物或国家专有之物，文物，军事设施、武器，危害人类之物。

②人身。人身是由各个生理器官组成的生理整体（有机体）。但须注意的是：第一，活人的（整个）身体，不得视为法律上的"物"，不能作物权、债权和继承权的客体。第二，权利人对自己的人身不得进行违法或有伤风化的活动，不得滥用人身，或自践人身和人格。第三，对人身行使权利时必须依法进行，不得超出法律授权的界限，严禁对他人人身非法强行行使权利。

③精神产品。精神产品是人通过某种物体或大脑记载下来并加以流传的思维成果。精神产品不仅能满足人们各种精神文化需求，而且能对人的精神产生各种影响，并通过人将产品所蕴含的能量转化为改造大自然、推动经济社会发展的力量，成为"正能量"。精神产品属于非物质财富，我国法学界常称其为"智力成果"。

④行为结果。在很多法律关系中，其主体的权利和义务所指向的对象是行为结果。作为法律关系客体的行为结果是特定的，即义务人完成其行为所产生的能够满足权利人利益要求的结果。这种结果一般分为两种：一种是物化结果，即义务人的行为（劳动）凝结于一定的物体，产生一定的物化产品或营建物（房屋、道路、桥梁等）；另一种是非物化结果，即义务人的行为没有转化为物化实体，而仅表现为一定的行为过程。

八、法律责任

（一）法律责任的概念

法律责任是指因违反了法定义务，或不当行使法律权利或权力所产生的，由行为人承担的一种对其不利的否定的法律后果。

（二）法律责任的构成

法律责任的构成是指认定法律责任时所必须考虑的条件和因素。

1. 责任主体

责任主体是指因违反法律、违约或法律规定的事由而承担法律责任的人，包括自然人、法人和其他社会组织。责任主体是法律责任构成的必备条件。

2. 违法行为

违法行为在法律责任的构成中居于重要地位，是法律责任的核心构成要素。违法行为包括作为和不作为两类。作为是指人的积极的身体活动，行为人直接实施了法律所禁止或合同所不允许的行为自然要承担法律责任；不作为是指人的消极的身体活动，行为人在能够履行自己应尽义务的情况下不履行该义务亦自然要承担法律责任。

3. 损害结果

损害结果是指违法行为侵犯他人或社会的权利和利益所造成的损失和伤害。损害结果可以是对人身的损害、财产的损害、精神的损害，也可以是其他方面的损害。损害结果表明法律所保护的合法权益遭受了侵害，因而具有侵害性。同时，损害结果具有确定性，它是违法行为已经实际造成的侵害事实，而不是推测的、臆想的、虚构的、尚未发生的情况。

4. 因果关系

因果关系是指违法行为与损害结果之间的必然联系。因果关系是一种引起与被引起的关系，即一现象的出现是由于先前存在的另一现象而引起的，则这两现象之间就具有因果关系。因果关系是归责的基础和前提，是认定法律责任的基本依据。

5. 主观过错

主观过错是指行为人实施违法行为时的主观心理状态。不同的主观心理状态对认定某一行为是否有责任及承担何种法律责任有着直接的联系。主观过错作为犯罪的主观方面的内容，是犯罪构成的要件之一，对于认定和衡量刑事责任具有重要作用。在民事责任方面，一般也要考虑主观过错，采用过错责任原则。

（三）法律责任的分类

一般而言，法律责任可分为：民事法律责任、行政法律责任、刑事法律责任等。

1. 民事法律责任

民事法律责任是指违反了民事法律规范而应当依法承担的民事法律后果。在民事活动中，违法民事义务往往与财产损害有关，这就决定了民事法律责任主要是具有经济内容的财产责任。但这些财产责任的承担并不影响某些非财产责任的承担，比如赔礼道歉、消除影响、恢复名誉等①。

2. 行政法律责任

行政法律责任是指违反了行政法律规范而应当依法承担的行政法律后果。行政法律责任的追究机关既可以包括国家的权力机关、司法机关，也可以包括国家的行政机关。

3. 刑事法律责任

刑事法律责任是指违反了刑事法律规范而应当依法承担的刑事法律后果。承担刑事法律责任的根据是严重的违法行为。一般来说，只有当违法行为人实施了《中华人民共和国刑法》所禁止的行为，也就是实施了犯罪行为才能受到刑事制裁。刑事法律责任是最严重的法律责任，从责任形式上不仅包括管制、拘役、有期徒刑、无期徒刑、死刑等主刑，而且包括罚金、剥夺政治权利、没收财产、驱离出境（适用于在中国境内犯罪的外国人）等附加刑。

第二节　立法及法的运行

一、立法

（一）立法的概念

立法指特定国家机关依照一定职权和程序，制定或者认可反映人民大众意志，并以国家强制力保证实施的行为规范的活动。立法是法的运行的物质基础和前提条件，亦是"依法治国，建设社会主义法治国家"的物质基础和前提条件。

---

① 我国《民法通则》第一百三十四条规定"消除影响、恢复名誉，赔礼道歉"为承担民事责任的主要方式之一。

（二）立法的原则

立法原则是立法活动中所必须遵循的原理或准则，是确保立法质量和立法效力、实现法的价值的重要环节。具体来说，立法活动中应遵循下列原则：

（1）宪法原则。宪法是万法之法，俗称"母法"，是具有最高法律效力等级的法律，是综合性地规定诸如国家性质、社会经济和政治制度、国家机构、公民基本权利和义务这些带根本性、全局性的关系或事项的根本大法。其他所有法律、法规，都是直接或间接地以宪法作为立法依据或基础，或是不得同宪法或宪法的基本原则相抵触。离开了甚至背离了宪法的原则或精神，立法乃至整个法律制度和法律秩序就必然会紊乱。

（2）法治原则。2000年诞生的《中华人民共和国立法法》正式确立了立法的法治原则，这就是："立法应当依照法定的权限和程序，从国家整体利益出发，维护社会主义法制的统一和尊严。"这一原则一方面反映了现今各国立法的法治原则的共性方面，另一方面又突出地反映了中国立法的法治原则所具有的国情特色。"立法应当依照法定权限和程序"，是前一方面的体现；"从国家整体利益出发，维护社会主义法制的统一和尊严"，是后一方面的体现。

（3）民主原则。首先，这是实现人民主权的需要。在立法中遵循民主原则，用立法的形式充分反映和保障人民的民主权利，让人民群众成为立法的真实的主人，正是实现人民当家作主管理国家的民主权利的重要体现。其次，这也是反映人民意志和客观规律的需要。要使所立之法反映人民的意志和利益，就要使人民成为立法的主人。最后，坚持立法的民主原则，也是对立法实行有效监督和制约、防止滥用立法职权、个人独断或不尽立法职守的需要。可见，中国立法遵循民主原则，是现代立法的普遍规律和中国国情的双重要求。

（4）科学原则。坚持立法的科学原则，也就是实现立法的科学化、现代化。现代立法应当是科学活动，"恶法非法"。立法遵循科学原则，有助于提升立法质量和产生良法，有益于尊重立法规律、克服立法中的主观随意性和盲目性，也有利于在立法中避免或减少错误和失误，降低成本，提高立法效益。现代国家一般都重视遵循立法的科学原则，以提升立法质量，更多地产生良法和更好地减少恶法、笨法。

二、法的运行

（一）执法

1. 执法的概念

执法，亦称法律执行，有广义和狭义之分。狭义的执法是指国家行政机关依照法定职权和法定程序，行使行政管理职权、履行职责、贯彻和实施法律的活动。广义的执法是指一切有权的国家机关、单位或组织依照法定程序和职权执行、实施法律的活动。本书采取狭义说。

2. 执法的种类

首先，根据执法权表现形式的不同，执法可以分为行政监督、行政处理和行政司法；根据执法范围和主体的不同，执法可以分为工商行政执法、公安行政执法、土地行政执法、食品卫生行政执法、环境保护行政执法、劳动行政执法、交通行政执法、司法行政执法等。

3. 执法的原则

（1）合法性原则。执法的合法性原则即依法行政原则，是法治原则在执法中的具体体现。合法性原则是现代法治国家对执法的基本要求，也是执法的最重要的一项原则。现代法治国家要求依法行政，保障行政活动的权威性，防止行政权力的滥用，打造"法治政府"。

（2）合理性原则。执法的合理性原则是指执法主体在执法活动中，特别是在行使自由裁量权进行行政管理时，必须做到适当、合情、合理，即符合法律的基本精神和目的，具有客观、充分的事实根据和法律依据，与社会生活常理相一致，在执法中做到"以人为本"，体现和彰显保护人权的理念①。

（3）效率原则。执法的效率原则是指在依法行政的前提下，行政机关对社会实行组织和管理过程中，以尽可能低的成本取得尽可能大的收益，取得最大的执法效益。

（4）正当程序原则。马克思曾经指出，程序是法律的生命②。执法的正当程序是指执法机关在实施行政执法行为的过程中必须遵循法定的步骤、方式、形式、顺序和时限，目的是使执法行为公平、公开、民主，保障公民、法人和其他组织的合法权益，促进行政权行使的合法性和合理性，提高行政效率和彰显公平正义。

（二）司法

1. 司法的概念

司法又称法的适用，是指国家司法机关依照法定职权和程序，具体应用法律处理各种案件的专门活动。司法是确保公平与正义的最后一道防线，在法治国家的建设中具有极为重要的地位和作用。

2. 司法的特点

（1）司法的被动性。行政权在运行时具有主动性，而司法权则具有被动性。它是指司法权不主动介入纠纷和争辩，以一种"消极"的姿态保持法的影响力，间接发挥其对社会秩序和法治生态特有的调控作用。

（2）司法的中立性。行政权有倾向性，司法权则要求绝对的中立性。司法中立指法院及法官态度不受任何因素影响，做到不偏不倚、公正审断，真正扮演"公平和正义的化身"的角色③。

（3）司法的形式性。行政权更注重权力结果的实质性，而司法权更注重权力过程的形式性，即程序性。司法的形式性要求做到"程序正义"，即指案件不仅要判得正确、公平，完全符合实体法的规定和精神，而且还应当使人感受到判决过程的公平性和合理性。司法机构对一个案件的判决，即使非常公正、合理、合法，也还是不够的，还要使裁判结论得到人们的普遍认可，裁判者必须确保判决过程符合公正、正义的要求。

（4）司法的专属性。行政权具有可转授性，司法权则具有专属性。司法的专属性是指

---

① 我国《宪法》第三十三条规定，国家尊重和保障人权。

② 中共中央马克思恩格斯列宁斯大林著作编译局. 马克思恩格斯选集：第1卷［M］. 3版. 北京：人民出版社，2012：178.

③ 亚里士多德在《伦理学》里指出，理想的法官就是公平和正义的化身。

司法权作为一种国家权力，只能由司法机关行使，其他任何国家机关都不得僭越此种权力。

（5）司法的终极性。司法的终极性是指司法权效力有终极性，即意味着司法权是最终、最权威的判断权，这是司法权的典型特征。

（6）司法的非服从性。行政权存在层级的服从性，司法权的管理关系则是非服从的，以法律为准绳是司法的本质体现。

（7）司法的公平优先性。行政权的价值取向具有效率优先性，司法权的价值取向具有公平优先性。司法以良法为基础，以维护公平和正义为己任。公平和正义是司法存在的唯一依归。

3. 司法的基本要求和原则

（1）司法的基本要求。我国司法工作的基本要求是：正确、合法、及时、合理和公正。正确是指程序正确，适用法律正确；合法是指符合法律规定，不枉法裁断；及时是指按时间要求审断案件，公正裁判；合理是指符合情理，不违背公序良俗；公正是指案件的裁判彰显了公平与正义，实现了法的价值，匡扶了倾斜的社会关系和秩序。

（2）司法的基本原则。①以事实为根据，以法律为准绳。司法机关处理一切案件，只能根据客观事实，不能以主观臆断为根据；只能以国家法律为标准、为尺度，决不允许另立标准。马克思指出："法官是世界法律的国王，法官除了法律没有别的上司"。这说明法官是法律世界的国王，但必须是法律的奴仆[1]。②公民在法律面前人人平等。在我国，法律对于全体公民都是统一适用的。任何公民，不分民族、性别、职业、年龄、文化程度、宗教信仰、教育程度、财产状况和居住期限的不同，都依法享有同等的权利，依法承担平等的义务。在法律面前不得有凌驾于法律之上的特权存在。③司法机关依法独立行使职权。司法机关独立行使职权有两层含义：一是法律规定，国家的司法权只能由国家司法机关统一行使，其他任何机关、组织和个人都无权行使；二是法律规定司法机关独立行使职权时，不受其他行政机关、社会团体和个人的干涉。这对于发挥司法机关的职能、维护法制统一、正确适用法律、防止特权现象，具有重要意义。④实事求是、有错必纠。坚持实事求是，一切从实际出发，为人民的利益坚持对的，为人民的利益改正错的，是社会主义司法的基本原则。

（三）守法

1. 守法的概念

守法是指国家机关、社会组织和公民个人依照法的规定，行使权利（权力）和履行义务（职责）的活动。在当代中国的"依法治国，建设社会主义法治国家"伟大实践中，守法是关乎法治建设成败的关键和核心。

另外，要厘清一个长期被歪曲了的法律惯性思维，即守法只意味着履行义务、承担责任。这是一个片面的观念。要通过普法教育使守法者明白，享有和行使权利也是守法的题中应有之意。

2. 普法教育与守法

（1）普法教育与守法的关系。首先，普法教育是公民、法人等守法主体守法的物质前

---

① 2015年国家司法考试试卷一第14题。

提。难以想象一个不懂法的人会很好地去守法。因此，作者认为，不懂法是无从守法的①。其次，普法教育是守法得以顺利进行的"精神推进器"。普法教育不仅仅表现为法条之字词句的学习，还融会贯通了诸多法的精神和理念，它可以促使守法主体达到信法、尊法的至高思想境界。同时，守法也会对普法教育产生一定的"反作用"：一是守法内容的变化对普法教育提出了更高的要求，守法内容变了，普法教育的方式方法也往往要随之改变。二是守法的"惰性"增加了普法教育的难度。这就要求普法教育不可一蹴而就，必须持之以恒地进行，才能确保普法教育之下守法主动性的发挥。中央宣传部、司法部《关于在公民中开展法治宣传教育的第七个五年规划（2016—2020年）》指出，要建立"谁执法谁普法"主体责任机制，健全媒体公益普法制度，推进法治宣传教育工作创新，不断增强法治宣传教育的实效。相关部门应明确各级党政机关、人民团体、企事业单位和社会群众组织的普法责任，在抓好本部门、本行业内部法治宣传教育的同时，承担起面向执法对象、面向服务对象、面向社会公开宣传本部门、本行业所涉及的法律法规和规章的社会责任。某些地方政府简单印发法治宣传教育工作责任表，把普法工作全部委托给人民团体的做法收效甚微②。从1986年起，我国共有8亿多人次接受了各种形式的法治教育。法治教育为守法主体学法、知法、尊法、守法、用法创造了必要的条件，推动了我国法治建设的进步与发展，为我国法治大厦的建立完善做出了贡献。

（2）普法教育的内容。应从以下几个方面加强普法教育，以增强普法的实效。

一是深入学习中国特色社会主义理论体系中关于法治的论述，特别是深入学习宣传习近平总书记关于全面依法治国的重要论述，深入学习宣传以习近平同志为总书记的党中央关于全面依法治国的重要部署，宣传科学立法、严格执法、公正司法、全民守法和党内法规建设的生动实践，使全社会了解和掌握全面依法治国的重大意义和总体要求，更好地发挥法治的引领和规范作用。

二是突出学习宣传宪法。坚持把学习宣传宪法摆在首要位置，在全社会普遍开展宪法教育，弘扬宪法精神，树立宪法权威。深入宣传依法治国、依宪执政等理念，宣传党的领导是宪法实施的最根本保证，宣传宪法确立的国家根本制度、根本任务和我国的国体、政体，宣传公民的基本权利和义务等宪法基本内容，宣传宪法的实施，实行宪法宣誓制度，认真组织好"12·4"国家宪法日集中宣传活动，使宪法家喻户晓、深入人心，提高全体公民特别是各级领导干部和国家机关工作人员的宪法意识，教育引导一切组织和个人都必须以宪法为根本活动准则，增强宪法观念，坚决维护宪法尊严。

三是深入宣传中国特色社会主义法律体系。坚持把宣传以宪法为核心的中国特色社会主义法律体系作为法治宣传教育的基本任务，大力宣传宪法及宪法相关法、民法、行政法、经济法、社会法、刑法、诉讼与非诉讼程序法等多个法律部门的法律法规；大力宣传社会主义民主政治建设的法律法规，提高人民有序参与民主政治的意识和水平；大力宣传保障公民基本权利的法律法规，推动全社会树立尊重和保障人权意识，促进公民权利保障法治化；大力宣传依法行政领域的法律法规，推动各级行政机关树立"法定职责必须为、

---

①　黑格尔认为，从自我意识的权利方面来说，法律必须普遍地为人知晓，然后它才有拘束力。见《法哲学原理》，商务印书馆，1961年。

②　2015年国家司法考试试卷一第7题。

法无授权不可为"的意识，促进法治政府建设；大力宣传市场经济领域的法律法规，推动全社会树立保护产权、平等交换、公平竞争、诚实信用等意识，促进大众创业、万众创新，促进经济在新常态下平稳健康运行；大力宣传有利于激发文化创造活力、保障人民基本文化权益的相关法律法规，促进社会主义精神文明建设；大力宣传教育、就业、收入分配、社会保障、医疗卫生、食品安全、扶贫、慈善、社会救助和妇女儿童、老年人、残疾人合法权益保护等方面法律法规，促进保障和改善民生等。

四是强化社会主义法治文化建设的教育和宣传。以宣传法律知识、弘扬法治精神、推动法治实践为主旨，积极推进社会主义法治文化建设，充分发挥法治文化的引领、熏陶作用，使人民内心拥护和真诚信仰法律；把法治文化建设纳入现代公共文化服务体系，推动法治文化与地方文化、行业文化、企业文化融合发展。

五是推进法治教育与道德教育相结合。坚持依法治国和以德治国相结合的基本原则，以法治体现道德理念，以道德滋养法治精神，促进实现法律和道德相辅相成、法治和德治相得益彰。大力弘扬社会主义核心价值观，弘扬中华传统美德，培育社会公德、职业道德、家庭美德、个人品德，提高全民族思想道德水平，为全面依法治国创造良好人文环境。强化规则意识，倡导契约精神，弘扬公序良俗，引导人们自觉履行法定义务、社会责任、家庭责任。发挥法治在解决道德领域突出问题中的作用，健全公民和组织守法信用记录，完善守法诚信褒奖机制和违法失信行为惩戒机制①。

（四）法律监督

1. 法律监督的概念

法律监督又称法制监督，有广义、狭义两种理解。狭义的法律监督是指有关国家机关依照法定职权和程序，对立法、执法和司法活动的合法性进行的监察和督促。广义的法律监督是指由所有的国家机关、社会组织和公民对各种法律活动的合法性所进行的监察和督促。作者认为，对法律监督应采取广义的理解。

2. 法律监督的原则

（1）民主原则。法国杰出的启蒙思想家卢梭认为：人民订立契约建立国家，他们便是国家权力的主人；人民主权不可以分割，也不可以转让②。这就要求在一切国家和政治活动中必须坚持民主原则。在无产阶级政党领导的社会主义国家里，更应坚持这一原则，以充分体现国家权力的人民性和政治的民主性。只有这样，才能保证法律监督的正确方向，使一切权力都时时处于有效的法律监督之下。

（2）公开原则。实行公开原则，增加透明度，是对权力进行有效监控的必要前提，也是现代社会发展的必然趋势。封闭性和神秘性是封建专制条件下的国家活动的主要特点。实践证明，只有实行公开原则，"重大情况让人民知道，重大事情经人民讨论"，才能有效地规范权力行为，保证法律的正确实施。

（3）法治原则。法律监督中的法治原则，是指法律监督主体必须严格按照法律赋予的职权和法律规定的程序，对法律监督客体进行法律监督。具体来讲，有两个方面：一是必须在宪法和法律规定的范围内行使法律监督权，做到既不失职，又不越权；二是必须按照

---

① 参见中央宣传部、司法部《关于在公民中开展法治宣传教育的第七个五年规划》（2016—2020 年）。
② 卢梭. 社会契约论［M］. 上海：商务印书馆，2003.

法定程序来行使法律监督权，避免随意性。实践证明，要增强法律监督的准确性和权威性，必须健全法律体系，依法进行法律监督活动。

（4）独立原则。法律监督的主体具有相对独立性，是法律监督活动能够正常实施并达到目的的基本条件，也是法律监督必须遵循的基本原则。具体来讲，独立原则有三个方面：一是法律监督机构依法设置，任何机关和个人不得违反法律规定任意决定其存废；二是法律监督人员依法任命，任何机关和个人都不能随便剥夺其监督权；三是法律监督活动依法进行，不受其他任何机关、组织和个人的非法干涉。

（5）效能原则。追求高效率，是一切国家机关活动的起点和落脚点，法律监督当然也不能例外。法律监督的效能原则，是指法律监督的措施得力、及时有效。法律监督作为一种机制，不仅是对权力行使者的监控和督促，同时还发挥着重要的纠偏、惩戒作用。对权力的法律监督越及时、有效，就越能更好地防止和减少权力负效应的发生，从而达到维护国家和人民利益的目的。如果法律监督不及时，没有效力，它也就失去了自身的价值。

第二章
依法治国，建设社会主义法治国家

一、法治的概念

考察法治概念，必须追溯法治范畴的历史演变。

古希腊的亚里士多德最早提出"法治"一词。他认为法治应包括两重含义：已成立的法律获得普通的服从，而大家所服从的法律又应该本身是制定得良好的法律。古希腊的法治思想在古罗马得到了进一步的发展。著名哲学家西塞罗提出了"混合型的共和主义均衡体制"的法治模式。由此，法治同"民选""共和"紧密地联系起来。

到了近代，随着民主、自由、权利、平等的人文主义思想的广泛传播，关于法治的论述越来越多，法治思想更加丰富。英国思想家哈林顿在其《大洋国》一书中，提出了"法律的王国"的构想。洛克在《政府论》中强调政府的合法而治和民众的依法而行。法律一经制定，任何人也不能凭自己的权威逃避法律的制裁……社会中的任何人都是不能免受它的法律的制裁的。19世纪末，英国宪法宗师戴雪在其《英宪精义》中明确阐述了"法治"的概念，并把排除专断、法律平等、法律至上宣布为法治的基本原则。资产阶级取得政权建立资产阶级民主制度之后，法治则由理想变为现实。法、美、德等国先后将法治写入宪法之中，法治观念也随之成为占统治地位的意识形态，更强调"依法办事"和"法律至上"。

法治是一个历史的概念，受各国民主、经济、文化发展水平及历史传统的影响，因而给法治下一个确切的定义是困难的。所以，《牛津法律指南》一书曾断言，法治是"一个无比重要，但未被定义，也不能随便就能定义的概念"。

综观"法治"一词的使用状况，"法治"一般具有以下几层含义：

第一，法治是运用法律治理国家的方式，运用法律治理国家是法治的最基本含义。

第二，法治是指依法办事的社会状况，依法办事是法治社会的必然要求和基本原则。不仅全体社会成员要依法办事，关键是政府及其官员要严格执行法律和遵守法律。在我国，一切国家机关和武装力量、各政党和各社会团体、各企事业组织都必须遵守宪法和法律；一切违反宪法和法律的行为，必须予以追究；任何组织或者个人都不得有超越宪法和法律的特权。

第三，法治是一种政治法律制度，是一定民主政治的法律化，是依法行使国家权力而不是任何人享有凌驾于法律之上特权的一种制度。

总之，法治作为一个综合概念，它汇聚了多重意义。"法律制度"是其静态内容，"依法治国"是其外在形式，"依法办事"是其基本要素。其主旨就在于以法律价值观来构建社会基本结构和运作方式，形成以法律制度为主导的体现人民主权的有序化的社会管理模式。

二、人治的概念

人治也是个古老的概念。不同国家、不同时代的法学家对其都有特定的认识。我国儒家首倡将"人治"作为治理国家的方法。他们提出"贤人政治"的主张，所谓"为政在人"，"其人存，则其政举；其人亡，则其政息"。在儒家的"人治"思想中，特别强调当权者的道德修养，其"人治"中的人，是有德之人。他们认为无德之人当权，政治就没有希望；有德之人当权，政治就会好起来。在政治措施上，儒家力主君主施德行仁，"正其身"，"举贤能"，对广大民众着力德化教育。由此可见，在儒家思想中，"人治"与"德治"是密不可分的。儒家的"人治"思想在中国封建社会始终居于统治地位，其影响十分深远。人治作为一种长期存在的历史现象，从我国封建专制制度的发展史上看，具有如下特点：

第一，国家的大政方针由皇帝一人决定。

第二，法律没有稳定性，皇帝可以"一言立法"，"一言废法"。

第三，皇帝凌驾于国家和法律之上，不受法律的限制。

第四，法律的作用大小和实际效能取决于皇帝的主观意志。这种存在了几千年的"人治"历史向人们昭示的是这样一种治理国家的制度：国家最高权力者决定着国家的盛衰兴亡，决定着一个民族的前途和命运。

在西方，对于"人治"的论述并不多，较有代表的是古希腊唯心主义哲学家柏拉图。他在《理想图》中，提出应由智慧的哲学家当国王治理国家。但同时他也指出，如果一个国家的统治者不是哲学家，并且在一个较短的时间内不可能成为一个哲学家，则法治仍然比人治要好。

历史地看，"人治"作为一种治国方法和治国原则，它具有以下含义：

（1）人治是指掌权者个人的意志高于法律，国家一切大事的处理由少数人或个人按自己的主观意志来决定。

（2）人治不是不要法律。但法律只是统治者可以随意创废、取舍的工具。

（3）人治在政治上总是同君主专制联系在一起，与现代民主是背道而驰的。人治社会中，少数统治阶级的特权与广大被统治阶级的无权对应存在。

三、法治与人治之比较

是法治，还是人治？要法治，还是要人治？这是法学家致力于探讨并且需要解决的课题。

主要运用法律还是主要依靠贤能的个人及善良的道德教化治理国家，对这个问题的不同回答构成了"法治"与"人治"的最初分歧。法治与人治的对立在古代、近代及现代的内容和形式都各有不同。在古代中国，法治论者强调严刑峻法治社会，而人治论者强调"法者，治之端也；君子者，治之原也"。在古希腊，法治论者认为"法治应当优于一人之治"，人治论者强调圣贤智慧。近代，法治与人治的对立主要在民主与专制、主权在民与主权在君、共和政制与君主专制的对立。现代法治论与人治论则主要表现在注重法律的社会作用同法律虚无主义的对立。

大量事实表明，法治是历史发展的必然结果，是民主制度化、法律化的生动体现。法治与人治，作为对立的治国方略，其差别是巨大的，一般可以概括为四个方面：

(1) 人治论提倡圣君贤人的道德教化；法治论强调依法治理。

(2) 人治论主张因人而异，对人的行为作具体指引；法治论强调对事不对人，提倡一般性规则。

(3) 人治论推崇个人权威，维护专制体制；法治论弘扬民主，保障共和体制。

(4) 当法律与当权者的个人意志发生冲突时，人治论强调个人权威，即权大于法；法治论强调"法律至上"，即法大于权。

通过比较可以发现，法治的优越性十分明显。法治通过制约权力能有效地防止个人专断和腐败；法治能保证人才筛选机制良好运行，推动社会发展，并使社会获得长治久安；法治能保证统治阶级整体意志的顺利贯彻，维护社会秩序，推动经济的持续、快速、健康发展和社会全面进步。因此，我们要建设社会主义民主政治，就必须实行法治。建立和不断健全法制，是一个相当漫长的过程，但最终走向法治是必然的。

法治的形式表现就是依法治国，问题在于是不是只要依照"法"治理国家就能建立法治社会、法治国家呢？古今中外的法学家们都深深地思考过一个严肃的问题：依法治国的"法"本身是否存在正当、合理、正义的问题。

四、西方国家历史上的良法与恶法之争

(一) 西方国家古代、中世纪与近代的良法理论

在西方古代、中世纪与近代时期，良法理论一直是自然法学派的思想传统。

古希腊思想家亚里士多德是最早明确提出"良法"问题的思想家。自古希腊后期斯多葛学派产生并传入古罗马之后，良法理论就与自然法思想结下了不解之缘。古罗马伟大的政治家、思想家西塞罗是古代自然法思想的集大成者。

欧洲进入中世纪以后，自然法思想被宗教神学理论家所继承，良法理论也在宗教神学思想体系中存在与发展。中世纪的大神学家奥古斯丁和托马斯·阿奎那都曾经表述过"恶法非法"的理论思想。

在 17、18 世纪时，古典自然法学派的思想家们，如格劳秀斯、洛克、孟德斯鸠、卢梭等人建立了完整、系统的自然法理论，虽然他们并没有明确提出"恶法非法"的观点，但是他们的理论观点至今仍然是西方法理学体系中良法理论的基础。

(二) 分析法学派的"恶法亦法"论

分析法学坚持法律与道德的分离，认为法理学需要研究的是法律自身，法律的道德性不是法理学的研究范围，而应该归于立法学或伦理学的研究范围。为此，他们提出了一个与自然法学派"恶法非法"论完全对立的命题，即"恶法亦法"。

(三) 审判纳粹战犯中的"良法"与"恶法"之辩

人们在"二战"以后审判纳粹战犯的过程中遇到的实际问题，终于引发了一场关于"法律与道德""良法与恶法"的长期辩论。德国著名法学家拉德勃鲁赫在"二战"以前一直是实证主义法学的主要代表，在其晚年，他痛苦地经历了纳粹的法西斯统治和"二

战"给德国人民乃至世界人民带来的深重灾难，因而深刻地认识到了自然法思想所体现的永恒正义理念及其作为实在法基础的必要性。拉德勃鲁赫的理论观点被德国联邦法院所采纳，并且在"二战"后的一些案件中得到适用。

（四）新分析法学"恶法亦法"的理论观点

奥斯丁以后的新分析法学派以奥地利法学家凯尔森，英国法学家哈特、拉兹、麦考密克等人为主要代表，其中尤以哈特的理论观点最为引人注目：（1）法律是一种命令；（2）对法律概念的分析是值得研究的，它不同于社会学和历史学的研究，也不同于批判性的价值评价；（3）判决可以从事先确定了的规则中逻辑地归纳出来，而无须求助于社会的目的、政策或道德；（4）道德判断不能通过理性论辩、论证或证明来确立或辩护；（5）实际上设定的法律不得与自然的法律保持分离，法律与道德之间没有必然的联系。当然，新分析法学派的某些代表人物，如哈特，也承认了"最低限度的自然法"，即一种法律制度成为真正有效的法律制度所必须具备的最低限度的道德条件。

（五）新自然法学派"恶法非法"的理论观点

新自然法学派的代表人物主要有富勒、德沃金、罗尔斯等人。美国法学家富勒将法律的道德准则分为"内在的道德"与"外在的道德"。著名思想家罗尔斯认为"正义"可以分为"实质正义"与"形式正义"。著名法学家德沃金认为法律概念不仅包括法律规则，而且包括法律原则，而这些原则实际上就是道德原则。

新自然法学派的良法思想已超越了古典自然法学家们的良法范畴，他们之间的主要区别在于：其一，古典自然法学派的良法理论主要体现为一种公平、正义、自由的立法理念，着眼于对封建法制的理论批判；而新自然法学派的良法理论更加关注现实的法制生活，着眼于对现实法律的批判性思考。其二，新自然法学派的良法理论除了承认内容（实体）上的良法外，还认为良法应该有程序上的特定内涵，从而把良法标准的内容和形式特征进行了一定程度的揭示。

五、良法的标准

何为标准？这是难以确证但又无法回避的话题。幸而马克思主义的奠基人早就告诫我们，事物总是在不断发展变化的，任何用以衡量特定事物的标准也不是永恒不变的。中外法学家关于法之良恶的标准也并非完全统一。说到这些，我们在聊以自慰之余，也试图给良法的标准予以界定。

1. 价值合理性是良法的核心要素

价值是人类一切事物存在和发展的基本前提，任何事物如果没有价值或价值失存，则意味着失去了保留和发展的必要性。关于法律价值问题，尽管中外学者的论述侧重各有不同，但平等、自由、人权、民主、法治、秩序等是已在理论界达成共识的。法律价值之所以为良法的核心基点，首先是因为平等、自由、民主、人权等法律价值，是现代法制产生和发展的前提。近代宪法的产生和发展就是一个显著的例子，可以说没有近代西方启蒙思想家的"天赋人权学说""人民主权学说"，就没有近代宪法。其次是因为法律价值是法律制定、实施的出发点和归宿，制定法律的过程就是法律价值规范化的过程，实施法律的过程就是法律价值现实化的过程，法律监督过程就是法律价值的矫正过程。

2. 规范合理性是良法的形式表征

规范合理性是良法的形式化要求。同普通法相比，宪法一经产生就具备形式化特征。当今世界上，采用成文宪法典的国家首先注重的是宪法的法典化和形式化问题。即使英国等少数几个采用不成文宪法典的国家不注重普通法的形式化，但宪法的成文性规定也是这些国家宪法存在的主要方式。宪法规范合理性之所以为良性宪法的形式标准，是因为：宪法价值不独为观念层面的存在，它必须通过宪法规范形式转变为有约束力的行为规则，去规制宪政实践，进而形成满足人们需求的价值事实。富勒将法律界定为"服从规则治理的事业"，首先也强调的是规则的前提性意义。宪法规范合理性的基本要求是：结构体系的完整性、规则要素的齐备性、内容组合的确定性和语言文字的精确性。

3. 体制合理性是良法的实体要件

法律是国家权力的构造书，更是公民权利的保障书。法和宪法关于国家权力体制的设定，不是目的，只是手段。良好的法律就是要通过国家权力体制的合理性设定，防止国家机关越权行使、滥权行使，来达到保障和实现公民的权利和自由。在这一方面，宪法关于国家权力体制的设计更为突出。西方主要资本主义国家（如英、美、法等）宪法的基本内容是国家权力相互制约型体制的设计和国家权力的运行范围的界定，其在表现形式上有授权性规范，也有禁止性规范。而关于公民权利的范围问题，宪法则采用概括式的授权方式，即重要权利列举，剩余权利由人民保留。原因在于：相对国家机关而言，法无明文规定的不得行使；相对公民而言，法无明文禁止的可以行使；同时他们坚信，有治权无制约、延伸权力腐败是必然的结果，因为"权力容易使人腐化，绝对权力绝对使人腐化。"

4. 程序合理性是良法的运行保障

法律不是一纸文书，更不是规范的堆积。法的生命在于运行，而法的运行是讲程序的。程序是价值规范化、规范现实化的桥梁。法的制定和实施与保障，都是通过程序的中介作用得以实现的；同时，现代意义的程序，不能单独理解为实体法所确认的权力和权利的运行过程和方式。西方现代学者关于程序正义的论述，表明程序价值的独立性在西方社会已形成共识。正当程序原则被奉为英美国家的圭臬，是由正当程序的功能和作用所决定的。因为合理性的程序要求程序法定、主体平等、过程公开、决策自治、结果符合逻辑；同时合理性的程序保证任何决策都是通过人们"看得见的方式"作出的，避免了"黑箱"操作的恣意，增强了政府行为的可信度。美国一位著名的最高法院大法官菲力克斯·弗兰克福特（Felix Frankfurter）在解释他为什么回避审理一案件时曾说，公正的外表和事实上的公正同等重要。

六、依法治国实质上是良法治国

（一）良法理论是人类治国经验的科学总结

早在古希腊时期，大学者亚里士多德就从法治的角度提出和阐述了良法问题。古希腊后期产生的自然法学理论的核心思想，就是通过"理性"与"正义"的观念形式探讨良法问题。可以说，良法理念的问题始终是自然法理论的核心论题。自然法理论传入古罗马之后，对古罗马法的发展产生了巨大的影响。后来西方法学理论的几乎每一次发展和进步，也都与良法的观念更新息息相关。坚信良法的存在、相信人类社会可以通过良法实现法律的公平、正义的统治，这既是法治理论赖以产生的理论前提，也是"人治"理念与

"法治"理念的最初分歧所在。不论是古希腊的柏拉图，还是中国古代的儒家，最初都是因为不相信良法的存在，不相信通过良法可以实现人类社会理想的统治形式即"法治"。良法不单纯是理论，比如在德国纽伦堡国际法庭上对纳粹战犯的审判，就是最终"恶法非法"的观点占了上风。纵观历史，世界各国的治国实践不可避免地要涉及制定与实施良法或恶法的治国的问题，但它们最终都体现了这样一个历史规律：良法治国兴，恶法治国亡。

（二）依法治国必须是良法治国

"依法治国必须是良法治国"，这是由良法在依法治国中的地位和作用决定的。在我国，依法治国指的是广大人民群众在党的领导下，依据宪法和法律，通过各种渠道和形式，管理经济、文化事业，管理社会事务，逐步实现社会主义民主制度化、法律化；并使这个制度与法律，不因领导人的改变而改变，不因领导人的看法和注意力的改变而改变。很显然，依法治国的每一要素、每一环节，都与良法有直接关系。因为只有良法才能体现和保障人民的意志和利益；只有良法才能管理好国家事务、经济文化事业和社会事务；只有良法才能实现人民民主，才能实现社会正义。在中国现阶段，良法必须反映人民的意志，必须顺应历史潮流、符合社会发展的客观规律，必须具有可操作性，必须符合争议原则。总之，良法应具有人民性、科学性、程序性、正义性等基本特征。

（三）良法治国是建设社会主义法治国家的客观要求

"依法治国必须是良法治国"，表明了我国实行依法治国的价值取向。"依法治国"作为基本的治国方略，维护社会秩序、保障长治久安是其基本的价值追求。但是秩序只有以正义、人权为基础才能得以维护，离开社会正义的长治久安是不牢固的，任何违背人民利益的秩序总不能长久。当然，正义问题是一个复杂的问题，不同的集团、不同利益的个人均对此有不同的看法。在当代中国，社会正义的根本要求和基本精神，就是要保障公民的基本权利，全面实现人民民主。离开了这些要求和精神，社会正义就无从谈起。为此，首先要解决的就是树立良法观念，制定良法规范。换言之，良法问题实际上就是保障依法治国的价值形态的实现问题。同时，我们还必须看到，"依法治国"与"建设社会主义法治国家"是一个统一的整体，具有不可分割的联系，只有良法才能成为两者联系的纽带。就目前而言，良法首先是个立法问题。我国已经制定了《立法法》，为立法的民主化、法治化奠定了良好的基础。其次，良法问题也是一个执法问题。为了保障我国社会主义法律的良性运行，维护法律的至上权威，我国有必要进一步发展与完善行政诉讼制度、行政复议制度、行政程序等，确保行政机关依法行政。再次，良法问题还是个司法问题。我国的司法改革应该以司法公正为目标，努力提高司法官员的素质，促使司法程序更加合理化地发展，为维护社会公正铸造坚强的司法后盾。最后，良法问题与全民密切相关。只有在一个国家的全体公民中普及对"良法治国"的信心甚至信仰，法治方略才可以真正得以贯彻实施。

七、《中共中央关于全面推进依法治国若干重大问题的决定》解读

1997年党的十五大提出了"依法治国，建设社会主义法治国家"的治国方略。19年来的法治建设固然取得了一定的成果，但距离我国成为法治国家的目标还相差甚远。虽然

法律制度不断完善，但有法不依的现象较为严重。十八届四中全会是我党第一次专题研究依法治国问题的中央全会。把以法治作为治国理政的基本方式，全面推进依法治国，体现了我党对执政规律、社会主义建设规律、人类政治文明发展规律认识的进一步深化，体现了我党对担当执政使命，实现经济发展、政治清明、文化昌盛、社会公正、生态良好等根本性问题的深刻认识，展现了我党对人民群众的法治需求和依法治国期待的积极回应，表明了党中央加快建设社会主义法治国家的坚定决心和信心。十八届四中全会通过的《中共中央关于全面推进依法治国若干重大问题的决定》是我党建设法治中国的纲领和指南，深刻理解这一重要文件意义深远。

（一）依法治国的总目标

《中共中央关于全面推进依法治国若干重大问题的决定》首次明确提出了全面推进依法治国的总目标，即建设中国特色社会主义法治体系，建设社会主义法治国家。这就是，在中国共产党领导下，坚持中国特色社会主义制度，贯彻中国特色社会主义法治理论，形成完备的法律规范体系、高效的法治实施体系、严密的法治监督体系、有力的法治保障体系，形成完善的党内法规体系，坚持依法治国、依法执政、依法行政共同推进，坚持法治国家、法治政府、法治社会一体建设，实现科学立法、严格执法、公正司法、全民守法，促进国家治理体系和治理能力现代化。

（二）实现总目标必须坚持的原则

为了实现这个总目标，必须坚持以下原则。

（1）坚持中国共产党的领导。党的领导是中国特色社会主义最本质的特征，是社会主义法治最根本的保证。把党的领导贯彻到依法治国全过程和各方面，是我国社会主义法治建设的一条基本经验。我国宪法确立了中国共产党的领导地位。坚持党的领导，是社会主义法治的根本要求，是党和国家的根本所在、命脉所在，是全国各族人民的利益所系、幸福所系，是全面推进依法治国的题中应有之义。党的领导和社会主义法治是一致的，社会主义法治必须坚持党的领导；党的领导必须依靠社会主义法治。只有在党的领导下依法治国、厉行法治，人民当家作主才能充分实现，国家和社会生活法治化才能有序推进。依法执政，既要求党依据宪法法律治国理政，也要求党依据党内法规管党治党。必须坚持党领导立法、保证执法、支持司法、带头守法，把依法治国基本方略同依法执政基本方式统一起来，把党总揽全局、协调各方同人大、政府、政协、审判机关、检察机关依法依章程履行职能、开展工作统一起来，把党领导人民制定和实施宪法法律同党坚持在宪法法律范围内活动统一起来，善于使党的主张通过法定程序成为国家意志，善于使党组织推荐的人选通过法定程序成为国家政权机关的领导人员，善于通过国家政权机关实施党对国家和社会的领导，善于运用民主集中制原则维护中央权威、维护全党全国团结统一。

（2）坚持人民主体地位。人民是依法治国的主体和力量源泉，人民代表大会制度是保证人民当家作主的根本政治制度。必须坚持法治建设是为了人民、依靠人民、造福人民、保护人民，以保障人民根本权益为出发点和落脚点，保证人民依法享有广泛的权利和自由、承担应尽的义务，维护社会公平正义，促进共同富裕；必须保证人民在党的领导下，依照法律规定，通过各种途径和形式管理国家事务，管理经济和文化事业，管理社会事务；必须使人民认识到法律既是保障自身权利的有力武器，也是必须遵守的行为规范，增强全社会学法、尊法、守法、用法意识，使法律为人民所掌握、所遵守、所运用。

（3）坚持法律面前人人平等。平等是社会主义法律的基本属性。任何组织和个人都必须尊重宪法法律权威，都必须在宪法法律范围内活动，都必须依照宪法法律行使权力或权利、履行职责或义务，都不得有超越宪法法律的特权；必须维护国家法制统一、尊严、权威，切实保证宪法法律有效实施，绝不允许任何人以任何借口任何形式以言代法、以权压法、徇私枉法；必须以规范和约束公权力为重点，加大监督力度，做到有权必有责、用权受监督、违法必追究，坚决纠正有法不依、执法不严、违法不究行为。

（4）坚持依法治国和以德治国相结合。国家和社会治理需要法律和道德共同发挥作用。必须坚持一手抓法治、一手抓德治，大力弘扬社会主义核心价值观，弘扬中华传统美德，培育社会公德、职业道德、家庭美德、个人品德，既重视发挥法律的规范作用，又重视发挥道德的教化作用，以法治体现道德理念、强化法律对道德建设的促进作用，以道德滋养法治精神、强化道德对法治文化的支撑作用，实现法律和道德相辅相成、法治和德治相得益彰。

（5）坚持从中国实际出发。中国特色社会主义道路、理论体系、制度是全面推进依法治国的根本遵循。依法治国必须从我国基本国情出发，同改革开放不断深化相适应，总结和运用党领导人民实行法治的成功经验，围绕社会主义法治建设重大理论和实践问题，推进法治理论创新，发展符合中国实际、具有中国特色、体现社会发展规律的社会主义法治理论，为依法治国提供理论指导和学理支撑。同时，汲取中华法律文化精华，借鉴国外法治有益经验，但决不照搬外国法治理念和模式。

全面推进依法治国是一个系统工程，是国家治理领域一场广泛而深刻的革命，需要付出长期艰苦努力。全党同志必须更加自觉地坚持依法治国、更加扎实地推进依法治国，努力实现国家各项工作法治化，向着建设法治中国不断前进。

（三）实现总目标的具体路径

科学立法是依法治国的前提。依法治国，必须坚持立法先行，发挥立法的引领和推动作用。要恪守立法为民，使每一项立法都符合宪法精神、反映人民意志、得到人民拥护。坚持立改废释并举，增强法律法规的及时性、系统性、针对性、有效性。加强重点领域立法，加快完善体现权利公平、机会公平、规则公平的法律制度。实现立法和改革决策相衔接，确保重大改革于法有据、立法主动适应改革和经济社会发展需要。

严格执法是依法治国的关键。法律的生命力在于实施，法律的权威也在于实施。当前法律实施环节存在的很多问题，不少是由于执法失之于宽、失之于松，选择性执法、随意执法等引起的。要深化行政执法体制改革，健全行政执法和刑事司法衔接机制。坚持严格规范公正文明执法，依法惩处各类违法行为，加大关系群众切身利益的重点领域执法力度，建立健全行政裁量权基准制度，全面落实行政执法责任制。加强对执法的监督，坚决查处执法犯法、违法用权等行为，坚决排除对执法活动的干预。

公正司法是依法治国的重心。司法是维护社会公平正义的最后一道防线。习近平同志多次强调，要使人民群众在每一个司法案件中都能感受到公平正义。如果司法不能坚持公平正义，司法就没有公信力，依法治国就难以全面推进。当前实现公正司法，要加快推进司法管理体制改革，完善确保依法独立公正行使审判权、检察权的制度。健全司法权力运行机制，优化司法职权配置。推进严格司法，开展以审判为中心的诉讼制度改革。加强对司法活动的监督，切实保障人民群众的诉讼权利。

全民守法是依法治国的基础。人民群众是法律实施的重要主体，是全面推进依法治国的根本力量。人民群众以主人翁意识，发自内心地认同法律、信仰法律、遵守和捍卫法律，把依法办事当成习惯，是全面推进依法治国的基础。人民权益要靠法律保障，法律权威要靠人民维护。要深入开展法治宣传教育，在全社会树立法治意识，弘扬法治精神。要不断增强全社会厉行法治的积极性和主动性。推进多层次多领域依法治理，深化基层组织和部门、行业依法自治，支持各类社会主体依法自我约束、自我管理。

法治工作队伍建设是依法治国的组织和人才保障。一是应建设高素质法治专门队伍。把思想政治建设摆在首位，加强理想信念教育，深入开展社会主义核心价值观和社会主义法治理念教育，坚持党的事业、人民利益、宪法法律至上，加强立法队伍、行政执法队伍、司法队伍建设。推进法治专门队伍正规化、专业化、职业化，提高职业素养和专业水平。完善法律职业准入制度，健全国家统一法律职业资格考试制度，建立法律职业人员统一职前培训制度。建立从符合条件的律师、法学专家中招录立法工作者、法官、检察官制度，畅通具备条件的军队转业干部进入法治专门队伍的通道，健全从政法专业毕业生中招录人才的规范便捷机制。建立法官、检察官逐级遴选制度。二是加强法律服务队伍建设。加强律师队伍思想政治建设，把拥护中国共产党领导、拥护社会主义法治作为律师从业的基本要求。构建社会律师、公职律师、公司律师等优势互补、结构合理的律师队伍。各级党政机关和人民团体普遍设立公职律师。发展公证员、基层法律服务工作者、人民调解员队伍。推动法律服务志愿者队伍建设。三是创新法治人才培养机制。坚持用马克思主义法学思想和中国特色社会主义法治理论全方位占领高校、科研机构法学教育和法学研究阵地。健全政法部门和法学院校、法学研究机构人员双向交流机制，实施高校和法治工作部门人员互聘计划，重点打造一支政治立场坚定、理论功底深厚、熟悉中国国情的高水平法学家和专家团队，建设高素质学术带头人、骨干教师、专兼职教师队伍。

党的领导是依法治国最根本的保证。必须加强和改进党对法治工作的领导，把党的领导贯彻到全面推进依法治国全过程。中国共产党是执政党，对国家各项事业发挥总揽全局、协调各方的领导核心作用。党依法执政体现在领导立法、保证执法、支持司法、带头守法上。执政党能不能在宪法和法律范围内活动，依据宪法和法律治国理政，依据党内法规管党治党，直接关系到依法治国的成效。坚持党依据宪法法律治国理政，关键是要健全党领导依法治国的制度和工作机制，完善保证党确定依法治国方针政策和决策部署的工作机制和程序，确保党依照宪法法律行使执政权，实现党的领导方式和执政方式法治化。坚持党依据党内法规管党治党，关键是要加强党内法规制度建设，完善党内法规制定机制，形成配套完备的党内法规制度体系，实现从严治党有规可依、有章可循、有纪可执、执纪必严、违纪必究。把加强权力制约监督、严惩腐败、整风肃纪作为当前党内法规制度建设重点，决不允许有超越党纪国法的特权和特殊党员，决不给腐败留有制度空间。总之，坚持党的领导，是社会主义法治的根本要求，是党和国家的根本所在、命脉所在，是全国各族人民的利益所系、幸福所系，是全面推进依法治国的题中应有之义。

第 二 编

宪　法

第三章

宪法概述

第一节　宪法的概念和法律特征

一、宪法的概念

"宪法"一词无论在中国还是西方国家均古已有之，但其含义却与近现代宪法迥然不同。近代意义上的宪法起源于英国为代议制进行的立法活动和法律原则，后来欧美等资本主义国家把规定代议制度的法律称为宪法，即确立立宪政体制度的法律。

近代意义的宪法是资产阶级革命的产物。西方近代工业革命催生了新兴资产阶级，其启蒙思想家率先提出"民主""自由""平等""人权"等主张，逐步批判并否定了"君权神授""主权在君"等学说，当资产阶级建立起自己的国家政权后，便通过宪法的形式，确立资产阶级民主制度，以适应资本主义政治和经济的发展。作为宪法发源地的英国，在 1640 年爆发了资产阶级革命，到 1688 年结束，历时近 50 年，其间大致经过了内战阶段、共和国阶段、克伦威尔军事独裁阶段和"光荣革命"四个时期，英国宪法也在此过程中逐步产生。从内容上看，其扩大了议会的权力，限制了王权，建立了议会制君主立宪政体；规定了公民的基本权利，强化了权利保护措施。从形式上看，其先后通过了一批宪法性法律和创设了一些宪法惯例，主要包括 1628 年的《权利请愿书》、1679 年的《人身保护法》、1689 年的《权利法案》和 1701 年的《王位继承法》，并最终确认了英国的君主立宪制政体。

17 世纪初，英国开启了对北美的殖民统治。1775 年 4 月，北美殖民地爆发了反对英国殖民统治的独立战争，次年 7 月 4 日发表《独立宣言》，北美宣布脱离英国。宣布独立后的各州以《独立宣言》为依据制定宪法，组织政府，成为 13 个共和国。1779 年 11 月 15 日，大陆会议通过了《邦联条例》并规定美国是由北美 13 州联合组成的美利坚合众国，各州保持主权、自由和独立，各州议会选派代表组成联邦国会。由于《邦联条例》所确立的是一个松散的国家联合体，这种体制很快不适应新的国家政治经济发展和对外关系的需要，为了建立中央集权制的国家制度，1787 年 5 月资产阶级代表召开制宪会议，同年 9 月 15 日通过《美利坚合众国宪法》并交各州表决。1789 年，经 13 个州中的 9 个州批准，《美利坚合众国宪法》得以生效，成为世界上最早的成文宪法。《美利坚合众国宪法》包括一个序言和七条正文，确立了分权制衡、联邦主义、代议制政府等原则，规定了宪法修改的特别程序，并于 1791 年通过一个由 10 条宪法修正案组成的《权利法案》，规定公民的基本权利。美国宪法的发展，是通过宪法修正案、宪法解释和宪法惯例等方式实现的。毛泽东在论及宪法的产生和发展时曾说："讲到宪法，资产阶级是先行的。英国也好，法国也好，美国也好，资产阶级都有过革命时期，宪法就是他们在那个时候搞起的。"

在英国、美国和法国资产阶级革命和立宪运动的影响下，欧美各国相继发生了资产阶级革命，在革命胜利后也都普遍确立了资产阶级民主政治，并制定了自己的宪法。1917年俄国十月社会主义革命胜利后，建立了第一个无产阶级专政的社会主义国家，1918年制定了世界历史上第一部社会主义宪法——《苏俄宪法》。《苏俄宪法》的意义在于：首先，它突破了资产阶级宪法和宪政的局限性，使宪法成为无产阶级实现民主和组织国家政权的根本法；其次，它第一次系统地规定了经济制度，扩大了宪法的调整范围，使宪法由传统的政治领域进入到社会经济生活领域；最后，苏俄宪法推动了社会主义类型宪法的发展，并使宪法突破了西方文化的范围，开始成为世界文化现象。

纵观世界各国宪法，其内容均包含政府体制、国家权力及其民主运行规则、公民基本权利和义务的配置等，其制定和修改程序严格于普通法律，并在效力上高于普通法律。我们认为，宪法在功能和内容上首先是对公民权利的保护，保障宪法所确立的自由不受侵犯。其次，为了保障公民权利，必须科学配置国家权力，保证各个国家机构要在宪法设定的范围内行使权力。因此，保障公民权利和限制国家公权力是宪法不可或缺的考量维度，基于此，"宪法"的概念可以界定为："宪法是规定国家的根本制度、公民的基本权利与义务，规范国家权力和保障公民权利的根本大法。"

二、宪法的法律特征

宪法作为国家根本法，与普通法律相比较具有以下特征。

（一）宪法内容的根本性

宪法规定的是一个国家最根本、最核心的问题。诸如国家的性质、国家的政权组织形式、国家的结构形式、国家的基本国策、公民的基本权利和义务、国家机构的组织和职权等。这些规定不仅反映一个国家政治、经济、文化和社会生活等各个方面的基本内容和发展方向，而且从社会制度和国家制度的根本原则上规范整个国家的活动。其他法律所规定的内容通常只是国家生活中的具体领域的问题，如《刑法》规定什么是犯罪及犯罪行为如何追究刑事责任问题、《婚姻法》主要调整婚姻和家庭方面的问题等。我国现行《宪法》在序言中明确规定："本宪法以法律的形式确认了中国各族人民奋斗的成果，规定了国家的根本制度和根本任务，是国家的根本法，具有最高的法律效力。"

（二）宪法效力的最高性

宪法内容的根本性决定了宪法在一国法律体系中的最高地位，从而具有最高的法律效力。主要表现在：第一，任何普通法律、法规都必须符合宪法的原则和基本精神，否则无效。我国《宪法》第五条第三款规定："一切法律、行政法规和地方性法规都不得同宪法相抵触。"第二，宪法是制定普通法律的依据，立法机关在立法时必须以宪法规定为依据，使法律首先具有合宪性；第三，宪法是一切国家机关、社会团体和全体公民的最高行为准则。对此，《宪法》序言明确规定："全国各族人民、一切国家机关和武装力量、各政党和各社会团体、各企业事业组织，都必须以宪法为根本的活动准则，并且负有维护宪法尊严、保证宪法实施的职责。"

（三）宪法制定与修改的严格性

既然宪法是具有最高法律效力的国家根本法，那么必然要求宪法具有极大的权威和尊严，而严格的宪法制定和修改程序是保障其权威和尊严的重要环节。第一，制定和修改宪法的机关，一般由专门的制宪机关来制订宪法草案，几经修改后再经过严格的表决程序才能发生法律效力。美国 1787 年宪法由 55 名代表组成的制宪会议起草，经 9 个州的州制宪会议批准后才发生法律效力。第二，通过或批准宪法或者其修正案的程序，往往严于普通法律。如我国《宪法》第六十四条第一款规定："宪法的修改，由全国人民代表大会常务委员会或者五分之一以上的全国人民代表大会代表提议，并由全国人民代表大会以全体代表的三分之二以上的多数通过。"第二款规定："法律和其他议案由全国人民代表大会以全体代表的过半数通过。"

（四）公民权利的保障性

作为国家根本法的宪法，其最重要、最核心的价值是保障公民的基本权利。在此意义上，宪法是公民权利的保障书。1789 年法国《人权宣言》就明确宣布，凡权利无保障和分权未确立的社会就没有宪法。英国在资产阶级革命时期通过的《人身保护法》和《权利法案》，都确认和保障公民的权利和自由。我国于 2004 年将"国家尊重和保障人权"写入《宪法》。

（五）规范和限制国家权力的基本性

宪法是关于国家权力配置的基本法，它规定国家机关的组织、职权、活动原则和方式等；同时，宪法也规定了权力行使的范围、程序和方式，即对权力进行限制，使之符合宪法运行规范。其本质在于权力制衡，建立有限政府，保障公民的自由和权利。例如，古罗马时期立法、行政、司法分工，英国 1701 年《王位继承法》确立司法权和行政权分立，1787 年美国宪法三权分立，无不体现权力制衡、有限政府的理念。

第二节　宪法的运行和作用

一、宪法的运行

宪法的运行是一个从创制、实施到实现的过程，这个过程主要包括宪法的制定和修改（立法）、宪法遵守（守法）、宪法执行（执法）、宪法适用（司法）、宪法实现等环节。

（一）宪法的制定

宪法的制定是制宪主体根据一定的程序，创制宪法、行使制宪权的活动。制定宪法的权力即制宪权，制宪权不是一种国家权力，它被公认为是一种先于国家权力的"本源性"权力。制宪权是人民主权的一种表现形式，应当属于一个国家统治阶级的人民，任何国家机关或者个人都无权制定宪法。

为了使制宪权能够具体实现，通常要根据制宪的需要，建立一个专门的制宪机构，如制宪会议、国民会议、制宪议会、宪法起草委员会等。制宪机构的职责就是起草或制定宪法，在完成起草或制定宪法的任务后，该机构即予以解散。

在我国，只有全国人民代表大会才有权制定宪法，其他任何机关和组织都没有这项权力。1954 年，第一届全国人民代表大会第一次全体会议在《中国人民政治协商会议共同纲领》的基础上制定了我国第一部社会主义类型的宪法——1954 年宪法，这是新中国成立后制宪权的唯一一次行使。

（二）宪法的修改

宪法的修改是指拥有宪法修改权的国家机关，依照法定程序对宪法规范的内容进行调整、补充、修正的活动。宪法修改是成文宪法国家宪法修改机关的特定活动。

从各国宪政实践来看，宪法修改最基本和最主要的原因是为了使宪法的规定适应不断变化发展的社会政治经济和文化状况的需要；宪法修改的另一重要原因是为弥补宪法规范在实施过程中出现的漏洞。立宪者受主、客观条件的限制，在形成宪法规范的过程中，极有可能因考虑不周导致宪法规定的漏洞，因而需要以宪法修改的方式予以补充和完备。

根据各国宪法的规定，宪法修改的程序一般有三个阶段：

（1）提案阶段。提案是指由法定组织或个人提出关于宪法修改的议案，这主要涉及各国宪法对提案主体的规定，大致有三类：代议机关、行政机关和混合主体。

（2）议决通过阶段。有些国家宪法规定，在提案送交议决机关前应就宪法修改提案进行先决投票。

（3）公布阶段。宪法修正案经公布后才能产生法律效力。关于公布机关，大致有三类：一是由国家元首公布，这是大多数国家的做法。二是由代议机关公布。我国实际上也是采用此方式。三是由行政机关公布，如美国实践中采用此法，一般是联邦国会通过宪法修正案后交国务卿，再由国务卿转交各州州长，由州长提交州议会，各州将投票结果通知国务卿，由国务卿宣告"达到 3/4 州的批准，该宪法修正案即正式成立"。

根据我国《宪法》第六十四条规定："宪法的修改，由全国人民代表大会常务委员会或者五分之一以上的全国人民代表大会代表提议，并由全国人民代表大会以全体代表的三分之二以上的多数通过。"

（三）宪法的实施

宪法实施是指宪法规范在现实生活中的贯彻落实，即将宪法文字上的、抽象的权利义务关系转化为现实生活中生动的、具体的权利义务关系，并进而将宪法规范所体现的人民意志转化为具体社会关系中的人的行为。宪法实施主要包括三个方面。

（1）宪法的执行。宪法的执行通常指国家代议机关和国家行政机关贯彻落实宪法内容的活动。要求这些机构在活动程序和活动方式上必须严格执行宪法的规定，也要求这些机构在组织其他国家机关建立各种制度的过程中严格遵循宪法的规定。

（2）宪法的适用。宪法的适用通常指国家司法机关在司法活动中贯彻落实宪法的活动。虽然在我国的司法实践中，宪法能否被司法机关作为审判活动的依据，学术界尚未达成共识，但宪法具有的一般法律属性。世界上其他国家的司法实践表明，宪法适用不仅是宪法实施的重要途径，而且也是法治国家加强宪政建设、树立宪法权威的重要内容。

（3）宪法的遵守。宪法的遵守通常指一切国家机关、社会组织和公民个人依照宪法规定从事各种行为的活动。宪法的遵守是宪法实施最基本的要求，也是宪法实施最基本的方式。宪法的遵守通常包括两层含义：一是依据宪法享有并行使权力和权利；二是依据宪法承担并履行义务。

（四）宪法的实现

列宁说："宪法就是一张写着人民权利的纸。"一方面，宪法将公民的基本权利以国家最高法的形式确立下来，并规定了相应的行使和保障原则；另一方面，宪法还规定了国家机关的权力范围，防止国家机关侵犯公民的基本权利。一个国家有宪法，宪法中有公民基本权利的规定，并不意味着公民就能够实实在在地享有和行使权利。只有当每一公民都能平等享受到宪法所赋予的基本权利时，宪法权利才得以实现，宪法方处于真正运行状态，其功能和作用方得到有效发挥。如果一部分人不能享受到宪法所赋予的公民基本权利，宪法也仅仅是一张写着权利的纸而已，权利落不到实处，宪法就没有真正运行，当然也就失去了其应有的功能和作用。

宪法的运行就是要让政府在宪法和法律的框架内活动，政府依法行政从而实现法治政府；国家依法治理从而实现法治国家。而法治国家的本质，则是国家在尊重多数人意愿的同时努力保障少数人的权益。

习近平在党的十九大报告中提出："我国社会的主要矛盾已经转化为人民日益增长的美好生活需要和不平衡不充分的发展之间的矛盾，我们要深入贯彻新发展理念，着力解决好发展不平衡不充分问题，更好推动人的全面发展、全体人民共同富裕。"2018 年 3 月 11 日，第十三届全国人民代表大会第一次会议通过了《中华人民共和国宪法修正案》，序言第七自然段中指出：在马克思列宁主义、毛泽东思想、邓小平理论和"三个代表"重要思想之后增加了"科学发展观、习近平新时代中国特色社会主义思想"，将"健全社会主义法制"修改为"健全社会主义法治"，实现了党的指导思想的与时俱进，标志着我们党依法治国理念和方式的新飞跃。宪法做这样的修改，一方面有利于解决人民日益增长的美好生活需要和不平衡不充分的发展之间的矛盾，另一方面有利于推进全面依法治国，建设中国特色社会主义法治体系，加快实现国家治理体系和治理能力现代化，为党和国家事业发展提供根本性、全局性、稳定性、长期性的制度保障。

二、宪法的作用

宪法的作用，就是宪法立法对实际政治运行和社会生活发生的实际效用。相对于普通法律来讲，宪法的作用具有根本性、决定性、指导性和相对稳定性的特点。宪法对国家生活和社会生活的作用主要表现在以下四个方面。

（1）确认革命成果，规范国家权力运行。当一个阶级通过革命斗争战胜另一个阶级建立政权后，首先会将革命成果以法律的形式予以制度化和具体化，宪法就行使着这一历史性使命。宪法对革命成果的确认，一方面表现为它以根本法的形式确认各阶级的政治地位，保障统治阶级行使国家权力的基本事实；另一方面则表现为它设定各种权力机制和运行制度，既明确了整个国家机关体系的权力范围和相互关系，又限制了各个国家机关的权力，使权力运行有章可循，良性运转。

（2）尊重和保障人权。保障人权是人民享有国家主权、国家一切权力属于人民的表现和必然要求。首先，宪法通过规定公民的基本权利和义务，使人权的要求成为具有固定内涵和可操作的法律条文，为人权的实现和保障提供了根本依据。其次，宪法在规定公民基本权利的同时，还规定了公民的义务，并且对具体权利设定明确范围和限制条款，这就为人权的行使和保障提供了法定界限，从而将人权行使纳入到整个民主政治运行过程中，避免了人权行使的随意性和非民主后果的发生。最后，宪法通过规范权力机制和权力行使，通过规定各种民主施政的原则，如法律适用平等原则、保护人权原则、权力制约原则和广泛监督原则等，以及规定各国家机关的职权与相互制约关系，实际上给国家权力的运行划定了一个法定的范围和界限，以保障人权不受侵犯。我国《宪法》第三十三条第三款规定"国家尊重和保障人权"，并用了二十四个条文专门规定了中国公民的基本权利和义务。

（3）健全法治，推动依法治国。宪法在国家法制体系建设中发挥着核心和统率作用，它所规定的立法原则和其他民主政治制度，不仅使法律制度的构建有所依据，而且对保护法制体系的内在统一、避免立法矛盾和立法空白，以及法制体系完善的重点和方向等，都具有最权威的规范作用，这是国家法制体系协调有效发挥作用的保障。2018年3月通过的《中华人民共和国宪法修正案》将序言第七段"健全社会主义法制"修改为"健全社会主义法治"，并在第五条规定："中华人民共和国实行依法治国，建设社会主义法治国家。国家维护社会主义法制的统一和尊严。一切法律、行政法规和地方性法规都不得同宪法相抵触。一切国家机关和武装力量、各政党和各社会团体、各企业事业组织都必须遵守宪法和法律。一切违反宪法和法律的行为，必须予以追究。任何组织或者个人都不得有超越宪法和法律的特权。"宪法以国家根本法的名义倡导依法治国，力推国家的法治进程。

（4）确认经济结构、规范经济制度、促进经济发展。宪法通过确认社会基本经济结构，即各种合法的经济结构形式及其地位和相互关系，为有利于特定民主宪政存在和发展的经济形式提供了法定发展空间，特别是通过明确各种经济结构的性质和宪法地位，为作为特定民主宪政基础的经济形式的发展提供了优先和有效的保障。宪法规定专项专款规范经济制度，保障经济制度不受侵犯，促进协调均衡发展，保障经济发展有利于民主政治和社会公正的实现。各国早期的宪法大多宏观规定"保障私有财产权神圣不可侵犯"，并没有对国家经济制度做详细规定，直到1919年德国的《魏玛宪法》才开始对经济制度加以规范。我国现行《宪法》第六条规定："中华人民共和国的社会主义经济制度的基础是生产资料的社会主义公有制，即全民所有制和劳动群众集体所有制。社会主义公有制消灭人剥削人的制度，实行各尽所能、按劳分配的原则。国家在社会主义初级阶段，坚持公有制为主体、多种所有制经济共同发展的基本经济制度，坚持按劳分配为主体、多种分配方式并存的分配制度。"此外，我国《宪法》还对国家发展经济的基本方针、政策及经营管理方式做了规定，对非公有制经济的发展问题进行过三次修改，既是对非公有制经济快速发展的肯定，也推动了非公有制经济的继续快速发展。可以肯定，宪法每一次对经济制度的规范调整，都为之后的经济快速发展做出了积极贡献。

第三节 《中华人民共和国宪法》主要内容

《宪法》作为我国的根本大法，规定了国家基本制度、公民的基本权利义务、国家机构、国家标志等，具有最高的法律效力，是其他法律的立法基础。

一、国家基本制度

国家基本制度是指由一国宪法规定的关于这个国家的性质和形式等方面的制度的总称。国家基本制度大致分为两大方面：一是关于国家的性质，即国体；二是关于国家的形式，包括政体和国家结构形式。我国《宪法》第一章"总纲"共计三十二个条文，具体涵盖了国家的性质、政权组织形式、国家结构形式、经济制度和文化制度等内容。

（1）国家性质——人民民主专政制度。我国《宪法》第一条对国家性质即国体作了明确规定："中华人民共和国是工人阶级领导的、以工农联盟为基础的人民民主专政的社会主义国家。"这表明我国的国家性质就是人民民主专政。人民民主专政是一种对人民实行民主和对敌人实行专政有机结合的一种国家制度。人民在数量上占了我国人口的绝大多数，在我国现阶段，人民的范围包括以工人、农民和知识分子为主体的全体社会主义劳动者、拥护社会主义的爱国者、拥护祖国统一和致力于中华民族伟大复兴的爱国者。而人民的敌人只包括极少数敌视和破坏社会主义制度的敌对势力和敌对分子。工人阶级领导国家，这是人民民主专政的必然要求和根本标志；工农联盟是人民民主专政的阶级基础；统一战线是人民民主专政的重要特色；对人民民主和对敌人专政是人民民主专政的主要内容。

人民民主专政制度的鲜明特色之一是中国共产党领导的多党合作和政治协商制度。《宪法》序言第十自然段末尾规定："中国共产党领导的多党合作和政治协商制度将长期存在和发展。"多党合作和政治协商的政党关系主要表现为三个方面的内容：①政权参与。即各民主党派的成员依法可以进入中央和地方各级国家机关，担任一定的领导职务，中国共产党是执政党和领导党，民主党派是参政党。②政治协商。中国人民政治协商会议是我国政治协商和统一战线的组织形式，在我国政治生活中发挥着重要作用。③民主监督。具体包括：a）中国共产党对各民主党派的领导与监督；b）各民主党派对中国共产党及其所领导的政权的监督，监督的内容涵盖国家政治、经济生活的各个方面。

人民民主专政制度的又一鲜明特色是爱国统一战线。《宪法》序言第十自然段中段规定："在长期的革命、建设、改革过程中，已经结成由中国共产党领导的，有各民主党派和各人民团体参加的，包括全体社会主义劳动者、社会主义事业的建设者、拥护社会主义的爱国者、拥护祖国统一和致力于中华民族伟大复兴的爱国者的广泛的爱国统一战线，这个统一战线将继续巩固和发展。"它具体包含两个范围的联盟：一个是我国大陆范围内，由全体社会主义劳动者和拥护社会主义的爱国者所组成的政治联盟；另一个是广泛地团结台湾同胞、港澳同胞和国外侨胞，以拥护祖国统一和致力于中华民族伟大复兴为基础的政治联盟。

（2）政权组织形式——人民代表大会制度。政权组织形式即政体，是指特定社会的统治阶级采用何种原则和方式去组织其反对敌人、保护自己、治理社会的政权机关。政权组织形式反映政权组织内部结构的状况及各个组成部分之间的关系，同时也反映着人民同国家机构之间的关系。我国《宪法》第二条规定："中华人民共和国的一切权力属于人民。人民行使国家权力的机关是全国人民代表大会和地方各级人民代表大会。"第三条第二款规定："全国人民代表大会和地方各级人民代表大会都由民主选举产生，对人民负责，受人民监督。"选民选举人大代表，由人大代表代表选民行使管理国家的权力，这既反映了我国的政权组织形式（政体）是人民代表大会制度，也体现了主权在民的宪法原则。

（3）国家结构形式——单一制。国家结构形式是指调整国家的整体与各个组成部分、中央与地方之间的关系的形式，一般分为单一制和联邦制两种形式。单一制国家的主要特点是：全国只有一个宪法和一个中央政权；各行政单位或者自治单位都受中央的统一领导，而且不论中央与地方的分权达到何种程度，地方的权力均由中央以宪法和法律加以规定。联邦制的主要特点有：联邦和各成员单位都有自己的宪法和法律，都有各自的国家机关体系；联邦和各成员单位的权力划分是依据宪法，联邦的权力来自各成员单位的授予；我国因受历史传统、民族状况和思想观念等因素影响，实行单一制的国家结构形式。我国《宪法》第三条第四款规定："中央和地方的国家机构职权的划分，遵循在中央的统一领导下，充分发挥地方的主动性、积极性的原则。"我国的单一制国家结构形式还有两个独特之处：一是建立民族区域自治制度解决我国多民族大杂居、小聚居形成的民族问题；二是建立特别行政区制度解决香港和澳门的历史遗留问题。

（4）经济制度——以公有制经济为主体、多种所有制经济共同发展。经济制度是指统治阶级为了反映在社会中占统治地位的生产关系的发展要求，建立、维护和发展有利于其政治统治的经济秩序，而确认或创设的各种有关经济问题的规则和措施的总称。我国实行以公有制经济为主体、多种所有制经济共同发展的基本经济制度。《宪法》第六条规定："中华人民共和国的社会主义经济制度的基础是生产资料的社会主义公有制，即全民所有制和劳动群众集体所有制。社会主义公有制消灭人剥削人的制度，实行各尽所能、按劳分配的原则。国家在社会主义初级阶段，坚持公有制为主体、多种所有制经济共同发展的基本经济制度，坚持按劳分配为主体、多种分配方式并存的分配制度。"同时，我国《宪法》还认可非公有制经济对社会主义市场经济的补充作用，宪法第十一条规定："在法律规定范围内的个体经济、私营经济等非公有制经济，是社会主义市场经济的重要组成部分。国家保护个体经济、私营经济等非公有制经济的合法的权利和利益。国家鼓励、支持和引导非公有制经济的发展，并对非公有制经济依法实行监督和管理。"

（5）文化制度。文化制度是指国家通过宪法和法律调整的以社会意识形态为核心的各种文化关系的基本原则、规则和政策的总和，它从一个侧面反映国家性质。我国的基本文化制度是围绕社会主义精神文明这一核心开展教育、科学、文化建设和思想道德建设的。我国第五次《宪法修正案》在"序言"第七自然段规定："中国各族人民将继续在中国共产党领导下，在马克思列宁主义、毛泽东思想、邓小平理论、'三个代表'重要思想、科学发展观、习近平新时代中国特色社会主义思想指引下，坚持人民民主专政，坚持社会主义道路，坚持改革开放，不断完善社会主义的各项制度，发展社会主义市场经济，发展社会主义民主，健全社会主义法治，贯彻新发展理念，自力更生，艰苦奋斗，逐步实现工业、农业、国防和科学技术的现代化，推动物质文明、政治文明、精神文明、社会文明、生态文明协调发展，把我国建设成为富强民主文明和谐美丽的社会主义现代化强国，实现中华民族伟大复兴。"这表明，我国始终坚持马克思主义在意识形态领域的指引地位，这种意识形态贯穿于我国整个社会文化生活之中。

二、公民的基本权利和义务

我国《宪法》第二章规定了"公民的基本权利和义务"的内容，共计二十三个条文，具体内容详见第四章。

三、国家机构

国家机构是国家为实现其职能而建立起来的一整套国家机关体系的总称。按照我国

《宪法》第三章规定，我国的国家机构由全国人民代表大会（及其常委会）、中华人民共和国主席、国务院、中央军事委员会、地方各级人民代表大会和地方各级人民政府、民族自治地方的自治机关、人民法院和人民检察院组成。此外，作为我国宪法性法律的《香港特别行政区基本法》和《澳门特别行政区基本法》还规定了香港和澳门特别行政区的政权机关。

四、国家标志

国旗、国歌、国徽和首都是国家的象征。在国际交往中，这些国家标志是一个主权国家区别于其他国家的识别性标志。表明一个国家的主权、独立和尊严。我国《宪法》第四章对我国的国家标志做了专门性规定，不仅是对国家主权和尊严的一种宣示，同时，还有利于增强国民的民族自豪感和爱国主义情感。2004 年 3 月 14 日通过的《宪法修正案》第三十一条对国家标志做了修改，将《宪法》第四章章名"国旗、国徽、首都"修改为"国旗、国歌、国徽、首都"，在《宪法》第一百三十六条增加一款，作为第二款："中华人民共和国国歌是《义勇军进行曲》。"这意味着我国宪法规定的法定的国家标志变更为"国旗、国徽、国歌、首都"四项。

第四节　《宪法修正案（2018）》及其解读

一、关于我国《宪法修正案（2018）》的说明

《中华人民共和国宪法》是中华人民共和国的根本大法，拥有最高的法律效力。中华人民共和国成立后，曾于 1954 年 9 月 20 日、1975 年 1 月 17 日、1978 年 3 月 5 日和 1982 年 12 月 4 日通过四个宪法，现行宪法为 1982 年宪法，并历经 1988 年、1993 年、1999 年、2004 年四次修正，2018 年 3 月完成第五次修正。此次修正对我国现行宪法做出 21 条修改，共计 4 442 字，主要内容包括三个方面：第一，将习近平新时代中国特色社会主义思想写入宪法；第二，设立新的国家机构——中华人民共和国各级监察委员会；第三，对宪法部分条款进行完善和修正。

对宪法进行适当修正，目的是使我国宪法更好地体现人民意志，更好地体现中国特色社会主义制度的优越性，更好地适应推进国家治理体系和治理能力现代化的要求，为改革开放和社会主义现代化建设提供根本的法治保障。

在保持宪法连续性、稳定性、权威性的基础上，推动宪法与时俱进、完善发展，这是我国法治实践的一条基本规律。

二、宪法序言部分的修正及其解读

（一）序言第七自然段的修正及解读

序言第七自然段中，在"马克思列宁主义、毛泽东思想、邓小平理论和'三个代表'重要思想"之后增加了"科学发展观、习近平新时代中国特色社会主义思想"，将"健全社会主义法制"修改为"健全社会主义法治"，在"自力更生，艰苦奋斗"前增加了"贯彻新发展理念"，将"推动物质文明、政治文明和精神文明协调发展，把我国建设成为富

强、民主、文明的社会主义国家"修改为"推动物质文明、政治文明、精神文明、社会文明、生态文明协调发展，把我国建设成为富强民主文明和谐美丽的社会主义现代化强国，实现中华民族伟大复兴"。这一自然段相应地修改为："中国新民主主义革命的胜利和社会主义事业的成就，是中国共产党领导中国各族人民，在马克思列宁主义、毛泽东思想的指引下，坚持真理，修正错误，战胜许多艰难险阻而取得的。我国将长期处于社会主义初级阶段。国家的根本任务是，沿着中国特色社会主义道路，集中力量进行社会主义现代化建设。中国各族人民将继续在中国共产党领导下，在马克思列宁主义、毛泽东思想、邓小平理论、'三个代表'重要思想、科学发展观、习近平新时代中国特色社会主义思想指引下，坚持人民民主专政，坚持社会主义道路，坚持改革开放，不断完善社会主义的各项制度，发展社会主义市场经济，发展社会主义民主，健全社会主义法治，贯彻新发展理念，自力更生，艰苦奋斗，逐步实现工业、农业、国防和科学技术的现代化，推动物质文明、政治文明、精神文明、社会文明、生态文明协调发展，把我国建设成为富强民主文明和谐美丽的社会主义现代化强国，实现中华民族伟大复兴。"这一修正的主要特点如下：

第一，将习近平新时代中国特色社会主义思想写入宪法，实现指导思想的与时俱进。习近平新时代中国特色社会主义思想是马克思主义中国化的最新成果，是党和人民实践经验和集体智慧的结晶，是全党全国人民为实现中华民族伟大复兴而奋斗的行动指南。党的十八大以来，以习近平同志为核心的党中央毫不动摇地坚持和发展中国特色社会主义，开创了党和国家事业发展的新局面，明确了在各领域、各方面一系列的新理念、新思想、新战略。党的十九大把以习近平同志为核心的党中央这一系列重大的理论和实践创新成果提炼概括为习近平新时代中国特色社会主义思想，并且写入了《中国共产党章程》，此次修改写入国家根本大法，既反映了全党全国各族人民的共同心愿，也实现了党的指导思想的与时俱进。

第二，进一步凸显坚持全面依法治国，完善宪法实施举措。从"健全社会主义法制"到"健全社会主义法治"，是我党依法治国理念和方式的新飞跃。做这样的修改，有利于推进全面依法治国，建设中国特色社会主义法治体系，加快实现国家治理体系和治理能力的现代化，为党和国家事业发展提供根本性、全局性、稳定性、长期性的制度保障。至于在第二十七条增加规定"国家工作人员就职时应当依照法律规定公开进行宪法宣誓"的内容，全国人民代表大会常务委员会已于2015年通过了该决定，将其在宪法中确认下来，有利于促使国家工作人员树立宪法意识、恪守宪法原则、弘扬宪法精神、履行宪法使命，也有利于彰显宪法权威，激励和教育国家工作人员忠于宪法、遵守宪法、维护宪法，加强宪法实施。

第三，调整充实中国特色社会主义事业总体布局和第二个百年奋斗目标的内容。从"物质文明、政治文明和精神文明协调发展"到"物质文明、政治文明、精神文明、社会文明、生态文明协调发展"，是我们党对社会主义建设规律认识的深化，是对中国特色社会主义事业总体布局的丰富和完善。"把我国建设成为富强、民主、文明、和谐、美丽的社会主义现代化强国，实现中华民族伟大复兴。"是党的十九大确立的奋斗目标。修正案将序言第七自然段中"推动物质文明、政治文明和精神文明协调发展，把我国建设成为富强、民主、文明的社会主义国家"修正为"推动物质文明、政治文明、精神文明、社会文明、生态文明协调发展，把我国建设成为富强民主文明和谐美丽的社会主义现代化强国，实现中华民族伟大复兴"，并在第八十九条第六项"领导和管理经济工作和城乡建设"后面增加"生态文明建设"的内容，在表述上与党的十九大报告相一致，有利于引领全党全国人民把握规律、科学布局，在新时代不断开创党和国家事业发展的新局面，齐心协力为实现"两个一百年"奋斗目标、实现中华民族伟大复兴的中国梦而不懈奋斗。

（二）序言第十、第十一自然段的修正及解读

将序言第十自然段中"在长期的革命和建设过程中"修正为"在长期的革命、建设、改革过程中"；"包括全体社会主义劳动者、社会主义事业的建设者、拥护社会主义的爱国者和拥护祖国统一的爱国者的广泛的爱国统一战线"修正为"包括全体社会主义劳动者、社会主义事业的建设者、拥护社会主义的爱国者、拥护祖国统一和致力于中华民族伟大复兴的爱国者的广泛的爱国统一战线"。这一自然段相应地修正为："社会主义的建设事业必须依靠工人、农民和知识分子，团结一切可以团结的力量。在长期的革命、建设、改革过程中，已经结成由中国共产党领导的，有各民主党派和各人民团体参加的，包括全体社会主义劳动者、社会主义事业的建设者、拥护社会主义的爱国者、拥护祖国统一和致力于中华民族伟大复兴的爱国者的广泛的爱国统一战线，这个统一战线将继续巩固和发展。中国人民政治协商会议是有广泛代表性的统一战线组织，过去发挥了重要的历史作用，今后在国家政治生活、社会生活和对外友好活动中，在进行社会主义现代化建设、维护国家的统一和团结的斗争中，将进一步发挥它的重要作用。中国共产党领导的多党合作和政治协商制度将长期存在和发展。"其主要特点如下：

第一，进一步强调改革过程的独立性和不可替代性。《修正案》分别在宪法序言第十自然段和第十二自然段的"中国革命、建设"之后增加了"改革"这一核心词汇，全面诠释了中国共产党人带领中国各族人民艰苦奋斗的历史就是一部革命、建设和改革的三部曲。

第二，进一步统一战线。实现中华民族伟大复兴的中国梦，已经成为团结海内外中华儿女的最大公约数。而要实现中国梦，需要凝聚各方面的力量共同奋斗。只有把全体社会主义劳动者、社会主义事业的建设者、拥护社会主义的爱国者、拥护祖国统一和致力于中华民族伟大复兴的爱国者都团结起来、凝聚起来，实现中国梦才能获得强大、持久、广泛的力量支持。

第三，强调民族和谐的重要性。将序言第十一自然段中"平等、团结、互助的社会主义民族关系已经确立，并将继续加强。"修正为"平等、团结、互助、和谐的社会主义民族关系已经确立，并将继续加强。""和谐"是指在事态发展中的一种相对均衡、统一、协调的状态，宪法的这一修正进一步明确了我国民族关系的最高目的，即平等、团结、互助就是为了实现更好的和谐，使我国民族关系方面的内容更为完善。

（三）序言第十二自然段的修正及解读

将序言第十二自然段中"中国革命和建设的成就是同世界人民的支持分不开的"修正为"中国革命、建设、改革的成就是同世界人民的支持分不开的"；在"中国坚持独立自主的对外政策，坚持互相尊重主权和领土完整、互不侵犯、互不干涉内政、平等互利、和平共处的五项原则"后增加"坚持和平发展道路，坚持互利共赢开放战略"；"发展同各国的外交关系和经济、文化的交流"后增加"推动构建人类命运共同体"。这一自然段相应地修正为:"中国革命、建设、改革的成就是同世界人民的支持分不开的。中国的前途是同世界的前途紧密地联系在一起的。中国坚持独立自主的对外政策,坚持互相尊重主权和领土完整、互不侵犯、互不干涉内政、平等互利、和平共处的五项原则,坚持和平发展道路,坚持互利共赢开放战略,发展同各国的外交关系和经济、文化交流,推动构建人类命运共同体;坚持反对帝国主义、霸权主义、殖民主义,加强同世界各国人民的团结,支持被压迫民族和发展中国家争取和维护民族独立、发展民族经济的正义斗争,为维护世界和平和促进人类进步事业而努力。"

该自然段的修正旨在明确我国独立自主的外交政策,和推动构建人类命运共同体的决心。2017 年 1 月,习近平主席在瑞士日内瓦万国宫发表了《共同构建人类命运共同体》的主题演讲,站在人类历史发展进程的高度,全面、深刻、系统阐述人类命运共同体理念,从伙伴关系、安全格局、经济发展、文明交流、生态建设等五个方面为人类社会发展和进步描绘了蓝图,为构建人类命运共同体提供了行动指南。目前,人类命运共同体理念已经被正式载入联合国大会决议,这表明构建人类命运共同体理念反映了大多数国家的普遍期待,符合国际社会的共同利益,中国理念在国际上正得到越来越多的支持。在此背景下,我国宪法做上述修改,有利于正确把握国际形势的深刻变化,顺应和平、发展、合作、共赢的时代潮流,统筹国内、国际两个大局,统筹发展、安全两件大事,为我国发展拓展广阔的空间、营造良好的外部环境,为维护世界和平、促进共同发展做出更大贡献。

三、宪法条款部分的修正及其解读

在《宪法》第一条第二款"社会主义制度是中华人民共和国的根本制度"后增加"中国共产党领导是中国特色社会主义最本质的特征",第三条第三款"国家行政机关"后增加"监察机关",第四条第一款"维护和发展各民族的平等、团结、互助"后增加"和谐",将第二十四条第二款"国家提倡爱祖国、爱人民、爱劳动、爱科学、爱社会主义的公德"修改为"国家倡导社会主义核心价值观,提倡爱祖国、爱人民、爱劳动、爱科学、爱社会主义的公德";在第二十七条中增加一款,作为第三款:"国家工作人员就职时应当依照法律规定公开进行宪法宣誓";第六十二条全国人大职权中增加一项,作为第七项"(七)选举国家监察委员会主任";第六十三条全国人大罢免权中增加一项,作为第四项"(四)国家监察委员会主任";将第六十五条第四款"全国人民代表大会常务委员会的组成人员不得担任国家行政机关、审判机关和检察机关的职务"修改为"全国人民代表大会常务委员会的组成人员不得担任国家行政机关、监察机关、审判机关和检察机关的职务";第六十七条全国人大常委会职权第六项"(六)监督国务院、中央军事委员会、最高人民法院和最高人民检察院的工作"修改为"(六)监督国务院、中央军事委员会、国家监察委员会、最高人民法院和最高人民检察院的工作",同时增加一项作为第十一项"(十一)根据国家监察委员会主任的提请,任免国家监察委员会副主任、委员";第七十九条第三款"中华人民共和国主席、副主席每届任期同全国人民代表大会每届任期相同,连续任职不得超过两届"修改为"中华人民共和国主席、副主席每届任期同全国人民代表大会每届任期相同";第八十九条国务院职权第六项"(六)领导和管理经济工作和城乡建设"修改为"(六)领导和管理经济工作和城乡建设、生态文明建设",第八项"(八)领导和管理民政、公安、司法行政等工作"修改为"(八)领导和管理民政、公安、司法行政和监察等工作";在第一百条中增加一款,作为第二款:"设区的市的人民代表大会和它们的常务委员会,在不同宪法、法律、行政法规和本省、自治区的地方性法规相抵触的前提下,可以依照法律规定制定地方性法规,报省、自治区人民代表大会常务委员会批准后施行。";将第一百零一条第二款"县级以上的地方各级人民代表大会选举并且有权罢免本级人民法院院长和本级人民检察院检察长"修改为"县级以上的地方各级人民代表大会选举并且有权罢免本级监察委员会主任、本级人民法院院长和本级人民检察院检察长";在第一百零三条第三款内容"不得担任国家行政机关"后增加"监察机关";在第一百零四条"监督本级人民政府"后增加"监察委员会";在第一百零七条第一款"司法行政"后删除"监察"。以上修正的主要特点如下:

第一,贯彻了坚持党对一切工作领导的原则。把党的领导作为中国特色社会主义的本质特征写入宪法正文,充分体现了党的领导的根本性、全面性和时代性,有助于进一步明确我国宪法所规定的中国特色社会主义制度性质的基本认识,有助于党和国家事业的健康发展和有效地抵御各种西方宪政思潮对中国特色社会主义政治制度和宪法制度的渗透和干扰。

第二,凸显了坚持社会主义核心价值体系。修改后的宪法强调:"国家倡导社会主义核心价值观,提倡爱祖国、爱人民、爱劳动、爱科学、爱社会主义的公德,在人民中进行爱国主义、集体主义和国际主义、共产主义的教育,进行辩证唯物主义和历史唯物主义的教育,反对资本主义的、封建主义的和其他的腐朽思想。"这是坚持走中国特色社会主义道路的根本保证。

四、设立新的国家机构——中华人民共和国各级监察委员会

在《宪法》第三章"国家机构"中增加一节,作为第七节"监察委员会";其下规定五条,分别作为第一百二十三条至第一百二十七条。各条文具体内容如下:

第一百二十三条 中华人民共和国各级监察委员会是国家的监察机关。

第一百二十四条 中华人民共和国设立国家监察委员会和地方各级监察委员会。

监察委员会由下列人员组成:主任,副主任若干人,委员若干人。

监察委员会主任每届任期同本级人民代表大会每届任期相同。国家监察委员会主任连续任职不得超过两届。

监察委员会的组织和职权由法律规定。

第一百二十五条 中华人民共和国国家监察委员会是最高监察机关。

国家监察委员会领导地方各级监察委员会的工作,上级监察委员会领导下级监察委员会的工作。

第一百二十六条 国家监察委员会对全国人民代表大会和全国人民代表大会常务委员会负责。地方各级监察委员会对产生它的国家权力机关和上一级监察委员会负责。

第一百二十七条 监察委员会依照法律规定独立行使监察权,不受行政机关、社会团体和个人的干涉。

监察机关办理职务违法和职务犯罪案件,应当与审判机关、检察机关、执法部门互相配合,互相制约。

在《宪法》中增写监察委员会一节,旨在赋予监察委员会的宪法地位,健全党和国家

的监督体系，是对我国政治体制、政治权力和政治关系的重大调整，是对国家监督制度的重大顶层设计，彻底将以前各级行政部门管辖的监察工作分离出来。国家监察委员会领导地方各级监察委员会的工作，上级监察委员会领导下级监察委员会的工作。国家监察委员会对全国人民代表大会及其常务委员会负责，地方各级监察委员会对产生它的国家权力机关和上一级监察委员会负责。监察委员会依照法律规定独立行使监察权，不受行政机关、社会团体和个人的干涉。监察机关办理职务违法和职务犯罪案件，应当与审判机关、检察机关、行政执法部门互相配合，互相制约。这充分体现了我国坚持全面深化改革、全面依法治国、全面从严治党的信心和决定。

第四章
我国公民的基本权利和义务

第一节　我国公民的基本权利

一、平等权

平等是人与人交往时所处的一种关系状态。平等观念与法同时产生，平等是法的基本属性，同时也是法追求与维护的目标。人类社会的发展是不断地发现平等价值、不断地扩大平等范围的过程。平等从理论到法律，从抽象到具体，从一般的法律权利到宪法权利的过程反映了人类治理国家经验的不断成熟。

平等在宪法层面主要强调两个方面，一是公民平等地参与国家政治生活，二是平等地适用法律，即国家法律平等地保护公民，不歧视且无差别对待。1789 年的法国《人权宣言》最早以法律的形式确定了平等权，强调："法律是公共意志的表现。全体公民都有权亲自或经由其代表去参与法律的制订。法律对于所有的人，无论是施行保护或惩罚都是一样的。在法律面前，所有公民都是平等的。故他们都能平等地按其能力担任一切官职、公共职位与职务，除德行和才能的差别外，不得有其他任何差别。""法律之前人人平等，并有权享受法律的平等保护，不受任何歧视。人人有权享受平等保护。"这些规定第一次将平等与公民及公民权利联系在一起，肯定了公民在法律形式上的平等权利，但因受限于历史条件，此时的平等观主要是一种形式平等，注重机会的平等、处罚的平等，对于结果平等和实质平等还没有触及。

第二次世界大战以来，平等权和平等原则被越来越多的国家所接受，各国普遍将平等权作为公民的基本权利规定于宪法、法律之中。平等权从原则的、抽象的规定具体为实际的权利，平等的范围也在不断地扩大。1919 年德国《魏玛宪法》规定财产权、劳动权和生存权等权利的目的就是为了克服形式上的平等，以求实现实质意义上的平等。我国现行《宪法》第三十三规定："中华人民共和国公民在法律面前一律平等。任何公民享有宪法和法律规定的权利，同时必须履行宪法和法律规定的义务。"此外，《宪法》中还规定了一些与平等权相关的内容，如"任何组织或者个人都不得有超越宪法和法律的特权""中华人民共和国各民族一律平等"等。

公民的平等权包含两个方面的内容：一是法律面前人人平等。即任何公民不分民族、种族、性别、职业、家庭出身、宗教信仰、教育程度、财产状况、居住期限，都能通过法律获得同等的待遇，平等地享有宪法和法律规定的权利，平等地履行宪法和法律规定的义务；任何人的合法权利都一律平等地受到保护，对违法行为一律依法予以追究，绝不允许任何违法犯罪分子逍遥法外；二是承认合理差别、禁止歧视。平等权的相对性要求禁止不合理差别，因为其本质上是一种歧视，而合理的差别具有合宪性。禁止差别对待并非强调绝对平等，合理差别的存在更能够保障平等权的实现。以教育领域为例，因全国各地的教育发展水平不均衡，特别是少数民族聚居地区教育发展水平相对较低，如果实行全国统一高考，统一划线招生录取，不但不能实现教育平等，反而会严重侵害少数民族考生的升学权益。我国推行多年的少数民族预科招生政策就是为保障民族地区考生的教育平等权益而实施的，这种差异化的招生政策缩小了教育发展水平不均导致的差距，实现了相对的教育平等和公平。

"公民在法律面前一律平等"重视合理化差别存在，坚决反对平均主义。平均主义过分强调了人与人的均等并否定差别，我国历史上出现的"大锅饭"就是在分配制度上出现的严重平均主义错误。其结果是，企业吃国家的"大锅饭"，企业不论经营好坏，盈利或亏损，工资照拨，企业工资总额与经营效益脱节；职工吃企业的"大锅饭"，职工无论干多干少，干好干坏，工资照拿，职工工资金额与创造产值脱节。我们必须承认，人与人自出生开始就存在着各种差异，比如民族、种族、性别、职业、家庭出身、宗教信仰、教育程度、财产状况、居住期限的差异。此外，自人类诞生以来，男女的性别差异就一直存在着，历史上长期存在的男尊女卑现象折射的就是男女的性别差异及由此导致的性别歧视。男女平等是近现代法律希望实现并努力促成的目标，要真正实现男女平等，首先要承认男女在生理和心理上的差异性，并以此为前提设定法律权利和义务。同时，要消灭男女不平等的现象，光靠法律手段是绝不可能的，最终途径只能是发展社会生产力，逐步实现男女在经济、政治和文化等各方面享有平等权利。总之，"公民在法律面前一律平等"否定平均主义，强调的是在宪法和法律范围内的平等，并非事实上的平等。

二、政治权利与自由

政治权利，是指公民依照宪法规定，参加政治生活的民主权利和在政治上表达个人见解和意愿的权利。政治权利有广义和狭义之分，广义的政治权利包括参与组织管理的权利和表达意见的自由，狭义的政治权利仅指选举权和被选举权。本书所讲的政治权利属于广义的范畴。

政治权利是公民的经济要求在政治上的集中反映，是公民权利的重要组成部分，也是公民其他权利的基础。在现代社会，公民的政治权利是由宪法、法律确认的，并受到宪法、法律的保护；同时它又受国家的经济、政治、文化、教育、科学技术等因素的制约和影响。公民享有政治权利的广度及其实现程度如何，往往是衡量一个国家民主化程度的标志。在我国，通过宪法、法律保障，公民不但可以通过各级人民代表大会行使自己的民主权利，依法享有选举权和被选举权、政治自由、监督权，而且还可以通过诸如国家级、省一级统一考试，以择优录取的方式直接参与国家事务管理、经济和文化事务管理，监督一切国家机关和国家机关工作人员。

（一）选举权和被选举权

所谓选举权，是指选民依法选举代议机关代表和特定国家机关公职人员的权利。所谓被选举权，是指选民依法被选举为代议机关代表和特定国家机关公职人员的权利。选民不同于公民，不是所有公民都具有选举资格，公民必须具备法定资格才能享有选举权和被选举权，即必须符合国家宪法和法律规定的享有选举权和被选举权的条件，才能称之为选民。我国《宪法》第三十四条规定："中华人民共和国年满十八周岁的公民，不分民族、种族、性别、职业、家庭出身、宗教信仰、教育程度、财产状况、居住期限，都有选举权和被选举权；但是依照法律被剥夺政治权利的人除外。"这意味着，在我国，选民必须具备三个条件：（1）具有中华人民共和国国籍；（2）年满十八周岁；（3）没有被依法剥夺政治权利。

选举权和被选举权的行使方式是法定的，通常采用投票表决等方式，具体由国家的《选举法》加以规定。我国的《选举法》（全称《中华人民共和国全国人民代表大会和地方各级人民代表大会选举法》）对公民行使选举权和被选举权的原则、程序和方法做了具体规定，并且规定选举经费由国库开支，对破坏选举者给与法律制裁，从而使我国公民的选举权和被选举权得到了法律和物质上的有效保障。

选举权和被选举权的行使对象包括两方面：一是选举或被选举为代议机关的代表；二是选举或被选举为特定国家机关公职人员，即法律规定由选举产生的公职人员，包括立法机关、司法机关以及特定范围内的行政机关工作人员。我国《宪法》第六十二条规定："全国人民代表大会行使下列职权：……（四）选举中华人民共和国主席、副主席；（五）根据中华人民共和国主席的提名，决定国务院总理的人选；根据国务院总理的提名，决定国务院副总理、国务委员、各部部长、各委员会主任、审计长、秘书长的人选；（六）选举中央军事委员会主席；根据中央军事委员会主席的提名，决定中央军事委员会其他组成人员的人选；（七）选举国家监察委员会主任；（八）选举最高人民法院院长；（九）选举最高人民检察院检察长……"第六十七条又规定："全国人民代表大会常务委员会行使下列职权：……（九）在全国人民代表大会闭会期间，根据国务院总理的提名，决定部长、委员会主任、审计长、秘书长的人选；（十）在全国人民代表大会闭会期间，根据中央军事委员会主席的提名，决定中央军事委员会其他组成人员的人选；（十一）根据国家监察委员会主任的提请，任免国家监察委员会副主任、委员；（十二）根据最高人民法院院长的提请，任免最高人民法院副院长、审判员、审判委员会委员和军事法院院长；（十三）根据最高人民检察院检察长的提请，任免最高人民检察院副检察长、检察员、检察委员会委员和军事检察院检察长，并且批准省、自治区、直辖市的人民检察院检察长的任免；（十四）决定驻外全权代表的任免……"以上都是对中央国家机关由选举产生的公职人员的相关规定。

（二）政治自由

政治自由，是指公民表达自己政治意愿的自由，通常表现为言论、出版、集会、结社、游行、示威的自由。我国《宪法》第三十五条规定："中华人民共和国公民有言论、出版、集会、结社、游行、示威的自由。"需要明确的是，任何自由都是相对的，"没有限制的自由就是暴力"，政治自由的行使也必须在合理的界限内，否则就会肆意和违法，行为人必须承担相应的法律后果。

（1）言论自由。言论自由是指公民对于政治和生活中的各种问题，有通过语言方式表达其思想和见解的自由。从广义上讲，新闻、出版、著作等也属于言论自由的范畴，二者形成综合性的权利体系。从狭义上讲，出版自由不包括在言论自由的范围内。区分的主要意义在于宪法和法律对二者进行限制和保护的力度不同，宪法和法律对出版自由的限制性内容更多。言论自由按其性质与功能划分，分为政治言论自由和非政治言论自由，政治言论自由是言论自由的核心，也是宪法规定的言论自由的主要内容，属于公民政治权利的实体内容。

言论自由作为一项权利，是十七—十八世纪资产阶级反对封建专制的胜利成果，资产阶级取得政权以后，将言论自由作为公民的一项基本权利写入自己的宪法。新中国成立以后，从《共同纲领》到 1954 年《宪法》、1975 年《宪法》、1978 年《宪法》、1982 年《宪法》，直至现行《宪法》，都将言论自由作为公民的一项基本权利写入其中。但是，言论自由的行使也有边界，它的合理界限是不得损害国家的、社会的、集体的利益和其他公民的合法的自由和权利，通常包括以下几项限制：第一，不得侵犯他人的名誉或荣誉；第二，不得侵犯他人的隐私；第三，不得煽动或教唆他人实施违法行为；第四，不得散布国家秘密、商业秘密等；第五，不得发表公开的猥亵性、淫秽性言论。当然，超出言论自由限度的言论虽然是错误的，但不一定都是违法的。如果行为人主观上没有恶意，客观上言论也没有对社会和他人造成严重危害后果，这种错误言论是不受法律追究的。

（2）出版自由。出版自由是指公民可以通过公开出版物的形式，包括报纸、期刊、图书、音像制品、电子出版物等，自由地表达自己对国家事务经济和文化事业、社会事务的见解和看法。出版自由一般包括两个方面的内容：一是著作自由，即公民有权自由地在出版物上发表作品；二是出版单位的设立与管理必须遵循国家宪法和法律的规定。我国《出版管理条例》第二十三条规定："公民可以依照本条例规定，在出版物上自由表达自己对国家事务、经济和文化事业、社会事务的见解和意愿，自由发表自己从事科学研究、文学艺术创作和其他文化活动的成果。合法出版物受法律保护，任何组织和个人不得非法干扰、阻止、破坏出版物的出版。"这是对出版自由内容的法律界定。

与言论自由一样，出版自由也要依法享有和行使，除了要遵循上述法律法规规定外，还不得利用出版物传播腐朽、不良思想，以破坏人民出版自由的纯洁性。《出版管理条例》第二十五条规定："任何出版物不得含有下列内容：（一）反对宪法确定的基本原则的；（二）危害国家统一、主权和领土完整的；（三）泄露国家秘密、危害国家安全或者损害国家荣誉和利益的；（四）煽动民族仇恨、民族歧视，破坏民族团结，或者侵害民族风俗、习惯的；（五）宣扬邪教、迷信的；（六）扰乱社会秩序，破坏社会稳定的；（七）宣扬淫秽、赌博、暴力或者教唆犯罪的；（八）侮辱或者诽谤他人，侵害他人合法权益的；（九）危害社会公德或者民族优秀文化传统的；（十）有法律、行政法规和国家规定禁止的其他内容的。"第二十六条规定："以未成年人为对象的出版物不得含有诱发未成年人模仿违反社会公德的行为和违法犯罪的行为的内容，不得含有恐怖、残酷等妨害未成年人身心健康的内容。"

（3）结社自由。结社自由是指为追求文学艺术、科学文化、政治、经济和社会的进步，自由组织社会团体进行活动的权利。结社自由是公民参与国家事务和社会事务管理的重要保障。结社自由根据其性质和活动方式不同，可以分为以营利为目的的商业结社和以非营利为目的的结社。现代大多数国家宪法规定的结社，主要指以非营利为目的的各种结社。不以营利为目的的结社，又可以分为政治结社和非政治结社。政治结社主要是组织政党和政治团体等，而非政治结社主要是组织宗教、学术、文化艺术和慈善等团体。无论何种性质的结社，凡属于依照宪法和法律规定设立的社会团体，都受宪法和法律的保护。

由于现代法治国家的活动多以团体形式出现，因此，结社自由受国家安全、公共秩序、道德和他人的权利自由所必需的限制，尤其政治结社与国家安全和社会秩序的关系甚为密切，各国宪法或有关法律对其都做出适当的限制，限制方式要么采取预防制，要么采取事后追惩制。我国现行的《社会团体登记管理条例》第四条规定："社会团体必须遵守宪法、法律、法规和国家政策，不得反对宪法确定的基本原则，不得危害国家的统一、安全和民族的团结，不得损害国家利益、社会公共利益以及其他组织和公民的合法权益，不得违背社会道德风尚。社会团体不得从事营利性经营活动。"这是对社会团体活动的实体性限制，在程序性方面也有诸多限制。如：公民结社时，须向国家主管机关申请登记，将所要成立的社团名称、住所、宗旨、业务范围、活动地域、法定代表人、活动资金和业务主管单位等方面的情况进行如实申报，经国家主管机关批准成立后，方可开展社团活动等。

（4）集会、游行、示威自由。根据我国《集会游行示威法》第二条规定，所谓集会自由是指公民为共同目的，临时聚集于露天公共场所，发表意见、表达意愿的自由；游行自由是指公民在公共道路、露天公共场所列队行进，表达共同愿望的自由；示威自由是指公民在露天公共场所或者公共道路上以集会、游行、静坐等方式，通过抗议或者支持、声援等表达共同意愿的自由。集会、游行、示威自由是言论自由的延伸和具体化，是公民表达其意愿的不同表现形式，都源于公民的请愿权。它们既有相同之处，又有区别。集会、游行、示威自由的共同之处在于：都是公民表达强烈意愿的自由；主要都在公共场所行使；必须是多个公民共同行使，属于集合性权利，单个公民的行为通常不能形成法律意义上的集会、游行和示威。三者的不同之处则在于表达意愿的程度、方式和方法有所差异。

为了规范和限制集会、游行、示威活动，明确合法与非法的界限，我国《集会游行示威法》第四条规定："公民行使集会、游行、示威的权利的时候，必须遵守宪法和法律，不得反对宪法所确定的基本原则，不得损害国家的、社会的、集体的利益和其他公民的合法的自由和权利。"这是对集会、游行、示威自由的原则性规定。具体的限制性规定包括：①集会、游行、示威应当和平地进行，不得携带武器、管制刀具和爆炸物，不得使用暴力或者煽动使用暴力；②举行集会、游行、示威，必须依照本法规定向主管机关提出申请并获得许可；③对于依法举行的集会、游行、示威，主管机关应当派出人民警察维持交通秩序和社会秩序，保障集会、游行、示威的顺利进行；④依法举行的集会、游行、示威，任何人不得以暴力、胁迫或者其他非法手段进行扰乱、冲击和破坏。这些法律规定既考虑了要保障参加集会、游行、示威公民的合法权益，更考虑到了还要保障没有参加集会、游行、示威公民的合法权益。

（三）监督权

监督权是指监督国家机关及其工作人员活动的权利。我国《宪法》第四十一条第一、二款规定："中华人民共和国公民对于任何国家机关和国家工作人员，有提出批评和建议的权利；对于任何国家机关和国家工作人员的违法失职行为，有向有关国家机关提出申诉、控告或者检举的权利，但是不得捏造或者歪曲事实进行诬告陷害。对于公民的申诉、控告或者检举，有关国家机关必须查清事实，负责处理。任何人不得压制和打击报复。"公民通过对这项权利的行使，既可以对国家机关及其工作人员实行监督，同时又可以维护自己的合法权益免遭国家机关及其工作人员的不法侵害，以此建立了我国的监督权体系。

根据这一规定，国家机关及其工作人员对公民提出的批评和建议应当虚心听取，宽容对待，不得滥用国家公共权力打击报复提出批评和建议的公民。对国家机关及其工作人员的违法失职行为，公民可以向有关国家机关进行检举或者提出控告，揭发违法失职行为，请求有关国家机关对违法失职人员给予制裁和处罚。当公民的合法权益受到侵犯时，公民还有权向各级国家机关提出申诉。对行政机关做出的行政决定不服的，有利害关系的公民可以向上级行政机关或司法机关提出申诉或起诉，要求其重新做出处理；对人民法院做出的生效判决或裁定，原告、被告或者其他诉讼参加人可以向人民法院或者人民检察院提出申诉。

（四）获得国家赔偿权

我国《宪法》第四十一条第三款规定："由于国家机关和国家工作人员侵犯公民权利而受到损失的人，有依照法律规定取得赔偿的权利。"关于公民享有获得国家赔偿的权利，我国1954年《宪法》曾做过规定，后来在"左"的错误思想指导下，1975年《宪法》将它删除，直到1982年《宪法》才重新确认了1954年《宪法》规定的这一权利。1994年5月12日，第八届全国人民代表大会常务委员会第七次会议通过了《中华人民共和国国家赔偿法》，此后历经2010年和2012年两次修正，在国家赔偿的程序、赔偿范围和赔偿方式、计算标准、赔偿资金来源等方面做了大量的修改完善，更有利于公民的该项权利得以实现。

三、宗教信仰自由

宗教信仰自由，是指公民依据内心的信念，自愿地信仰宗教的自由。具言之：每个公民既有信仰宗教的自由，也有不信仰宗教的自由；有信仰这种宗教的自由，也有信仰那种宗教的自由；有过去信教现在不信教的自由，也有过去不信教而现在信教的自由。有参加宗教仪式或者活动的自由，也有不参加宗教仪式或者活动的自由。宗教信仰自由作为公民的一项基本权利，主要包括信仰的自由、参加宗教仪式的自由和组成宗教社团的自由三方面内容，在少数国家还包括传教的自由。宗教信仰自由要求任何国家机关、社会团体和个人不得强制公民信仰宗教或者不信仰宗教。同时，宪法的平等原则也要求不得歧视信仰宗教的公民和不信仰宗教的公民。

尊重和保护宗教信仰自由，是中国政府对待宗教问题的一项长期的基本政策。我国《宪法》第三十六条规定："中华人民共和国公民有宗教信仰自由。任何国家机关、社会团体和个人不得强制公民信仰宗教或者不信仰宗教，不得歧视信仰宗教的公民和不信仰宗教的公民。国家保护正常的宗教活动。任何人不得利用宗教进行破坏社会秩序、损害公民身体健康、妨碍国家教育制度的活动。宗教团体和宗教事务不受外国势力的支配。"国家保护一切正常的宗教活动。宗教信徒活动场所内所进行的正常的宗教生活，按照宗教习惯自愿的布施、忚贴、献仪、奉献以及在自己家里进行修持、念经、祷告、守斋等，均受国家法律保护。同时，宗教团体按照宪法、法律和政策的有关规定，可以开办宗教院校，出版宗教书刊，销售宗教用品和宗教艺术品，开展宗教方面的国际友好往来，进行宗教学术文化交流等。

但是，宗教信仰自由不等于宗教活动可以不受任何约束。宗教界人士和信教群众首先是中华人民共和国的公民，要把国家和人民的根本利益放在首位，遵守宪法、法律、法规和政策规定。宗教人士必须在宪法和法律规定的权利和义务范围内开展活动，不得妨碍社会秩序、工作秩序和生活秩序。任何人不得利用宗教反对中国共产党的领导和社会主义制度，破坏国家统一和国内各民族之间的团结。任何人不得利用宗教干预国家行政、干预司法、干预学校教育和社会公共教育，绝不允许强迫任何人，特别是 18 岁以下少年儿童入教、出家到寺庙学经。

同时，中国各种宗教不受外国势力的支配，实行独立自主、自办教会和"自治、自养、自传"的原则。这是维护国家主权和民族尊严的一条基本原则，也是中国宗教的一个显著特色。各宗教团体和宗教人士应当自觉维护国家主权和民族尊严，坚持独立自主、自办教会的原则，坚持抵制境外敌对势力利用宗教进行渗透，挫败其推行"和平演变"的图谋。同时，也要坚决抵制境外宗教团体和个人对中国宗教事务的干涉，不得在中国境内建立宗教组织或其他办事机构，不得建立宗教活动场所和进行传教活动。

四、人身自由

人身自由有广义和狭义之分，狭义的人身自由又叫身体自由，是指公民的身体不受非法限制、搜查、拘留和逮捕；广义的人身自由指的是人身人格权，具体包括生命健康权、身体活动的自由以及由狭义的人身自由所衍生的人格尊严、住宅不受侵犯、通信自由和通信秘密等不受侵犯的权利。人身自由是公民参加各种社会活动和享有其他宪法规定的基本权利的前提条件，是最重要的一项基本权利。我国《宪法》所规定的人身自由是广义的人身自由，但因受限于国情，并未赋予公民迁徙的自由。

（一）人身自由不受侵犯

我国《宪法》第三十七条规定："中华人民共和国公民的人身自由不受侵犯。任何公民，非经人民检察院批准或者决定或者人民法院决定，并由公安机关执行，不受逮捕。禁止非法拘禁和以其他方法非法剥夺或者限制公民的人身自由，禁止非法搜查公民的身体。"可见，在我国，任何公民都可以在法定的范围内按照自己的意愿支配自己的身体和行动，公民的人身自由不受国家机关、社会组织和他人的任何非法侵犯。即使是国家专门机关依法对公民实施搜查、拘留或者逮捕，也必须严格依照宪法和法律规定的条件和程序执行。

为了贯彻落实我国《宪法》关于公民的人身自由不受侵犯的规定，我国现行《刑事诉讼法》做了一系列具体性规定。《刑事诉讼法》第一百三十四条规定："为了收集犯罪证据、查获犯罪人，侦查人员可以对犯罪嫌疑人以及可能隐藏罪犯或者犯罪证据的人的身体、物品、住处和其他有关的地方进行搜查。"第一百三十六条规定："进行搜查，必须向被搜查人出示搜查证。在执行逮捕、拘留的时候，遇有紧急情况，不另用搜查证也可以进行搜查。"第一百三十七条规定："在搜查的时候，应当有被搜查人或者他的家属，邻居或者其他见证人在场。搜查妇女的身体，应当由女工作人员进行。"从上述法律规定可以看出，即使为查获犯罪而进行的搜查活动，也有着严格的条件限制和程序要求。我国严格禁止非法搜查公民的身体、禁止非法搜查或者非法侵入公民的住宅。

为了从根本上防止国家权力过分集中、权力滥用导致公民人身自由遭受侵犯，我国《刑事诉讼法》对国家侦查权的行使也进行了严格的分权限制。《刑事诉讼法》第七十八条规定："逮捕犯罪嫌疑人、被告人，必须经过人民检察院批准或者人民法院决定，由公安机关执行。"第八十七条规定："人民检察院审查批准逮捕犯罪嫌疑人由检察长决定。重大案件应当提交检察委员会讨论决定。"第九十一条规定:"公安机关逮捕人的时候,必须出示逮捕证。逮捕后,应当立即将被逮捕人送看守所羁押。除无法通知的以外,应当在逮捕后二十四小时以内,通知被逮捕人的家属。"第九十二条规定:"人民法院、人民检察院对于各自决定逮捕的人,公安机关对于经人民检察院批准逮捕的人,都必须在逮捕后的二十四小时以内进行讯问。在发现不应当逮捕的时候,必须立即释放,发给释放证明。"法律将逮捕犯罪嫌疑人、被告人的批准权和决定权赋予人民检察院和人民法院,而将逮捕的执行权交由公安机关,公安机关无权自行决定逮捕。这种决定权与执行权分离的做法就是为了防止逮捕这种最严厉的刑事强制措施因为国家权力过分集中而被滥用。"在逮捕后的二十四小时以内进行讯问和通知被逮捕人的家属"的法律规定,更是对司法权和执法权的严格限制。此外,公安机关还享有依法对公民执行拘留的权力,法律同样也设置了严格的适用条件和执行程序。

(二) 人格尊严不受侵犯

人格尊严是指公民作为平等的人的资格和权利应该受到国家的承认和尊重,包括与公民人身存在密切联系的名誉、姓名、肖像等不容侵犯的权利。人格尊严的法律表现是公民的人格权。我国《宪法》第三十八条规定:"中华人民共和国公民的人格尊严不受侵犯。禁止用任何方法对公民进行侮辱、诽谤和诬告陷害。"我国《民法总则》第一百零九条规定:"自然人的人身自由、人格尊严受法律保护。"第一百一十条规定:"自然人享有生命权、身体权、健康权、姓名权、肖像权、名誉权、荣誉权、隐私权、婚姻自主权等权利。"第一百一十一条规定:"自然人的个人信息受法律保护。任何组织和个人需要获取他人个人信息的,应当依法取得并确保信息安全,不得非法收集、使用、加工、传输他人个人信息,不得非法买卖、提供或者公开他人个人信息。"从我国宪法和《民法总则》的规定看,人格尊严主要有以下基本内容:

第一,公民的姓名权。姓名权是指公民有权决定、使用和依法改变自己的姓氏名称,其他任何人不得干涉、滥用和假冒。

第二,公民的肖像权。肖像是人的形象的客观记录,是公民人身的派生物。肖像权是指公民有自主制作、占有和使用其肖像的权利。未经本人同意,不可以营利为目的使用公民的肖像。

第三,公民的名誉权。名誉权是指公民享有适度的名声并维护其名声不受侵害的权利。

第四,公民的荣誉权。荣誉权是指公民享有从国家和社会组织获得的各种褒扬并维护其不受侵害的权利。禁止非法剥夺公民、法人的荣誉称号。

第五,公民的隐私权。隐私是指不愿告人或不为人知的事情,隐私权是指公民就个人私事、个人信息等个人生活领域内的事情不为他人知悉、禁止他人干涉的权利。

第六,公民的个人信息。近些年来,因为个人信息泄露导致的电信诈骗案时有发生,为了更好地保护个人信息,《民法总则》明确规定了不得非法收集、使用、加工、传输他人个人信息,不得非法买卖、提供或者公开他人个人信息。这在一定程度上起到了保障公民的个人信息安全的功能和作用。

(三) 住宅不受侵犯

住宅不受侵犯,又叫住宅安宁权,是指公民居住、生活的场所不受非法侵入和搜查的权利。任何组织或者个人，非经法律许可，不得随意侵入、搜查或查封公民的住宅。这里所指的"居住、生活的场所"既包括公民购置或建造的永久性住所，也包括公民临时租住的旅馆和宿舍等住所。公民的居住、生活离不开住宅，住宅既为公民提供私生活的空间，更是公民保存个人及家庭财产的场所，公民购置或建造的住宅更是个人最重大的财产。我国《宪法》第三十九条规定："中华人民共和国公民的住宅不受侵犯。禁止非法搜查或者非法侵入公民的住宅。"非法搜查公民的住宅，是指没有法律依据或未按法定程序对公民住宅进行的搜查行为。在我国，除公安司法机关有权依法搜查公民的住宅以外，其他国家机关、社会团体或者个人不得以任何理由或者任何方法对公民住宅进行搜查，否则都是违法的。例如，我国《刑事诉讼法》规定：进入、搜查公民的住宅要有合法取得的搜查证，在搜查时要向公民出示搜查证，同时，搜查时必须有被搜查人或者见证人在场等。否则，属于非法侵入他人住宅，根据我国《刑法》第二百四十五条规定："非法搜查他人身体、住宅，或者非法侵入他人住宅的，处三年以下有期徒刑或者拘役。司法工作人员滥用职权，犯前款罪的，从重处罚。"可见，我国法律对以个人隐私的控制权、个人生活的自由权和私人领域的占有权为内容的住宅安宁权给予了刑事保护。

（四）通信自由和通信秘密不受侵犯

通信自由指公民通过书信、电话、电信及其他通信手段，根据自己的意愿进行通信，不受他人干涉。通信秘密是指公民对于通信的内容和通信的对方，即真实的发信人和收信人等拥有保密而不必向国家机关告知的权利。这里的"信"不仅仅限于书信，还包括其他信息。通信自由是人们参与社会生活、进行思想交流或情感交流的必要手段，是公民不可或缺的基本自由。对公民的通信，他人不得扣押、隐匿、毁弃，公民的通信内容，他人不得私阅或窃听。我国《宪法》第四十条规定："中华人民共和国公民的通信自由和通信秘密受法律保护。除因国家安全或者追查刑事犯罪的需要，由公安机关或者检察机关依照法律规定的程序对通信进行检查外，任何组织或者个人不得以任何理由侵犯公民的通信自由和通信秘密。"我国《刑法》第二百五十二条规定："隐匿、毁弃或者非法开拆他人信件，侵犯公民通信自由权利，情节严重的，处一年以下有期徒刑或者拘役。"《刑法》第二百五十三条第一款规定："邮政工作人员私自开拆或者隐匿、毁弃邮件、电报的，处二年以下有期徒刑或者拘役。"《刑法》的上述规定，使宪法规定的通信自由得以具体化。

当然，我国《宪法》第四十条同时也是对通信自由和通信秘密加以限制的依据。根据该条规定，限制公民的通信自由和通信秘密只能基于国家安全、公共利益或查处犯罪考虑，也只能由法定机关按照法定程序、履行严格的批准手续后才能执行。对此，我国《刑事诉讼法》第一百四十一条做了具体规定："侦查人员认为需要扣押犯罪嫌疑人的信件、电报的时候，经公安机关或者人民检察院批准，即可通知邮电机关将有关邮件、电报检交扣押。不需要继续扣押的时候，应立即通知邮电机关。"显然，该规定对于保障公民的通信自由和通信秘密是极其有利的。

水门事件是美国历史上最不光彩的政治丑闻之一。1972年，共和党为了取得民主党内部竞选策略的情报从而赢得总统大选，以尼克松竞选班子的首席安全问题顾问詹姆斯·麦科德为首的五人于6月17日闯入了位于华盛顿水门大厦的民主党全国委员会办公室，在安装窃听器并偷拍有关文件时被当场被捕。1974年8月8日，尼克松因为此事宣布辞职，成为美国历史上首位辞职的总统。此外，具有一百六十多年发行历史的英国《世界新闻报》因雇员贿赂警察以及窃听失踪女孩、恐怖袭击受害者和阵亡英军士兵家属的语音信箱，引发公众的强烈愤怒。该报刊的掌门人、著名的传媒大亨詹姆斯·默多克被迫发表声明并决定于2011年7月10日停刊。这种用窃听换取新闻信息的行为，非但不能成为新闻自由的权利，反而是触及了法律和道德底线的违法行为。上述事件突出反映了欧美国家对保障通信自由和通信秘密的坚决态度。

五、社会经济权利

社会经济权利，是指公民依照宪法规定享有经济利益的权利，是公民实现其他权利的物质保障。社会经济权利作为宪法的一项基本内容始于1919年德国的《魏玛宪法》。《魏玛宪法》确定了国家对经济生活干预的合理性与必要途径，促进了权利的社会化进程。第二次世界大战以后，各国宪法普遍重视社会经济权利的价值，扩大了对社会弱者的保护范围。由于各国的经济发展水平和宪法文化不同，对社会经济权利的具体内容的规定也不尽相同。从我国《宪法》规定来看，社会经济权利包括公民财产权、劳动权、休息权和社会保障权。把公民财产权和社会保障权列入社会权利的范畴，有助于从国家履行义务的角度合理地确定其在基本权利体系中的地位，进一步扩大了社会经济权利的范围，满足公民实现经济利益的要求。

（一）财产权

财产权是指公民对个人通过劳动或其他合法方式取得的财产，享有占有、使用、收益和处分的权利，不受任何国家机关或其他行使国家权力的机关或组织的限制、剥夺或侵占。在现代宪政国家中，财产权与公民的生命权、自由权一起构成了公民的三大基本权利体系，集中体现着人的基本价值和尊严。宪法作为国家的根本大法和社会共同体的最高价值体系，通常把私有财产权价值的保护作为社会追求的基础和出发点。为了实现通过财产权所体现的基本价值，各国普遍在宪法中规定保障私有财产的原则、界限和范围，并通过普通法律把保护私有财产权的宪法原则具体化，为公民实现私有财产权提供法律基础。

近代财产权的宪法起源可以追溯到1215年英国的《自由大宪章》，它通过限制王权以实现保护公民的财产权利。1789年法国的《人权宣言》第十七条规定："财产是神圣不可侵犯的权利，除非当合法认定的公共需要所显然必须时，且在公平而预先赔偿的条件下，任何人的财产不得受到剥夺。"私有财产权被资本主义国家认为是最基本、最重要的人权内容，宪法不遗余力地保护私有财产制度。这一点从其宪法条文"私有财产神圣不可侵犯"的表述中可见一斑。但在传统社会主义国家，这种宪法强调被认为是对掌握生产资料和巨额财富的少数人的特殊保护，其实质是资产阶级操纵国家权力来保护资本家的自身利益，而对无产者是毫无意义的法条。以苏联为代表的一系列社会主义国家坚决否定私有制，强调保护生产资料的国家所有和集体所有，通过宪法条文坚决废除私有制度。

我国1954年《宪法》对财产权的规定基本上采取分别规定国家所有财产、集体财产和个人财产的方式。《宪法》第十一条规定："国家保护公民的合法收入、储蓄、房屋和各种生活资料的所有权。"该规定被1975年《宪法》和1978年《宪法》在不同的条文分别重复规定。1982年《宪法》第十三条规定："国家保护公民的合法的收入、储蓄、房屋和其他合法财产的所有权。国家依照法律规定保护公民的私有财产的继承权。"该规定将1954年《宪法》中财产权包括"各种生活资料的所有权"扩大为"其他合法财产的所有权"。2004 年《宪法修正案》适应保护私有财产的客观需要，将《宪法》第十三条"国家保护公民的合法的收入、储蓄、房屋和其他合法财产的所有权。国家依照法律规定保护公民的私有财产的继承权。"修改为"公民的合法的私有财产不受侵犯。国家依照法律规定保护公民的私有财产权和继承权。国家为了公共利益的需要，可以依照法律规定对公民的私有财产实行征收或者征用并给予补偿。""国家依照法律规定保护公民的私有财产权和继承权""国家为了公共利益的需要，可以依照法律规定对公民的私有财产实行征收或者征用并给予补偿。"这样修改的意义在于：第一，加大了对私有财产的保护力度；第二，扩大了私有财产的保护范围；第三，以"财产权"代替"所有权"的表述，在权利含意上更加准确、全面，保护范围更加广泛；第四，确立了对私有财产的征收、征用制度，其立法用意在于，当国家利益与个人利益出现冲突时既维护国家利益同时也兼顾了个人的利益。进一步完善和发展了私有财产保护制度。

（二）劳动权

劳动权是指具有劳动能力的公民有要求提供参加社会劳动的机会并按照劳动数量和质量取得报酬的权利。劳动权是人们赖以生存的基本权利，也是其他权利的基础。在人类历史上，劳动并非自古就与权利结合在一起。劳动上升为权利是劳动者为争取劳动权进行了长期斗争的结果，也是人类历史发展和进步的必然。在生产技术落后和物质产品匮乏的时期，通过劳动谋生对大多数人来说是一件必须进行且无法选择的活动，劳动只是求生的手段，与权利无涉。19 世纪中叶，西方自由主义精神由个人消极保护到积极追求的转变，使劳动权的概念逐渐形成并为社会大众所接受。

在我国，劳动既是公民的一项基本权利，又是公民的一项基本义务。我国《宪法》第四十二条规定："中华人民共和国公民有劳动的权利和义务。国家通过各种途径，创造劳动就业条件，加强劳动保护，改善劳动条件，并在发展生产的基础上，提高劳动报酬和福利待遇。劳动是一切有劳动能力的公民的光荣职责。国有企业和城乡集体经济组织的劳动者都应当以国家主人翁的态度对待自己的劳动。国家提倡社会主义劳动竞赛，奖励劳动模范和先进工作者。国家提倡公民从事义务劳动。国家对就业前的公民进行必要的劳动就业训练。"这种权利与义务的一致性反映了我国社会主义条件下劳动的性质。从公民对国家方面来说，公民参加劳动是在为国家和集体创造物质财富，国家富裕了，公民个人的生活才能得到根本的物质保障。因此，公民积极参加劳动，既是一种权利，又是一项应尽的职责。从国家对公民来看，为了实现公民的劳动权利，国家必须采取一系列的措施保障就业，积极推进公民就业，这是国家的义务。

公民除了享有劳动的权利外，还享有取得劳动报酬的权利，即参加劳动的公民有权根据所提供的劳动数量和质量获得相应的报酬。我国《劳动法》第三条规定："劳动者享有平等就业和选择职业的权利、取得劳动报酬的权利、休息休假的权利、获得劳动安全卫生保护的权利、接受职业技能培训的权利、享受社会保险和福利的权利、提请劳动争议处理的权利以及法律规定的其他劳动权利。"第四十六条规定："工资分配应当遵循按劳分配原则，实行同工同酬。工资水平在经济发展的基础上逐步提高。国家对工资总量实行宏观调控。"第四十八条规定："国家实行最低工资保障制度。最低工资的具体标准由省、自治区、直辖市人民政府规定，报国务院备案。用人单位支付劳动者的工资不得低于当地最低工资标准。"劳动报酬是公民付出劳动后依法应当获得的物质收入，国家为保障劳动者取得报酬的权利，一方面推行同工同酬，消除各种歧视；另一方面实行最低工资保障制度，避免工资过低伤害劳动者的劳动积极性。

（三）休息权

休息权是指劳动者休息和休养的权利，它是劳动者获得生存权的必要条件。休息权作为劳动者享有的基本权利，与劳动权形成完整的统一体，没有休息权，劳动权则无法实现。一反面，劳动者在付出一定劳动以后，需要消除疲劳，恢复体力；另一方面，劳动者需要利用休息日参加文化和社会活动，提高文化素质，处理家庭和个人的生活事务，丰富个人的家庭生活。因此，任何人不得以任何理由侵犯公民的法定休息权。我国《宪法》第四十三条规定："中华人民共和国劳动者有休息的权利。国家发展劳动者休息和休养的设施，规定职工的工作时间和休假制度。"根据我国《劳动法》规定，我国职工每日工作8小时，平均每周工作不超过44小时，目前，我国劳动者的休息时间主要有：公休假日、法定休假节日、年休假、探亲家，以及在工作日中给予劳动者的用于休息和用膳的间歇时间，等等。

（四）社会保障权

社会保障是指国家对社会成员在年老、疾病、伤残、失业、遭遇灾害、生活困难时，依法给予物质帮助的制度。一般来说，社会保障由社会保险、社会救济、社会福利、优抚安置等组成。社会保障权的权利主体是全体公民，义务主体是国家，而实现义务的主体是政府。公民社会保障权的实现，既是为了实现社会公平与正义，更是为了让弱势群体得到必要的社会救济。我国《宪法》第十四条第四款规定："国家建立健全同经济发展水平相适应的社会保障制度。"第四十四条规定："国家依照法律规定实行企业事业组织的职工和国家机关工作人员的退休制度。退休人员的生活受到国家和社会的保障。"第四十五条规定："中华人民共和国公民在年老、疾病或者丧失劳动能力的情况下，有从国家和社会获得物质帮助的权利。国家发展为公民享受这些权利所需要的社会保险、社会救济和医疗卫生事业。国家和社会保障残废军人的生活，抚恤烈士家属，优待军人家属。国家和社会帮助安排盲、聋、哑和其他有残疾的公民的劳动、生活和教育。"从上述规定可知，我国公民的社会保障权主要表现为物质帮助权。此外，我国《劳动法》和其他行政法律法规具体规定了社会保障权的内容及其实现方式。社会保障权作为一种权利体系，由生育保障权、疾病保障权、残疾保障权、死亡保障权和退休保障权等具体权利构成。

本质上讲，社会保障只是一种起补充作用的制度。因此，它在客观上应该具有一定的界限，即社会保障不能超越补充的限度。换言之，国家需要投入的物质资源既要防止提供的物质帮助过少，又要防止提供的物质帮助超过一定数量。我们应该根据国家经济与文化发展情况，建立健全同经济发展水平相适应的社会保障制度，选择适当的社会保障方式，发挥社会保障制度的利益调整功能。

六、文化教育权利

文化教育权利是指公民在文化与教育领域享有的权利和自由。文化教育权利的发展程度直接影响公民的政治权利、经济权利等基本权利的实现程度，是保障公民宪法地位不可或缺的因素。文化教育权利是一种综合性的权利体系，主要由文化权利与教育权利组成，具体表现为受教育权和科学研究自由、文艺创作自由及从事其他文化活动的自由等内容。

受教育权是公民所享有的在国家和社会提供的各类学校和机构中学习科学文化知识的权利。我国《宪法》第十九条规定:"国家发展社会主义的教育事业,提高全国人民的科学文化水平。国家举办各种学校,普及初等义务教育,发展中等教育、职业教育和高等教育,并且发展学前教育。国家发展各种教育设施,扫除文盲,对工人、农民、国家工作人员和其他劳动者进行政治、文化、科学、技术、业务的教育,鼓励自学成才。国家鼓励集体经济组织、国家企业事业组织和其他社会力量依照法律规定举办各种教育事业。"为了保障公民受教育的权利,除《宪法》对受教育权做出上述原则性规定以外,我国先后颁布了《义务教育法》《教育法》《高等教育法》《职业教育法》等法律,进一步完善了教育立法。根据宪法和相关法律规定,公民受教育权的基本内容包括以下三点:①按能力接受教育的权利,即公民按照自己的能力接受相应的教育。除九年义务教育外,国家可以采取必要的考试制度,使有一定能力的公民享受相应的教育。②享受教育机会的平等。每个公民在宪法和法律规定的范围内,享有平等的受教育权,除因个人学习能力所限,不因性别、民族、宗教信仰、社会身份等原因而受到不平等的待遇。特别在入学方面应贯彻平等原则,及时向社会提供教育设施。③受教育权在不同阶段体现为不同的形式和内容,包括学前教育、初等教育、中等教育、职业教育、高等教育以及成人教育等。为保障公民的受教育权,提高全国人民的科学文化水平,国家举办各种学校,普及初等义务教育,发展中等教育、职业教育和高等教育,并且发展学前教育。为了保障适龄儿童、少年接受义务教育的权利,保证义务教育的实施,提高全民族素质,我国专门制定和颁布了《义务教育法》,规定国家实行九年义务教育制度。所有适龄的儿童、少年必须接受九年制义务教育,且不收取学杂费,所有经费由国家保障。同时,国家发展各种教育设施,扫除文盲,对工人、农民、国家工作人员和其他劳动者进行政治、文化、科学、技术、业务的教育,鼓励自学成才。此外,国家鼓励集体经济组织、国家企业、事业组织和其他社会力量依照法律规定举办各种教育事业。

公民的科学研究自由、文艺创作自由及从事其他文化活动的自由被称为文化权利。为保障公民的这一权利,我国《宪法》第四十七条规定:"中华人民共和国公民有进行科学研究、文学艺术创作和其他文化活动的自由。国家对于从事教育、科学、技术、文学、艺术和其他文化事业的公民的有益于人民的创造性工作,给以鼓励和帮助。"第二十条规定:"国家发展自然科学和社会科学事业,普及科学和技术知识,奖励科学研究成果和技术发明创造。"第二十二条规定:"国家发展为人民服务、为社会主义服务的文学艺术事业、新闻广播电视事业、出版发行事业、图书馆博物馆文化馆和其他文化事业,开展群众性的文化活动。"

七、特定主体的权利

我国宪法除对一切公民所应普遍享有的权利和自由做出全面的规定外,还对特定主体的权利给予了特殊规定和保护。这些特定主体包括妇女、儿童、老人、残疾人、军烈属及华侨等。

妇女、儿童、老人和残疾人属于社会弱势群体,女性的相对弱势地位是因其生理特点和历史原因等造成的;儿童则因为身心尚未发育成熟造成的;老人因年迈体弱造成的;他们的判断识别能力往往也较弱，处于相对的弱势地位；残疾人因为先天或后天因素造成其生理残缺从而劳动能力、生存能力下降，是一个特殊而困难的群体。因此，我国《宪法》第四十八条规定："中华人民共和国妇女在政治的、经济的、文化的、社会的和家庭的生活等各方面享有同男子平等的权利。国家保护妇女的权利和利益，实行男女同工同酬，培养和选拔妇女干部。"第四十九条规定："婚姻、家庭、母亲和儿童受国家的保护。夫妻双方有实行计划生育的义务。父母有抚养教育未成年子女的义务，成年子女有赡养扶助父母的义务。禁止破坏婚姻自由，禁止虐待老人、妇女和儿童。"第四十五条第三款规定："国家和社会帮助安排盲、聋、哑和其他有残疾的公民的劳动、生活和教育。"同时，国家还制定了《妇女权益保障法》《未成年人保护法》《老年人权益保障法》《残疾人保障法》《劳动法》《婚姻法》《继承法》《刑法》《刑事诉讼法》《治安管理处罚法》等法律法规，对妇女、儿童、老人和残疾人的权利保护做了进一步具体规定。

烈军属、残废军人是我国社会主义建设事业的重要力量，他们和他们的家属为革命和建设事业流血牺牲，做出了重大贡献，国家和人民理应尊敬他们，努力做好优抚工作，这对鼓舞军队士气、增强国防力量，对提高烈军属、残废军人、复员退伍军人的积极性，对提高广大群众的爱国主义思想有着重要意义。我国《宪法》第四十五条第二款规定："国家和社会保障残废军人的生活，抚恤烈士家属，优待军人家属。"同时，我国《兵役法》对残废军人、退役军人、烈士家属、牺牲或病故的军人家属以及现役军人家属的优待和安置问题，做了专门规定，从而保证了宪法规定的具体贯彻实施。

华侨、归侨和侨眷的权益是另一特殊保护的对象。我国《宪法》第五十条规定："中华人民共和国保护华侨的正当的权利和利益，保护归侨和侨眷的合法的权利和利益。"华侨是居住在国外的中国公民，归侨是已经回国定居的华侨，而侨眷是华侨在国内生活的亲属。由于归侨和侨眷居住在国内，他们与在国外的亲人联系密切，在政治、经济和文化等方面对国家发展起着重要作用，所以需要予以特别保护。而对身处国外的华侨，一方面，国家要求其遵守所在国的法律，同所在国的公民和睦相处，为发展所在国的经济、文化事业，促进两国人民友谊和经济文化交流起到积极促进作用；另一方面，国家依国际惯例维护华侨的正当权益，反对强迫华侨入籍，反对歧视和迫害华侨。

第二节　我国公民的基本义务

"没有无义务的权利，也没有无权利的义务"，公民在享有宪法和法律规定的权利的同时，必须履行宪法和法律规定的义务。公民的基本义务是国家对公民提出的最基本的要求，是公民必须履行的光荣责任。我国现行《宪法》对公民的基本义务的规定，与基本权利在数量上相对保持一致。

一、维护国家统一与民族团结的义务

《宪法》第五十二条规定："中华人民共和国公民有维护国家统一和全国各民族团结的义务。"国家统一是公民享有基本权利的重要条件，是全国人民的最高利益所在，维护国家统一包括维护国家主权独立。国家主权是一个国家独立自主地管理国内事务和处理外交事务的权力，任何公民都负有维护国家统一的义务，不得以任何方式破坏国家主权。为

了实现国家统一、反对和遏制"台独",我国的《反分裂国家法》第二条规定:"世界上只有一个中国,大陆和台湾同属一个中国,中国的主权和领土完整不容分割。维护国家主权和领土完整是包括台湾同胞在内的全中国人民的共同义务。"我国《刑法》第一百零三条规定:"组织、策划、实施分裂国家、破坏国家统一的,对首要分子或者罪行重大的,处无期徒刑或者十年以上有期徒刑;对积极参加的,处三年以上十年以下有期徒刑;对其他参加的,处三年以下有期徒刑、拘役、管制或者剥夺政治权利。煽动分裂国家、破坏国家统一的,处五年以下有期徒刑、拘役、管制或者剥夺政治权利;首要分子或者罪行重大的,处五年以上有期徒刑。"第一百零七条规定:"境内外机构、组织或者个人资助实施本章第一百零二条、第一百零三条、第一百零四条、第一百零五条规定之罪的,对直接责任人员,处五年以下有期徒刑、拘役、管制或者剥夺政治权利;情节严重的,处五年以上有期徒刑。"

国家统一是各族人民的最高利益,民族团结是国家统一的重要保证。我国是一个统一的多民族国家,能否正确处理民族关系、维护民族团结更是事关国家统一与稳定的大事。《宪法》第四条规定:"中华人民共和国各民族一律平等。国家保障各少数民族的合法的权利和利益,维护和发展各民族的平等、团结、互助关系。禁止对任何民族的歧视和压迫,禁止破坏民族团结和制造民族分裂的行为。"为了维护民族团结,该条还规定:"国家根据各少数民族的特点和需要,帮助各少数民族地区加速经济和文化的发展。各少数民族聚居的地方实行区域自治,设立自治机关,行使自治权。各民族自治地方都是中华人民共和国不可分离的部分。各民族都有使用和发展自己的语言文字的自由,都有保持或者改革自己的风俗习惯的自由。"目前,我国各民族之间已形成平等、团结、互助的社会主义民族关系。国家禁止破坏民族团结的行为和制造民族分裂的行为。每个公民都必须维护全国各民族的团结,在维护民族团结的斗争中,既要反对大民族主义,主要是大汉族主义,也要反对地方民族主义。

二、遵纪守法的义务

遵纪守法是现代社会公民的基本素质和义务,是保持社会和谐安宁的重要条件。一个国家即使经济实力再强,如果没有健全的法制,没有遵纪守法的国民,仍不能算是一个真正文明、强大的国家。

《宪法》第五十三条规定:"中华人民共和国公民必须遵守宪法和法律,保守国家秘密,爱护公共财产,遵守劳动纪律,遵守公共秩序,尊重社会公德。"遵守宪法和法律的义务,要求公民自觉维护宪法和法律的尊严,任何组织和个人都不得有超越宪法和法律的特权,一切违反宪法和法律的行为都必须予以追究。国家秘密关系国家的安全和利益,公民应积极保护,避免被泄露或者遗失。我国《保守国家秘密法》第三条规定:"国家秘密受法律保护。一切国家机关、武装力量、政党、社会团体、企业事业单位和公民都有保守国家秘密的义务。任何危害国家秘密安全的行为,都必须受到法律追究。"爱护公共财产,遵守劳动纪律,遵守公共秩序,尊重社会公德等义务既是宪法规定的义务,同时也是公民应当自觉履行的道德义务。

三、维护祖国安全、荣誉和利益的义务

维护祖国安全、荣誉和利益是爱国主义的重要体现,也是宪法赋予每个公民的义务。

《宪法》第五十四条规定："中华人民共和国公民有维护祖国的安全、荣誉和利益的义务，不得有危害祖国的安全、荣誉和利益的行为。"祖国的安全，包括对内和对外两个方面：对内主要指国家政权不被颠覆和破坏，社会秩序不被破坏；对外主要指国家的主权、领土不受侵犯；国家的机密不被窃取、泄露和出卖。祖国的安全是祖国存在和发展的基本条件，也是公民的各项权利和自由得以实现的基本前提。祖国的荣誉主要指国家的尊严不受侵犯，国家的荣誉不受玷污，国家的国际威望、声誉、形象不受损害。祖国的利益包括政治、经济、文化、安全等各个方面的内容。祖国的利益就是人民的根本利益，是我国所有公民实现其个人利益的基础和保证。因此，必须正确处理国家利益、集体利益、个人利益这三者之间的关系，以国家利益、集体利益为重。

为了保障《宪法》规定的义务得以履行，我国的部门法同时对其做了具体性的规定。我国《国家安全法》第十三条第二款规定："任何个人和组织违反本法和有关法律，不履行维护国家安全义务或者从事危害国家安全活动的，依法追究法律责任。"我国《刑法》分则第一章规定了"危害国家安全罪"，从《刑法》第一百零二条到第一百一十三条共十二个罪名对危害国家安全的犯罪行为进行严厉打击和制裁。

我国公民应当以实际行动维护国家的安全、荣誉和利益。首先，要增强法律意识，关心国家安全。公民在维护国家安全问题上一定要树立保守国家秘密的意识。如果发现泄露国家秘密、危害国家安全的行为，应当及时向国家安全机关或者公安机关报告。其次，要树立民族自豪感与自信心，以自己的行动为祖国增光添彩。我国历史悠久、山河壮丽，曾经以灿烂的文化为人类文明的发展做出过重大贡献；以成千上万的爱国志士、民族英雄为代表，形成了世代相传的民族美德。改革开放的伟大实践，更是创造了中华民族历史上无与伦比的辉煌，取得了令世人瞩目的巨大成就，历史和现在不容许我们自怨自艾和自卑，未来更要对实现中华民族伟大复兴的中国梦充满自信。最后，要增强民族自尊心，积极同损害国家尊严的行为做斗争。在国际交往中，要自觉维护民族尊严和国家的利益。对待外国友人，要自尊自重，不卑不亢，既要热情友好，又不能低三下四，决不能置国家的利益、民族的利益于不顾，为了满足个人的利益而丧失民族气节，做出有损国家利益的行为。当国家的尊严受到侵犯时，要勇敢地同亵渎祖国尊严的各种势力做坚决的斗争。

四、依法服兵役的义务

《宪法》第五十五条规定："保卫祖国、抵抗侵略是中华人民共和国每一个公民的神圣职责。依照法律服兵役和参加民兵组织是中华人民共和国公民的光荣义务。"我国《兵役法》第二条规定："中华人民共和国实行义务兵与志愿兵相结合、民兵与预备役相结合的兵役制度。"第三条规定："中华人民共和国公民，不分民族、种族、职业、家庭出身、宗教信仰和教育程度，都有义务依照本法的规定服兵役。有严重生理缺陷或者严重残疾不适合服兵役的人，免服兵役。依照法律被剥夺政治权利的人，不得服兵役。"第十二条规定："每年十二月三十一日以前年满十八周岁的男性公民，应当被征集服现役。当年未被征集的，在二十二周岁以前仍可以被征集服现役，普通高等学校毕业生的征集年龄可以放宽至二十四周岁。根据军队需要，可以按照前款规定征集女性公民服现役。根据军队需要和本人自愿，可以征集当年十二月三十一日以前年满十七周岁未满十八周岁的公民服现役。"据此，依法服兵役的义务主体是年满十八周岁的中国公民，外国人不能成为服兵役的义务主体。

依法服兵役作为公民的基本义务，体现的是国家的意志，具有强制性，对拒不履行服兵役义务的公民，我国《兵役法》有明确的处罚规定。《兵役法》第六十六条规定："有服兵役义务的公民有下列行为之一的，由县级人民政府责令限期改正；逾期不改的，由县级人民政府强制其履行兵役义务，并可以处以罚款：（一）拒绝、逃避兵役登记和体格检查的；（二）应征公民拒绝、逃避征集的；（三）预备役人员拒绝、逃避参加军事训练、执行军事勤务和征召的。有前款第二项行为，拒不改正的，不得录用为公务员或者参照公务员法管理的工作人员，两年内不得出国（境）或者升学。国防生违反培养协议规定，不履行相应义务的，依法承担违约责任，根据情节，由所在学校作退学等处理；毕业后拒绝服现役的，依法承担违约责任，并依照本条第二款的规定处理。战时有本条第一款第二项、第三项或者第三款行为，构成犯罪的，依法追究刑事责任。"第六十七条规定："现役军人以逃避服兵役为目的，拒绝履行职责或者逃离部队的，按照中央军事委员会的规定给予处分；构成犯罪的，依法追究刑事责任。现役军人有前款行为被军队除名、开除军籍或者被依法追究刑事责任的，不得录用为公务员或者参照公务员法管理的工作人员，两年内不得出国（境）或者升学。明知是逃离部队的军人而雇用的，由县级人民政府责令改正，并处以罚款；构成犯罪的，依法追究刑事责任。"

五、依法纳税的义务

税收是一个国家财政收入的主要来源，也是国家进行宏观经济调控的经济杠杆。依法纳税是《宪法》规定的中华人民共和国公民必须履行的一项基本义务。《宪法》第五十六条规定："中华人民共和国公民有依照法律纳税的义务。"我国《个人所得税法》对依法纳税的义务主体、纳税范围、纳税条件均做了明确规定，我国《税收征收管理法》第五章对不依法纳税的法律责任也做了明确界定。我国《刑法》从第二百零一条至第二百一十二条对危害税收征管的犯罪做了具体且详尽的规定。纳税人伪造、变造、隐匿、擅自销毁账簿、记账凭证，或者在账簿上多列支出或者不列、少列收入，或者经税务机关通知申报而拒不申报或者进行虚假的纳税申报，不缴或者少缴应纳税款的，均为偷税行为，税务部门将坚决查处偷税行为，维护税法尊严，挽回国家损失。构成犯罪的，依法追究刑事责任。

六、其他方面的义务

此外，《宪法》还规定，公民有劳动的义务、接受教育的义务、计划生育的义务、父母与子女之间的抚养/赡养义务。有关公民劳动的义务、接受教育的义务在前文基本权利中已经述及，此处不再赘述，下面仅就计划生育的义务、父母与子女之间的抚养/赡养义务展开阐释。

计划生育，是指有计划地调整全社会人口生产，提高或者降低人口增长率，有计划地控制人口的数量、提高人口的素质。计划生育的概念包括两层含义：一层是节制生育，有计划地控制全社会人口的增长；另一层是鼓励生育，有计划地刺激人口再增长。从我国的实际情况看，实行计划生育是要节制生育，降低人口发展速度。我国的计划生育政策确立至今经历了不断发展和完善的过程。1980 年，党中央发表《中共中央关于控制我国人口增长问题致全体共产党员、共青团员的公开信》，提倡一对夫妇只生育一个孩子；1982

年，计划生育被确定为基本国策，同年 12 月写入《中华人民共和国宪法》，主要内容及目的是提倡晚婚、晚育，少生、优生，从而有计划地控制人口。《宪法》第二十五条规定："国家推行计划生育，使人口的增长同经济和社会发展计划相适应。"第四十九条还规定："夫妻双方有实行计划生育的义务。"随着三十多年的"一对夫妻只生育一个孩子"生育方案的严格执行，目前我国的人口增长已得到了有效控制，老龄化问题凸显。基于此，2016 年 1 月 1 日起实施修订后的《人口与计划生育法》，该法第十八条规定"国家提倡一对夫妻生育两个子女"，至此，实行多年的晚婚晚育政策也随之被取消，"全面二孩"政策是继之前的"单独二孩"政策之后生育政策的进一步调整完善，这是我国基于人口与经济社会发展的形势做出的重大战略决策。

父母与子女之间的抚养/赡养义务，是指父母对未成年子女的抚养教育义务和成年子女对父母的赡养义务。《宪法》第四十九条第三款规定："父母有抚养教育未成年子女的义务，成年子女有赡养扶助父母的义务。"我国《民法总则》第二十六条规定："父母对未成年子女负有抚养、教育和保护的义务。成年子女对父母负有赡养、扶助和保护的义务。"我国《婚姻法》第二十一条规定："父母对子女有抚养教育的义务；子女对父母有赡养扶助的义务。父母不履行抚养义务时，未成年的或不能独立生活的子女，有要求父母付给抚养费的权利。子女不履行赡养义务时，无劳动能力的或生活困难的父母，有要求子女付给赡养费的权利。禁止溺婴、弃婴和其他残害婴儿的行为。"我国《刑法》第二百六十一条规定："对于年老、年幼、患病或者其他没有独立生活能力的人，负有扶养义务而拒绝扶养，情节恶劣的，处五年以下有期徒刑、拘役或者管制。"这些法律规定是对《宪法》规定的父母与子女之间的抚养/赡养义务的具体化，也是公民不履行抚养/赡养法定义务时应当承担的法律责任。

第 三 编

刑　法

第五章

犯罪及刑罚概说

第一节 犯　　罪

一、犯罪的概念和特征

（一）犯罪的概念

我国《刑法》（2015 年修正）第十三条规定："一切危害国家主权、领土完整和安全，分裂国家、颠覆人民民主专政的政权和推翻社会主义制度，破坏社会秩序和经济秩序，侵犯国有财产或者劳动群众集体所有的财产，侵犯公民私人所有的财产，侵犯公民的人身权利、民主权利和其他权利，以及其他危害社会的行为，依照法律应当受刑罚处罚的，都是犯罪，但是情节显著轻微危害不大的，不认为是犯罪。"这是我国《刑法》对犯罪概念的准确概括，也是划分罪与非罪界限的法律依据。

（二）犯罪的特征

（1）犯罪是危害社会的行为，具有一定的社会危害性。犯罪是对《刑法》所保护的社会关系的破坏，犯罪的社会危害性是犯罪的最本质特征。

（2）犯罪是触犯刑律的行为，具有刑事违法性。犯罪不仅是危害社会的行为，同时也必须是触犯刑律的行为，进而与一般的违法行为相区别。

（3）犯罪是应受刑罚处罚的行为，具有应受刑罚处罚性。犯罪是适用刑罚的前提，刑罚是犯罪的法律后果，只有对具有一定社会危害性和刑事违法性的行为，才能适用刑罚处罚。对于一般违法行为，没有构成犯罪，则不能适用刑罚处罚。

因此，犯罪的社会危害性、刑事违法性和应受刑罚处罚性三个基本特征，是紧密联系、不可分割的。

二、犯罪构成

（一）犯罪构成的概念

犯罪构成是指我国刑法规定的，决定某一具体行为的危害性及其程度而为该行为构成犯罪所必需的一切客观要件和主观要件的总和，是使行为人承担刑事责任的根据。犯罪概念与犯罪构成有密切联系又有区别，犯罪概念是犯罪构成的基础，犯罪构成是犯罪概念的具体化。

（二）犯罪构成的要件

1. 犯罪客体

犯罪客体，是指我国刑法所保护而为犯罪行为所侵犯的社会关系。

关于犯罪客体的分类有很多，有一种分类把犯罪客体分为三类：即一般客体、同类客体和直接客体。一般客体，是指一切犯罪行为所共同侵犯的社会主义社会关系；同类客体，是指某一类犯罪所共同侵犯的客体，即刑法所保护的社会主义社会关系的某一部分或某一方面；直接客体，是指某一犯罪行为所直接侵犯或者威胁的具体的社会主义社会关系，即刑法所保护的社会主义社会关系的某个具体部分。

2. 犯罪客观方面

犯罪客观方面，是指犯罪活动的客观外在表现，包括危害行为和危害结果，以及犯罪的方法，犯罪的时间、地点、对象等。

危害行为，是指在行为人的意志的支配下实施的危害社会并为刑法所禁止的身体动静。危害行为是犯罪构成的核心要件，是任何犯罪不可或缺的，没有危害行为就没有犯罪。危害行为的客观表现分为两种：作为和不作为。作为是指行为人以身体活动实施的违反禁止性规范的危害行为。例如，用刀砍死人而构成故意杀人罪，行为人的作为就是直接违反了"不得杀人"的禁止性规范。不作为是指行为人富有实施某种行为的特定法律义务，能够履行而不履行的危害行为。例如，受雇为他人照顾小孩的保姆，负有看护小孩使其免受意外伤害的义务。如果保姆不负责任，见危不救，致使小孩身受重伤，应当承担相应的责任。

危害结果，是指行为人的危害行为所引起的一切对社会的损害事实，包括危害行为的直接结果和间接结果、属于犯罪构成要件的结果和不属于犯罪构成要件的结果。例如，甲诈骗乙大量钱财，乙因为羞愤而自杀身亡。这里，甲的诈骗行为所引起的危害结果就包括直接结果、间接结果，以及属于犯罪构成要件的结果、不属于犯罪构成要件的结果。危害结果是犯罪客观方面的一个重要内容，但并不是一切犯罪构成所必须具备的。危害行为与危害结果之间的因果关系即一个人只能对自己的危害行为及其造成的危害结果承担刑事责任。

任何犯罪都离不开时间、地点和方法，但是绝大多数犯罪的时间、地点和方法也不是一切犯罪构成所必需的。只有刑法特别规定的犯罪，才是该犯罪构成所必须具备的，例如非法捕捞水产品罪。

3. 犯罪主体

犯罪主体，是指刑法规定的实施犯罪行为并承担刑事责任的自然人和单位。自然人犯罪主体，是指达到法定年龄、具备刑事责任能力，实施危害社会行为、触犯刑律、依法应受刑罚处罚的有生命的自然人。自然人犯罪主体可分为一般主体和特殊主体。

刑事责任年龄是指刑法所规定的行为人对其犯罪行为负刑事责任必须达到的法定年龄。我国《刑法》第十七条对刑事责任年龄做了如下规定：①完全不负刑事责任年龄阶段，不满十四周岁的人，为完全不负刑事责任的人，其所实施的任何行为都不构成犯罪，②相对负刑事责任年龄，已满十四周岁不满十六周岁的人，除犯故意杀人、故意伤害致人重伤或者死亡、强奸、抢劫、贩卖毒品、放火、爆炸、投放危险物质罪外，不负刑事责任，③完全负刑事责任年龄阶段，已满十六周岁的人犯罪，应当负刑事责任。此外，我国

《刑法》第十七条还规定：对于已满十四周岁不满十八周岁的人犯罪，应当从轻或者减轻处罚。对因不满十六周岁的人犯罪不予处罚的，责令其家长或者监护人加以管教；必要时，也可由政府收容教养。

刑事责任能力，是指行为人所具备的刑法意义上的辨认和控制自己行为的能力。无刑事责任能力的人实施了危害社会的行为，不负刑事责任。

单位犯罪主体，是指实施了应当承担刑事责任的危害社会行为的公司、企业、事业单位、机关、团体。只有法律明文规定单位可以成为犯罪主体的犯罪，才存在单位犯罪及单位承担刑事责任的问题。对于单位犯罪的处罚，世界各国主要有两种原则：一是双罚制，即单位犯罪的，对单位和单位直接责任人员（代表人、主管人员及其他有关人员）均予以刑罚处罚；二是单罚制，即单位犯罪的，只对单位予以刑罚处罚而对直接责任人员不予处罚，或只对直接责任人员予以刑罚处罚而不处罚单位。

我国《刑法》第三十一条规定："单位犯罪的，对单位判处罚金，并对其直接负责的主管人员和其他直接责任人员判处刑罚。本法分则和其他法律另有规定的，依照规定。"根据这一规定，我国对单位犯罪一般采取双罚制的原则，即单位犯罪的，对单位判处罚金，同时对单位直接负责的主管人员和其他直接责任人员判处刑罚。但是，当刑法分则和其他法律另有规定不采取双罚制而采取单罚制的，则属于例外情况。例如强迫职工劳动罪，就只处罚用人单位的直接责任人员。

4. 犯罪主观方面

犯罪主观方面，是指犯罪主体实施犯罪行为时，对其危害社会的行为及其危害社会的结果所持的心理态度。请注意，认定行为人犯罪心理态度主要是看其犯罪时的心理态度，犯罪前或犯罪后的心理态度均不能作为认定依据。犯罪心理态度的基本内容是故意和过失，又称罪过。此外，犯罪主观方面还包括犯罪目的和动机。

犯罪故意，是指行为人明知自己的行为会发生危害社会的结果，并且希望或者放任这种结果的发生而构成犯罪的一种心理态度。故意分为直接故意和间接故意。直接故意，是指行为人明知自己的行为会发生危害社会的结果，并且希望这种结果发生的心理态度；间接故意，是指行为人明知自己的行为可能会发生危害社会的结果，并且放任这种结果发生的心理态度。故意犯罪应当负刑事责任。

犯罪过失，是指行为人应当预见到自己的行为可能发生危害社会的结果，因为疏忽大意而没有预见，或者已经预见而轻信能够避免，以致发生这种危害结果而构成犯罪的一种心理态度。过失分为过于自信的过失和疏忽大意的过失。过于自信的过失，是指行为人已经预见到自己的行为可能发生危害社会的结果，因轻信能够避免，以致发生这种危害结果的心理态度。疏忽大意的过失，是指行为人应当预见自己的行为可能发生危害社会的结果，因为疏忽大意而没有预见，以致发生这种危害结果的心理态度。过失犯罪，法律有规定的才负刑事责任。

犯罪的目的和动机，是犯罪构成主观方面的重要内容。犯罪目的，是指犯罪人通过实施某种犯罪行为达到某种危害结果的心理状态。犯罪动机，是指促使犯罪人去实施犯罪行为而达到某种犯罪目的的内心起因。

在这里，必须讲到意外事件。所谓意外事件，是指行为人在客观上虽然造成危害结果但不是出于行为人的故意或过失，而是由于不能抗拒或不能预见的原因引起的事件。所以，由于意外事件造成危害结果的，行为人不构成犯罪。

第二节　正当行为

正当行为，是指客观上造成一定损害结果，形式上符合某些犯罪的客观要件，但实质上既不具备社会危害行为，也不具备刑事违法性的行为。关于正当行为，我国《刑法》明文规定只有正当防卫和紧急避险两种。

一、正当防卫

《刑法》第二十条第一款规定："为了使国家、公共利益、本人或者他人的人身、财产和其他权利免受正在进行的不法侵害，而采取的制止不法侵害的行为，对不法侵害人造成损害的，属于正当防卫，不负刑事责任。"正当防卫必须具备以下条件。

（1）正当防卫必须是为了国家、公共利益、本人或者他人的人身、财产和其他权利免受正在进行的不法侵害而实行防卫。也就是说，防卫目的必须正确，否则就不是正当防卫。如盗窃犯为了反抗对失主进行殴打的行为，就不是正当防卫。

（2）正当防卫必须是对不法侵害行为实行防卫。不法侵害行为，主要是指那些性质严重、侵害程度强烈、危害性较大的具有积极进攻性的行为，包括犯罪行为和严重违法行为。对任何合法行为都不能实行正当防卫。

（3）正当防卫必须是对正在进行的不法侵害实行防卫。不法侵害必须是处于正在进行的状态中，而不是尚未开始或者已经结束。所谓"正在进行"，是指不法侵害已经开始，尚未结束。"事先防卫"和"事后防卫"，都是防卫不适时，构成犯罪的应依法追究刑事责任。

（4）正当防卫必须是针对不法侵害者本人实行防卫。正当防卫不能针对没有实施不法侵害的第三者实行。如果把第三者误认为不法侵害者实行防卫反击，属于假想防卫。如果故意对第三者实行侵害，触犯刑律的则构成故意犯罪。

（5）正当防卫不能明显超过必要限度，造成重大损害。正当防卫的"必要限度"，是指足以有效制止正在进行的不法侵害所必需的限度。

二、紧急避险

我国《刑法》第二十一条第一款规定："为了使国家、公共利益、本人或者他人的人身、财产和其他权利免受正在发生的危险，不得已采取的紧急避险行为，造成损害的，不负刑事责任。"紧急避险必须具备以下条件。

（1）紧急避险必须是为了使国家、公共利益、本人或者他人的人身、财产和其他合法权利免受正在发生的危险而采取的行为。紧急避险的目的是保护较大的合法权益。

（2）紧急避险必须是对危险而采取的行为。所谓危险，是指某种有可能立即对合法权益造成危害的紧迫实施状态。

（3）紧急避险必须是对正在发生的危险而采取的行为。正在发生的危险，是指足以造成合法权益遭到严重损害的危险已经出现，且尚未结束的状态。对尚未到来的或者已经过去的危险实行避险属于"避险不适时"，造成损害的，应由行为人承担相应的刑事责任或者民事责任。

（4）紧急避险必须是针对第三者的合法权益而采取的行为。紧急避险的本质特征就是为保全一个较大的合法权益，而将其面临的危险转嫁给另一个较小的合法权益。因而，紧急避险行为所指向的对象，不是危险的来源，而是第三者的合法权益。

（5）紧急避险不能超过必要限度造成不应有的损害。紧急避险的必要限度，应是避险行为所引起的损害必须小于所保护的权益。例如，为了保护一个人的生命权，而去损害第三者的财产权利。为了保护较小的权益而损害了较大的或者同等权益，造成不必要损害的，是"避险过当"，应负刑事责任，但是应当减轻或者免除处罚。

（6）紧急避险必须是在不得已的情况下实施的行为。"不得已"，就是在危险发生之际除了采取紧急避险的方法之外，别无他法避免该危险，即只有当紧急避险成为唯一可以避免危险的方法时，才允许实行紧急避险，否则造成损害的，应负法律责任。

（7）紧急避险必须排除职务上、业务上负有特定责任的人。所谓在职务上、业务上负有特定的责任，是指某些人依法承担的职务或所从事的业务活动本身，就要求他们与一定的危险进行斗争。例如军人就必须服从命令参加战斗，面对战死沙场的危险。

第三节　故意犯罪的停止形态

一、故意犯罪停止形态的概念

故意犯罪停止形态，是指故意犯罪在其产生、发展和完成犯罪的过程各阶段中，因主客观原因而停止下来的各种犯罪形态。

二、故意犯罪停止形态的基本类型

故意犯罪的停止形态，按其停止下来时犯罪是否已经完成为标准，可以分为两种基本类型：一是犯罪的完成形态，即犯罪的既遂形态，是指故意犯罪在其发展过程中未在中途停止下来而得以进行到终点，行为人完成了犯罪的情形；二是犯罪的未完成形态，即故意犯罪在其发展过程中居于中途停止下来，犯罪未进行到终点，行为人没有完成犯罪的情形。在犯罪的未完成形态中，又可以根据犯罪停止下来的原因或距犯罪完成的距离等情况的不同，进一步再区分为犯罪的预备形态、未遂形态和中止形态。

（一）犯罪既遂

犯罪既遂是犯罪的完成形态，针对犯罪既遂的解释有结果说、目的说、构成要件说三种，其中构成要件说是通说。构成要件说认为，犯罪既遂是指行为人所故意实施的行为已经具备了某种犯罪构成的全部要件。

（二）犯罪预备

《刑法》第二十二条规定："为了犯罪，准备工具、制造条件的，是犯罪预备。对于预备犯，可以比照既遂犯从轻、减轻处罚。"犯罪预备的特征是：（1）行为人主观上是为了犯罪；（2）客观上实行了犯罪预备行为；（3）事实上未能着手实行犯罪；（4）未能着手实施犯罪是由于行为人意志以外的原因。犯罪预备行为具有一定的社会危害性。由于其社会危害性通常小于既遂犯的社会危害性，《刑法》规定：对于预备犯，可以比照既遂犯从轻、减轻处罚或者免除处罚。

要区别犯罪预备与犯意表示，两者的不同主要表现在以下方面：犯意表示是指行为人用口头、书面或者其他方法向外界表达其犯罪意图。它只是一种思想流露，没有为犯罪做任何准备，没有为犯罪制造条件，不会给社会造成实际危害，因而不是犯罪行为。

（三）犯罪未遂

《刑法》第二十三条规定："已经着手实行犯罪，由于犯罪分子意志以外的原因而未得逞的，是犯罪未遂。"犯罪未遂的特征是：（1）行为人已经着手实行犯罪。这是犯罪未遂与犯罪预备的主要区别。（2）犯罪未得逞。这是指犯罪分子的行为没有完成某一犯罪的全部构成要件。这是犯罪未遂与犯罪既遂的主要区别。犯罪未得逞不同于没有达到犯罪目的和没有发生犯罪结果。犯罪未得逞也不是说没有发生任何危害结果。（3）犯罪未得逞是由于犯罪分子意志以外的原因，并非出于犯罪人的主观意愿。这是犯罪未遂与犯罪中止的主要区别。上述三个特征必须同时具备，缺一不可。我国《刑法》规定，对于未遂犯可以比照既遂犯从轻或者减轻处罚。

（四）犯罪中止

《刑法》第二十四条规定："在犯罪过程中，自动放弃犯罪或者自动有效地防止犯罪结果发生的，是犯罪中止。对于中止犯，没有造成损害的，应当免除处罚；造成损害的，应当减轻处罚。"犯罪中止有两种情况：（1）自动放弃犯罪的犯罪中止。其特征是：行为人必须在犯罪过程中放弃犯罪；行为人必须是自动放弃犯罪；行为人必须彻底放弃正在进行的犯罪。不管犯罪人放弃犯罪的动机如何，只要是犯罪人自认为有条件实施而不实施犯罪，并且彻底放弃犯罪，犯罪中止就成立。（2）自动有效地防止犯罪结果发生的犯罪中止。其特征是：行为人在犯罪过程中自动采取积极行为，有效地防止和避免了犯罪结果的发生。认定该行为的关键是：必须积极且有效地防止犯罪结果发生。《刑法》规定，对于中止犯，没有造成危害的，应当免除处罚；造成损害的，应当减轻处罚。

第四节　共同犯罪

一、共同犯罪的概念

共同犯罪，是指二人以上共同故意犯罪。构成共同犯罪必须具备下列条件。

（1）共同犯罪的主体必须是二人以上。二人以上，包括二个以上自然人和单位。自然人主体必须是达到法定年龄、具有刑事责任能力的人。

（2）客观上，必须具有共同的犯罪行为。共同的犯罪行为，是指各共同犯罪人的行为指向同一目标，相互联系、相互配合，结成一个有机统一的犯罪活动整体。虽共同犯罪人的具体分工和参与程度可能不同，但只要行为指向几个目标，分头完成，就在客观上具备共同犯罪的要件。

（3）主观上，必须具备有共同的犯罪故意。共同的犯罪故意，就是各共同犯罪人通过意思联络，知道自己是和他人共同实施犯罪，认识到他们的行为会产生危害社会的结果，并希望或者放任这种结果的发生。共同犯罪故意包括共同直接故意和共同间接故意，以及一部分人的直接故意和另一部分人的间接故意组成的共同故意。

二、共同犯罪人的种类

对共同犯罪人的分类，一是以犯罪人在共同犯罪中的分工来划分，二是以共同犯罪人在共同犯罪中所起的作用来划分。根据各个共同犯罪人所处的地位和所起的作用及对社会的危害程度不同，各个共同犯罪人的刑事责任不同。我国《刑法》把共同犯罪人分为主犯、从犯、胁从犯和教唆犯。

（1）主犯。主犯是指组织、领导犯罪集团进行犯罪活动的或者在共同犯罪中起主要作用的犯罪分子。它包括犯罪集团的首要分子，即在犯罪集团中起组织、策划、指挥、领导作用的犯罪分子，以及除首要分子以外在犯罪集团犯罪中起主要作用的犯罪分子加上一般共同犯罪中起关键作用、直接造成严重危害后果或者情节特别严重的犯罪分子。我国《刑法》第二十六条第三款、第四款规定："对组织、领导犯罪集团的首要分子，按照集团所犯的全部罪行处罚。对于第三款以外的主犯，应当按照其所参与的或者组织、指挥的全部犯罪处罚。"

（2）从犯。从犯是指在共同犯罪中起次要或者辅助作用的犯罪分子。我国《刑法》第二十七条规定："在共同犯罪中起次要或者辅助作用的，是从犯。对于从犯应当从轻、减轻处罚或者免除处罚。"

（3）胁从犯。胁从犯是指被胁迫参加犯罪的犯罪分子。我国《刑法》第二十八条规定："对于被胁迫参加犯罪的，应当按照他的犯罪情节减轻处罚或者免除处罚。"

（4）教唆犯。教唆犯是指故意唆使无犯罪意图的人实施犯罪的犯罪分子。其构成条件：客观上表现为故意引起他人实行犯罪的意图，并进而实施犯罪，而自己并不直接参加犯罪的实施；主观上必须具有教唆他人犯罪的故意，否则不构成教唆犯。我国《刑法》第二十九条规定："教唆他人犯罪的，应当按照他在共同犯罪中所起的作用处罚。教唆不满十八周岁的人犯罪的，应当从重处罚。如果被教唆的人没有犯被教唆的罪，对于教唆犯，可以从轻或者减轻处罚。"

第五节　刑　　罚

一、刑罚的概念

刑罚，是指刑法规定的由国家审判机关依法对犯罪人适用的限制或剥夺其某种权益的强制性制裁方法。我国刑罚具有以下特征：（1）刑罚是国家最高权力机关在刑法中制定的强制方法；（2）刑罚是刑法中赋予"刑罚"名称的强制方法；（3）刑罚是用以惩罚犯罪行为人的强制方法；（4）刑罚是人民法院依照刑法和刑事诉讼法裁判科处的强制方法；（5）刑罚是分别由特定机关执行的强制方法；（6）刑罚从整体而言是最严厉的强制方法。

二、刑罚的种类

我国《刑法》第三十二条规定："刑罚分为主刑和附加刑。"

（一）主刑

主刑是对犯罪适用的主要刑罚方法。主刑的特点是：它是只能独立适用、不能附加适用的刑罚。对于一个罪只能适用一种主刑，不能同时适用几种主刑。我国《刑法》第三十三条规定，主刑包括管制、拘役、有期徒刑、无期徒刑和死刑。

1. 管制

管制是对罪犯不予关押，但限制其一定自由，依法实行社区矫正的一种刑罚方法。管制是主刑中最轻的一种刑罚。被管制的犯罪分子仍然留在原工作单位或居住地工作或劳动，在劳动中应当同工同酬。犯罪分子被判处管制时，人民法院可以根据犯罪情况，同时禁止犯罪分子在执行期间从事特定活动，进入特定区域、场所，接触特定的人。管制期限为三个月以上二年以下，数罪并罚时管制最高不能超过三年。管制的期限从判决执行之日起计算；判决执行前先行羁押的，羁押一日折抵刑期二日。管制期满，执行机关应立即向本人和其所在单位或者居住地的群众宣布解除管制。

2. 拘役

拘役是短期剥夺犯罪分子的人身自由，由公安机关就近执行并实行劳动改造的刑罚方法。被判处拘役的罪犯，一般是指所犯罪行较轻，但具有一定的人身危险性。拘役的期限为一个月以上六个月以下。数罪并罚时拘役最高不能超过一年。拘役刑期从判决执行之日起计算；判决执行前先行羁押的，羁押一日折抵刑期一日。拘役由公安机关就近执行。在执行期间，服刑人每月可以回家一至二天；参加劳动的，可以酌量发给报酬。

3. 有期徒刑

有期徒刑是剥夺犯罪分子一定期限人身自由，强制其劳动并接受教育和改造的刑罚方法。有期徒刑是我国使用最广的刑罚方法。有期徒刑的期限为六个月以上十五年以下，数罪并罚时，有期徒刑总和刑期不满三十五年的，最高不能超过二十年，总和刑期在三十五年以上的，最高不能超过二十五年。刑期从判决执行之日起计算，判决执行前先行羁押的，羁押一日折抵刑期一日。

4. 无期徒刑

无期徒刑是剥夺犯罪分子终身自由，强制其劳动并接受教育和改造的刑罚方法。无期徒刑是仅次于死刑的一种严厉的刑罚。它的适用对象是那些罪行严重，但尚不够判处死刑，而判处有期徒刑又嫌轻的犯罪分子。无期徒刑从性质上讲是一种终身监禁的刑罚，但是根据我国《刑法》的规定，只要犯罪分子认罪服法，认真遵守监规，接受教育改造，确有悔改或立功表现，在刑罚执行一定期限以后，可以被减为有期徒刑，还可以依法假释。

5. 死刑

死刑是剥夺犯罪分子生命的一种刑罚方法。死刑是刑罚体系中最为严厉的一种刑罚，只适用于罪行极其严重的犯罪分子。"罪行极其严重"，是指罪行严重损害国家和人民利益，手段极其残忍，情节特别恶劣，主观恶性特别巨大的罪行。

犯罪时不满十八周岁的人和审判时怀孕的妇女不适用死刑；审判时已满七十五周岁的人，不适用死刑，但以特别残忍手段致人死亡的除外。应当判处死刑的罪犯，如果不是必须立即执行的，可以宣告缓期二年执行。死刑除依法由最高人民法院判决的以外，都应当报请最高人民法院核准。

判处死刑缓期执行的，在死刑缓期执行期间，如果没有故意犯罪，二年期满以后，减为无期徒刑；如果确有重大立功表现，二年期满以后，减为二十五年有期徒刑；如果故意犯罪，情节恶劣的，报请最高人民法院核准后执行死刑；对于故意犯罪未执行死刑的，死刑缓期执行的期间重新计算，并报最高人民法院备案。对被判处死刑缓期执行的累犯，以及因故意杀人、强奸、抢劫、绑架、放火、爆炸、投放危险物质或者有组织的暴力性犯罪被判处死刑缓期执行的犯罪分子，人民法院根据犯罪情节等情况可以同时决定对其限制减刑。

（二）附加刑

附加刑也称从刑，是补充主刑适用的刑罚方法。它既可以随主刑附加适用，也可以独立适用。一个主刑可以同时附加一个或者几个附加刑。附加刑有以下几种。

1. 罚金

罚金是人民法院判处犯罪分子向国家缴纳一定数额金钱的刑罚方法，主要适用于破坏社会主义市场经济秩序罪和其他以贪财图利为目的的犯罪，意在对那些见利妄为的犯罪分子给予经济上的必要制裁。罚金不同于行政罚款，罚款是对某种违法行为人的经济处罚，罚金则是由人民法院对犯罪分子判处的一种刑罚；罚金也不同于刑事附带民事诉讼案件中的赔偿经济损失，赔偿经济损失是给受害人弥补损失，属于民事制裁方法，而罚金则归入国库，是刑罚方法。

2. 剥夺政治权利

剥夺政治权利是剥夺犯罪分子参加国家管理和政治活动权利的刑罚方法。剥夺政治权利指剥夺下列权利：

（1）选举权和被选举权；

（2）言论、出版、集会、结社、游行、示威自由的权利；

（3）担任国家机关职务的权利；

（4）担任国有公司、企业、事业单位和人民团体领导职务的权利。

剥夺政治权利的期限分为以下情况：

（1）判处死刑、无期徒刑的犯罪分子，应当剥夺政治权利终身；

（2）在死刑缓期执行减为有期徒刑或者无期徒刑的时候，应当把附加剥夺政治权利的期限改为三年以上十年以下；

（3）独立适用或者判处有期徒刑、拘役附加剥夺政治权利的，剥夺政治权利的期限为一年以上五年以下；

（4）判处管制附加剥夺政治权利的，剥夺政治权利的期限与管制的期限相等，同时执行，即三个月以上二年以下；

（5）附加剥夺政治权利的刑期，从徒刑、拘役执行完毕之日或者从假释之日起计算；剥夺政治权利的效力当然施用于主刑执行期间。

3. 没收财产

没收财产是将犯罪分子个人所有财产的一部分或者全部，强制无偿地收归国有的刑罚方法，主要适用于危害国家安全和严重破坏社会主义市场经济秩序、侵犯财产以及以营利为目的的妨害社会管理秩序的犯罪分子。对犯罪分子适用没收财产，既是对其贪财图利的犯罪给予应有的惩罚，也是从经济上摧垮其赖以犯罪的物质基础。

三、刑罚的具体运用

(一) 量刑

量刑又称刑罚裁量，是人民法院对犯罪分子依法裁量决定刑罚的一种审判活动。人民法院的刑事审判活动有两个基本环节：一是定罪，二是量刑。定罪是量刑的前提和基础，量刑则是审判工作的中心。

1. 量刑的一般原则

量刑的一般原则是：对犯罪分子决定刑罚的时候，应当根据犯罪的事实、犯罪的性质、情节和对社会的危害程度，依照《刑法》的有关规定判处。总之，量刑的原则是：以事实为依据，以法律为准绳。

2. 量刑情节

量刑情节包括法定量刑情节和酌定量型情节。法定量刑情节是刑法明文规定的从重、从轻、减轻或者免除处罚的情节。具有法定从重、从轻处罚情节的，应当在法定刑限度以内判处刑罚；具有法定减轻处罚情节的，应当在法定刑以下判处刑罚。酌定量刑情节是人民法院灵活掌握、酌情适用的情节。如果犯罪分子不具有法定减轻情节，但是根据案件的特殊情况，经最高人民法院核难，也可以在法定刑以下判处刑罚。

(二) 量刑制度

量刑制度包括累犯、自首和立功、数罪并罚、缓刑等。

1. 累犯

累犯是指受过一定的刑罚处罚，在刑罚执行完毕或者赦免以后，在法定期间内再犯一定之罪的犯罪分子。我国《刑法》规定的累犯分为一般累犯和特殊累犯两种。

1) 一般累犯

一般累犯，是指被判处有期徒刑以上刑罚的犯罪分子，刑罚执行完毕或者赦免以后，在五年以内再犯应当判处有期徒刑以上刑罚之罪。其构成的条件是：

(1) 前罪与后罪必须都是故意犯罪，这是构成累犯的主观条件；

(2) 前罪与后罪的犯罪主体都必须年满十八周岁，这是构成累犯的主体条件；

(3) 前罪被判处的刑罚和后罪应当判处的刑罚必须都是有期徒刑以上的刑罚，这是构成累犯的刑度条件；

(4) 后罪发生的时间，必须是在前罪的刑罚执行完毕或者赦免后五年以内，这是构成累犯的时间条件。

2) 特殊累犯

特殊累犯，是指危害国家安全犯罪、恐怖活动犯罪、黑社会性质的组织犯罪的犯罪分子，在刑罚执行完毕或者赦免以后，在任何时候再犯上述任一类罪的，都以累犯论处。特殊累犯不受一般累犯规定条件的限制，只要前罪和后罪都是危害国家安全犯罪、恐怖活动犯罪、黑社会性质的组织犯罪之一，在前罪刑罚执行完毕或者赦免以后，不论何时再犯后罪，也不管判处的是何种刑罚，都以累犯论处。

累犯是一种法定的从重处罚情节。我国《刑法》规定，对于累犯应当从重处罚。

2. 自首和立功

自首和立功是我国《刑法》规定的两项从宽处罚制度，也是两个重要的从宽处罚情节。对有自首和立功情节的犯罪分子从宽处罚，是惩办与宽大相结合原则的具体化、法律化，对于分化瓦解犯罪分子、打击少数、争取多数、教育改造罪犯、预防犯罪具有重要意义。

1）自首

自首是指犯罪分子犯罪以后自动投案，如实供述自己的罪行，或者被采取强制措施的犯罪嫌疑人、被告人和正在服刑的罪犯，如实供述司法机关还未掌握的本人其他罪行的行为。构成一般自首必须同时具备两个条件：①犯罪分子自动投案。自动投案是指犯罪分子在犯罪后、归案之前，出于本人意志而向有关机关或者个人承认自己实施了犯罪，自愿置于有关机关或者个人的控制之下，等待进一步交代犯罪事实并最终接受人民法院裁判的行为。②犯罪分子必须如实供述自己的罪行，即如实供述自己实施并应由本人承担刑事责任的罪行，对于自首犯，可以从轻或者减轻处罚，其中犯罪较轻的，可以免除处罚。

2）立功和重大立功

立功，是指犯罪分子揭发他人犯罪行为、查证属实的，或者提供重要线索，从而得以侦破其他案件的行为。有立功表现的，可以从轻或者减轻处罚。重大立功，是指犯罪分子揭发、检举其他犯罪分子的重大罪行，经查证后属实的，或者提供重要线索，从而得以侦破其他重大案件的，或者检举揭发其他犯罪分子较多的一般罪行或犯罪线索、经查证属实的行为。有重大立功表现的可以减轻或者免除处罚。

3. 数罪并罚

数罪并罚是指对一个人犯数罪，人民法院对犯罪分子在法定时间期限内所犯的各罪，分别定罪量刑后，按照法定的并罚原则和方法，酌情执行刑期的一种刑罚制度。我国《刑法》按数罪被发现的时间不同，规定了三种不同的数罪并罚的处理方法。

（1）判决宣告以前一人犯数罪的，除判处死刑和无期徒刑的以外，应当在总和刑期以下、数刑中最高刑期以上，酌情决定执行的刑期，但是管制最高不能超过三年，拘役最高不能超过一年，有期徒刑总和刑期不满三十五年的，最高不能超过二十年，总和刑期在三十五年以上的，最高不能超过二十五年。

（2）判决宣布以后，刑罚尚未执行完毕时发现有漏洞的，采用"先并后减"。即先对新发现的罪进行判决，然后把原判刑罚与新判处的刑罚，按照《刑法》第六十九条规定的原则，决定应执行的刑罚，已经执行的刑期应当计算在新判决决定的刑期内。

（3）判决宣布以后，刑罚尚未执行完毕又犯新罪，采用"先减后并"。即先对新发现的罪进行判决，然后把原判还未执行完的刑罚与新判处的刑罚，按照《刑法》第六十九条规定的原则，决定应执行的刑罚。

数罪中有判处有期徒刑和拘役的，执行有期徒刑。数罪中有判处有期徒刑和管制，或者拘役和管制的，有期徒刑、拘役执行完毕后，管制仍须执行。数罪中有判处附加刑的，附加刑仍须执行，其中附加刑种类相同的，合并执行，种类不同的，分别执行。

4. 缓刑

缓刑是指人民法院对于被判处拘役、三年以下有期徒刑的犯罪分子，根据犯罪分子的犯罪情节和悔改表现等情形，认为暂缓执行原判刑罚，确实不致再危害社会的，规定一定的考验期，在考验期内不再犯新罪或者符合法定的其他条件，原判刑罚就不再执行的一种刑罚制度。缓刑不是刑种，其适用条件是：缓刑只适用于被判处拘役和三年以下有期徒刑而且不是累犯的犯罪分子；根据犯罪分子的犯罪情节和悔改表现，没有再犯罪的危险，并且宣告缓刑对犯罪分子所居住社区没有重大不良影响。

拘役的缓刑考验期限为原判刑期以上一年以下，但是不能少于二个月；有期徒刑的缓刑考验期限为原判刑期以上五年以下，但是不能少于一年。缓刑考验期限从判决确定之日起计算。

对宣告缓刑的犯罪分子，在缓刑考验期限内，依法实行社区矫正。同时，人民法院可以根据犯罪情况，同时禁止其在缓刑考验期限内"从事特定活动，进入特定区域、场所，接触特定的人"的规定，俗称缓刑禁止令或禁止令。被宣告缓刑的犯罪分子，在缓刑考验期限内没有发现犯新罪或判决宣告以前还有其他罪没有判决的，没有违反法律、行政法规或者国务院有关部门关于缓刑的监督管理规定，或者违反人民法院判决中的禁止令，情节严重的，原判刑期就不再执行，并公开予以宣告。对于发现"新罪"或"漏罪"情况的，应当撤销缓刑，按照数罪并罚原则，决定执行的刑罚；对于发现违法行为情况的，应当撤销缓刑，执行原判刑罚。

（三）刑罚执行制度

1. 减刑

减刑是指被判处管制、拘役、有期徒刑、无期徒刑的犯罪分子，在刑罚执行期间，如果认真遵守监规，接受教育改造，确有悔改表现的，或者立功表现的，可以减刑；有下列重大立功表现之一的，应当减刑：

（1）阻止他人重大犯罪活动的；

（2）检举监狱内外重大犯罪活动，经查证属实的；

（3）有发明创造或者重大技术革新的；

（4）在日常生产、生活中舍己救人的；

（5）在抗御自然灾害或者排除重大事故中，有突出表现的；

（6）对国家和社会有其他重大贡献的。

减刑以后实际执行的刑期不能少于下列期限：

（1）判处管制、拘役、有期徒刑的，不能少于原判刑期的二分之一；

（2）判处无期徒刑的，不能少于十三年；

（3）人民法院依照《刑法》第五十条第二款规定限制减刑的死刑缓期执行的犯罪分子，缓期执行期满后依法减为无期徒刑的，不能少于二十五年，缓期执行期满后依法减为二十五年有期徒刑的，不能少于二十年。

2. 假释

假释是只对被判处有期徒刑、无期徒刑的犯罪分子，在执行一定刑期之后，如果认真遵守监规，接受教育改造，确有悔改表现，没有再犯罪的危险的，而附条件地提前释放的刑罚制度。适用假释的条件：

（1）必须是被判处有期徒刑或者无期徒刑的犯罪分子，而且必须不是累犯，以及因故意杀人、强奸、抢劫、绑架、放火、爆炸、投放危险物质或者有组织的暴力性犯罪被判处十年以上有期徒刑、无期徒刑的犯罪分子。

（2）被判处有期徒刑的，必须执行原判决二分之一以上；被判处无期徒刑的，实际执行十三年以上。如果有特殊情况，经最高人民法院核准，可以不受上述执行刑期的限制。

（3）犯罪分子须认真遵守监规，接受教育改造，确有悔改表现，没有再犯罪的危险的。

同时，人民法院在对犯罪分子决定假释时，还应当考虑其假释后对所居住社区的影响。

有期徒刑的假释考验期限，为没有执行完毕的刑期；无期徒刑的假释考验期限为十年。在考验期限内发现假释犯还有漏罪或发现新罪的，应当撤销假释，把前后两罪所判处的刑期，依法实行数罪并罚。假释犯在考验期内严重违法，即违反法律或者有关假释的监督管理规定，情节严重的，应当撤销假释，收监执行尚未执行完毕的刑罚。对假释的犯罪分子，在假释考验期限内，依法实行社区矫正，如果没有出现上述情形的，假释考验期满，就认为原判刑罚已经执行完毕，并公开予以宣告。

（四）时效

我国刑法中的时效，又称追诉时效，是指依法对犯罪分子追究刑事责任的有效期限。我国《刑法》第八十七条规定："犯罪经过下列期限不再追诉：（一）法定最高刑不满五年有期徒刑的，经过五年；（二）法定最高刑为五年以上不满十年的，经过十年；（三）法定最高刑为十年以上有期徒刑的，经过十五年；法定最高刑为无期徒刑、死刑的，经过二十年。如果二十年以后认为必须追诉的，须报请最高人民检察院核准。"追诉时效从犯罪之日起计算，"犯罪之日"是指犯罪成立之日。在追诉期限内又犯罪的，前罪追诉的期限从犯后罪之日起计算。在侦查机关立案侦查或者审判机关受理案件后，逃避检查或者审判的，不受追诉期限的限制。被害人在追诉期限内提出控告，司法、公安机关应当立案而不予立案的，不受追诉期限的限制。

第六章
大学生常见的主要犯罪

大学生是民族的希望和国家的未来。他们的思想道德状况如何，直接关系着国家的前途和民族的命运，关系到社会的稳定和发展，因而备受社会关注。然而，近年来大学生违法犯罪的趋势在不断加剧，从 2004 年云南大学马加爵杀人案、2004 年北京外国语大学在校生罗卡娜杀人案、2008 年中国政法大学付成励弑师案、2010 年西安音乐学院药家鑫故意杀人案到 2013 年复旦大学林森浩投毒案等，无不令人震惊。

大学生犯罪几乎涵盖了我国刑法规定的全部犯罪种类。据某监狱对大学生在押犯的罪名统计，侵犯财产罪占 56.35%，其中盗窃罪占 25.81%，抢劫罪占 23.95%，诈骗罪占 3.96%；故意伤害罪占 8.06%，故意杀人罪占 4.79%；强奸罪占 3.9%。特别需要指出的是，近年来，一些新的犯罪种类，如贩毒、走私、组织介绍卖淫、利用网络违法犯罪等也开始发现有大学生实施，虽然这些犯罪数量较少，但危害极大。

第一节　大学生犯罪的原因

在校大学生犯罪的成因是多方面的，既有犯罪大学生自身的原因，也有学校教育不力和家庭教育失范，还有社会不良思潮的影响及社会对于弱势群体关注程度的不够等方面的原因。

一、大学生犯罪的个人因素

（一）个体的性格、心理等因素是直接影响其实施犯罪的根本因素

大学生处于青春期，身体机能迅速发育但心理发展滞后，缺乏自我调适的能力，消极心理很容易控制其行为，产生犯罪。根据对全国 17.6 万名大学生抽样调查发现，大学生心理疾病患者高达 20.23%。[1] 另据一项对全国 22 个省市大学生的调查表明，有心理障碍的大学生占 16% ~25.4%，其中有焦虑不安、恐惧、神经衰弱和抑郁情绪等严重心理问题的大学生占学生总数的 16% 以上，而且未来几年还有上升的趋势。[2] 尤其在学习及就业的压力、情感纠葛的冲突、人际交往的困境下，如果大学生没有对自己的心理状态调节适当，消极心理容易发展演变为犯罪心理，在一定的情境刺激下即会外化为犯罪行为。严景耀曾说："有许多人犯法，实因对于自己没有深刻的信仰，缺少勇往直前、百折不回的精

---

① 李阳.当代大学生犯罪原因及预防对策分析［J］.阜阳师范学院学报（社会科学版），2011（1）.
② 李儒彬，闫映红.检察机关预防和处理大学生刑事犯罪问题研究［J］.大庆社会科学，2010（12）.

神，一遇艰难即呼天怨命，立刻失望，甘心受环境支配，自然很容易流入歧途。"2014 年 11 月 11 日华东政法大学发生的"泼水门"事件又引发热议，该校法律学院学生王某因不满老师批评，用 98℃ 高温的开水泼洒老师，导致其面部、颈部受伤，这不得不让人们对当前大学生的心理承受及调适能力产生怀疑。

（二）法律意识的淡薄及人文精神的缺乏也是大学生犯罪的重要原因

在急功近利的社会氛围下，大学生普遍只关注专业知识与技能的学习，追求物质的丰富及自我价值的实现，却缺乏对他人的尊重，漠视他人的生命价值，缺少必要的社会责任；而且整体上缺乏法律意识，对自己行为的后果没有正确认识。一旦出现问题，通常采取逃避、推卸责任的方式，不敢于承担自己行为的责任，难免出现大学生违反社会规范、走上犯罪道路的现象。

二、学校教育不力

学校是传授学生知识的场所，在教化学生的过程中扮演了重要的角色。但学校在应试教育的指挥棒作用下，从小学到中学都一味地注重智育，机械化、填鸭式地培养学生，因追求高升学率而扭曲了考试的功能，造成了学生过重的学习负担和压力。这种教育方式将德育、心理健康教育排挤出了主流教育，忽略了学生的品德教育和培养，影响了青少年身心的健康发展，不少学生表现出自负、自私、缺乏责任感等负面的心理特征。进入大学后，面对突然转变的素质教育，学生通常开始选择释放压力、放纵自己的行为。以自律为主的高校管理模式过高地估计了学生的自我管理能力，反而使学生的错误行为得不到及时纠正，继而就可能产生犯罪行为。

法治教育是高校德育教育的一个组成部分。但受传统教学模式的影响，高校难以摆脱"重知识输入的应试教育"的魔咒，从而导致了高校法治教育工作的偏差，尤其是针对大学生的法治教育更没有引起足够的重视。虽然国家规定高校必须开设法律基础课，但不少高校始终没有把法治教育摆在重要的位置。多数学校的法律基础课的教学方式只是简单的老师说教，内容僵化，理论与实际严重脱节；很多老师因不具备法律专业知识而照本宣科，原本丰富多彩的法治教育变成了单一、枯燥的课堂教学，使学生非但没有产生对法律的敬畏，反而产生逆反心理。另外，高校学生的心理健康教育还是一个薄弱的环节。相对落后的高校心理矫治环境，使许多大学生的不良心理得不到及时矫正，心理压力不能及时疏导，当其心理异常程度越来越严重时，出现违法犯罪行为也就成为必然。

三、家庭教育失范

在大学期间，学生开始真正意义上脱离父母的照料并独自生活。此时家庭对大学生的影响已相对弱化。但大学生的个性、人格在早期儿童时期就已开始逐步形成，家庭作为其成长的第一环境，对大学生的影响是无可替代的。美国犯罪学家赫希说："任何人都是潜在的犯罪人，个人与社会的联系可以阻止个人进行违反社会准则的越轨与犯罪行为。这种联系薄弱时，个人就会无约束地随意进行犯罪的行为。如果在面临犯罪诱惑的场合，青少年不考虑父母对他们行为的态度和反应，那么他们就可能做出犯罪行为……不管父母的阶级地位或种族如何，青少年与他们的关系越密切，进行犯罪的可能性就越小。"① 因而，大学生走上什么样的道路与家庭密不可分。不正确的家庭教育及不良的家庭环境会扭曲大学生个性和人格的发展，降低其对自身行为的约束力。所谓"冰冻三尺，非一日之寒"，大学生犯罪与从小所处的家庭环境密不可分，家庭环境直接影响了大学生的价值观念和行为方式。就负面影响而言，家庭环境的影响着重体现在以下三个方面。

（一）家庭教育失当

在当前竞争激烈的社会背景下，父母对子女的教育多奉行功利主义原则，从小将子女与"别人家的孩子"比较，学习成绩甚至成为其衡量孩子好坏的唯一标准。在这种物化标准下所形成的竞争意识使得孩子以自我为中心，虚荣心强，缺乏合作精神，也施予其沉重的心理负担，影响其成年后的人生观、价值观。而且当下的大学生多为独生子女，父母对其需求多是有求必应。这种关爱一旦过度，就造就孩子自私、骄横的性格，从而影响他们的生活能力及对环境的适应能力。若他们的需求得不到满足，则容易出现偏执的心理反应，投射到行为中就会产生越轨行为，甚至犯罪行为。比如，2011 年 4 月 1 日发生在上海国际机场的"机场刺母案"，令人十分震惊。

（二）家庭结构缺损

家庭结构缺损主要指家庭氛围不和、单亲家庭。在这种家庭中，父母往往对孩子或疏于关爱，或管教严苛，极易造成孩子脆弱心灵的损伤，使其形成冷漠孤僻的性格，难以与人相处。若父母未能及时疏导而任其发展，其在一定情境的刺激下较一般人更容易引发犯罪。比如，2001 年清华大学学生刘海洋先后数次用浓硫酸和氢氧化钠烧伤北京动物园的黑熊，构成故意毁坏财物罪。刘海洋出身于单亲家庭，母亲对他寄予厚望、管教严厉，导致其在情绪长期压抑控制之下做出偏激行为。家庭结构的缺陷较容易产生问题，现实中也存在因为受这种舆论影响从而给单亲家庭子女贴上负面标签甚至歧视的情况。这给单亲家庭子女造成的影响不亚于家庭破裂带来的伤害。这都是我们值得反思的。

（三）家庭经济困难

贫困家庭的父母为改善生活现状，通常日夜操劳、奔波，无力对子女进行更多的关爱和教育，很大程度上使得孩子在心理上产生爱的缺憾；加上社会贫富差距的扩大，使得贫困家庭子女在进入大学后与周围同学在衣食住行上形成鲜明对比，容易滋生自卑、敏感的心理，进而出现不合群的人际交往障碍。从马加爵身上就可以发现出自贫苦家庭学生内心的自卑、抑郁，这种负面的心理状态对偏差行为具有负效应。

四、社会环境的负面影响

改革开放以来，我国社会发生了剧烈的变革，社会形态从传统的农业社会逐步演变为现代化的工业信息社会。迅速的社会变迁使得社会结构发生重大调整，传统价值观念受到各种新兴价值观念的挑战。社会变迁导致人们对新的社会失去适应能力，同时使传统的社会控制失去效能，平衡的社会结构失调，社会秩序也变得混乱，犯罪发生的可能性变大。

---

① 赫希. 少年犯罪原因探讨 [J]. 吴宗宪，译. 北京：中国国际广播出版社，1997：87.

当下的中国仍处于社会转型的深化期，社会变迁带来的负面效应依旧存在。

　　大学生作为社会的一员，面对社会结构的失调，难免也会感到无所适从。若无法作出正确的价值判断，往往会导致其行为失范，甚至走上犯罪的道路。特别是在社会转型过程中，市场经济的建立促进了经济发展，但激烈的市场竞争也使得弄虚作假、坑蒙拐骗成风。这种不良竞争的社会风气逐渐渗透到大学生的意识之中，不仅形成了考试舞弊之风，也诱发了盗窃、诈骗等财产犯罪的滋长。如2014年发生的河南高考替考舞弊案，查实违规违纪考生165人，其中替考127人。

　　自1999年以来，我国开始实施普通高校本专科院校扩大招生人数的教育改革政策。据1999年统计，全国普通高校招生160万人，比1998年增加了52万人，增幅高达48%，而2014年全国高校计划招生698万人，录取率约为74.3%。① 高校扩招使得大学生的人数急剧增加，"大学生"不再是传统意义上的社会精英，而成为囊括大专、本科、研究生在内的学生群体。大学生数量的增多并没有带来质量的提高，相反，大学生的整体素质随着人数的增多而下滑。同时，扩招也加剧了就业竞争的压力。在市场对大学生的需求迅速饱和的情况下，很多大学生面临着"毕业等于失业"的局面。部分人在残酷的现实中屈服而选择"另谋出路"，尤其是近年来不少大学毕业生加入传销组织牟取非法利益，极易诱发犯罪。

第二节　人身伤害类犯罪

一、故意杀人罪

（一）故意杀人罪的概念和构成
故意杀人罪，是指故意非法剥夺他人生命的行为。本罪的构成要件如下。

1. 犯罪客体

本罪的犯罪客体是他人的生命权。自然人的生命始于出生，终于死亡，母体中的胎儿与人死亡后的尸体因都没有生命权的存在，故一般情况下堕胎行为不能构成任何犯罪，而毁坏尸体的行为构成《刑法》第三百零二条的盗窃、侮辱、故意毁坏尸体、尸骨、骨灰罪。行为人出于杀人的故意误把尸体当活人杀害的行为，属于主观上的事实认识错误，应该以对象不能犯的故意杀人罪未遂来处理。

2. 犯罪客观方面

本罪的犯罪客观方面表现为必须有非法剥夺他人生命的行为。首先，故意杀人行为包括作为和不作为。常见的是积极作为的方式，如刀砍、枪击、投毒等，但也可能以不作为的方式构成，如妇女故意不给自己的亲生残疾婴儿喂奶，将其活活饿死；负有营救落水婴儿义务的保育员，有能力救助落水儿童而坐视不救，致使儿童溺亡等情形，均构成不作为故意杀人罪。

　　其次，剥夺他人生命的行为必须是非法的，即违反了国家的法律。执行死刑、正当防

---

① 2014年全国高校计划招生698万人，录取率或为74.3%［N/OL］. 中国新闻网，2014-06-20. http：//edu.cnr.cn/list/201406/t20140609_515643172.shtml.

卫均不构成故意杀人罪。经受害人同意而剥夺其生命的行为，也构成故意杀人罪。对积极的"安乐死"，仍应以故意杀人罪论处，当然，量刑时可适用从轻或减轻的规定；消极的"安乐死"，不构成犯罪。

最后，在死亡结果发生的情况下，杀害行为与死亡结果之间必须有因果关系，否则不成立故意杀人罪的既遂。

3. 犯罪主体

本罪的犯罪主体是一般主体，即年满十四周岁的具有刑事责任能力的自然人。

4. 犯罪主观方面

本罪的犯罪主观方面是故意，即明知自己的行为会产生他人死亡的危害后果，并且希望或者放任这种结果的发生。

（二）故意杀人罪的认定

1. 教唆、帮助自杀行为的定性

教唆自杀，是指行为人故意采用引诱、怂恿等方法，使他人产生自杀意图并进而实行自杀的行为。帮助自杀，是指在他人已有自杀意图的情况下，帮助他人实现自杀意图。一般认为，教唆、帮助自杀行为只要没有实施具体的实行行为，就不构成犯罪。例如，当他人站在二十层高楼准备跳楼自杀时，过路人大喊"跳楼！"的，即使他人果真跳楼自杀身亡，也难以对过路人认定为故意杀人罪。但以下两种教唆、帮助自杀的行为应当认定为故意杀人罪：

第一，欺骗不能理解死亡意义的儿童或者精神病患者等人，使其自杀的，属于故意杀人罪的间接正犯。

第二，凭借某种权势或利用某种特殊关系，以暴力、威胁或者其他心理强制方法，使他人自杀身亡的，属于故意杀人罪的间接正犯，应以故意杀人罪论处。

第三，组织和利用邪教组织制造、散布迷信邪说，指使、胁迫其成员或者其他人实施自杀行为的，以故意杀人罪论处。

2. 相约自杀的认定

相约自杀是指两人以上相互约定自愿共同自杀的行为。关于相约自杀行为人是否触犯故意杀人罪，应分为以下几种情况区别对待：

（1）因行为人均不具有故意剥夺他人生命的行为，所以对其中自杀未遂的，一般不能认为是故意杀人罪。

（2）如果行为人受托而将对方杀死，继而自杀未遂的，应构成故意杀人罪，量刑时可考虑从轻处罚。

（3）以相约自杀为名，诱骗他人自杀的，则应按故意杀人罪论处。

（三）故意杀人罪的刑事责任

根据我国《刑法》第二百三十二条规定："故意杀人的，处死刑、无期徒刑或者十年以上有期徒刑；情节较轻的，处三年以上十年以下有期徒刑。"其中"情节较轻"，在司法实践中一般是指义愤杀人、防卫过当、因受被害人长期迫害而杀人、帮助自杀、受嘱托杀人、大义灭亲、生母杀死亲生婴儿的行为等情况。

典型案例

陈某故意杀人案

2013 年 11 月 3 日凌晨 3 时许，被告人陈某（1995 年 6 月 18 日出生）在其居住的重庆市合川区某企业职工宿舍二号楼 6-8 寝室厕所内产下一男婴，因系未婚生育，害怕别人听见孩子的哭声，被告人陈某便用手捂该男婴的口鼻和卡颈。后因担心其无力抚养小孩和惧怕别人议论，将该男婴从其宿舍阳台扔下，造成该男婴因高坠致颅脑损伤而当场死亡。当日 7 时许，该企业工人李某向重庆市合川区公安局某派出所报案。案发后，被告人陈某因产后大出血被亲友送往重庆市某人民医院住院治疗。2013 年 11 月 8 日，重庆市合川区公安局刑事警察支队将陈某拘传，被告人陈某如实供述其犯罪事实。

重庆市合川区人民检察院以被告人陈某犯故意杀人罪向重庆市合川区人民法院提起公诉。法院经审理后，以被告人陈某犯故意杀人罪，判处有期徒刑四年。

案例评析： 本案例涉及故意杀人罪的定罪和"情节较轻"的认定问题。

（1）被告人陈某的定罪问题。故意杀人罪的主观方面包括直接故意和间接故意，客观行为包括作为和不作为。本案中，从主观方面看，被告人陈某有杀害男婴的直接故意，即明知将该男婴从其宿舍阳台扔下会摔死，但因担心无力抚养小孩和惧怕别人议论而实施该犯罪行为，积极追求孩子死亡结果的发生。从客观方面看，被告人陈某实施了将该男婴从其宿舍阳台扔下致其颅脑损伤而当场死亡的积极作为行为，其行为已构成故意杀人罪。

（2）被告人陈某的量刑问题。根据我国《刑法》第二百三十二条规定："故意杀人的，处死刑、无期徒刑或者十年以上有期徒刑；情节较轻的，处三年以上十年以下有期徒刑。"人民法院认定陈某情节较轻基于以下理由：第一，被告人陈某在幼年时父母就外出务工，作为留守儿童，其成长过程中缺少家人的关爱与交流，也缺少性生活常识的教育，导致不满十八岁即未婚怀孕而不知情，加之乡村医生以胃炎误诊后延误流产时机，最终导致被告人在无知与无助的境况下生产并实施杀人行为。其犯罪行为的情节较轻，社会危害较小。第二，被告人陈某在被公安机关拘传到案后如实供述犯罪事实，其行为虽不符合自动投案的规定，但属于坦白认罪，依法可从轻处罚。不论从刑罚的谦抑性角度分析，还是从"教育为主，惩罚为辅"这一青少年犯罪改造理念出发，人民法院对被告人陈某的量刑都是符合立法本意的。

二、故意伤害罪

（一）故意伤害罪的概念和构成

故意伤害罪是指故意非法伤害他人身体并达成一定的严重程度、应受刑法处罚的犯罪行为。本罪的构成要件如下。

1. 犯罪客体

本罪的犯罪客体，是他人的身体健康权，所谓身体健康权是指自然人保持其肢体、器官和其他组织的完整和正常机能的权利。

2. 犯罪客观方面

本罪的犯罪客观方面，表现为行为人实施了非法损害他人身体健康的行为。首先，行为人必须有损害他人身体健康的行为，通常表现为破坏人体组织的完整性和破坏人体器官的正常机能。其次，损害他人身体健康的行为必须是非法的，因正当防卫或紧急避险而伤害他人、医疗行为、体育竞技中的损伤都不构成本罪。

3. 犯罪主体

本罪的犯罪主体是一般主体，其中，故意伤害致人重伤或死亡的犯罪主体是已满十四周岁、具有辨别和控制自己行为能力的自然人。

4. 犯罪主观方面

本罪的犯罪主观方面表现为故意，即行为人明知自己的行为会造成损害他人身体健康的结果，并且希望或放任这种结果的发生。在一般情况下，行为人事先对于自己的伤害行为能给被害人造成何种程度的伤害，不一定有明确的认识。因此，一般可按实际伤害结果来确定是故意轻伤还是故意重伤。但若行为人主观上只想造成轻伤结果，实际上未造成伤害结果的，不宜以犯罪未遂认定，应不以犯罪论处。相反，若行为人重伤意图非常明显，且已经着手实施了重伤行为，由于意志以外的原因未得逞的，即使未造成任何实际伤害，也应按故意重伤罪（未遂）论处。

（二）故意伤害罪的认定

1. 故意伤害罪与故意杀人罪的界限

关于故意伤害罪与故意杀人罪的界限，包括以下两种情况：一是故意伤害致死和故意杀人既遂，二是故意伤害和故意杀人未遂。区分的关键是看行为人的主观心理状态，即具有杀人故意的，无论是否造成死亡结果，均应认定为故意杀人罪，凡只具有伤害故意的，无论是否造成死亡结果，都应认定为故意伤害罪。故意内容不明确或不顾被害人死伤的，应按实际造成的损害结果来确定犯罪行为的性质。

2. 故意伤害（致人死亡）罪与过失致人死亡罪的界限

二者的相同之处在于客观上都造成了被害人死亡的结果，主观上对死亡结果均出于过失。区分关键是行为人主观上有无伤害的故意。过失致人死亡的，行为人主观上既无杀人故意，也无伤害故意。故意伤害（致人死亡）罪显然以具有伤害的故意为前提，过失造成的死亡结果，则是故意伤害罪的加重情节。

（三）故意伤害罪的刑事责任

根据我国《刑法》第二百三十四条规定："故意伤害他人身体的，处三年以下有期徒刑、拘役或者管制。致人重伤的，处三年以上十年以下有期徒刑；致人死亡或者以特别残忍手段致人重伤造成严重残疾的，处十年以上有期徒刑、无期徒刑或者死刑。本法另有规定的，依照规定。"

典型案例

李某强等故意伤害案

2013 年 11 月 13 日 22 时 30 分许，被告人李某强及其同事何某与被告人林某在重庆市合川区书院街"牛王阁串串香"火锅店内吃饭时，因琐事与正在该店内吃饭的被害人刘某等人发生争吵。被告人李某强遂电话邀约被告人王某龙、王某赶至重庆市合川区南津街书院路重百超市外广场处欲殴打刘某等人。被告人王某携带砍刀一把与被告人王某龙一同去至该处。同时，被告人林某亦通过吴某川将秦某（另案处理）和被告人杜某邀约至该处。当日23时许，被害人刘某、刘嘉、罗某华及李某富四人饭后经过该处，与被告人李某强等人相遇，双方再次发生争吵进而互殴。在互殴中，被告人王某拿出随身携带的砍刀，用刀背敲被害人刘某头部致其头部轻微伤，被告人李某强抢过被告人王某手中的砍刀，先后砍伤被害人刘某双下肢，砍伤被害人刘嘉右下肢和罗某华右下肢。后被告人李某强等六人逃离现场去至李某强朋友周某租住的房屋，将作案工具砍刀藏匿。案发后，被告人李某强、林某、王某龙、杜某分别主动到公安机关投案自首，被告人王某被抓获归案，如实供述其犯罪事实。经法医学鉴定，被害人刘某的右下肢损伤程度为重伤二级，伤残程度属于五级，左下肢损伤程度为轻伤一级，伤残程度属十级。被害人刘嘉、罗某华右下肢的损伤程度均为轻伤二级。

重庆市合川区人民检察院以被告人李某强、林某、王某、王某龙、杜某犯故意伤害罪向重庆市合川区人民法院提起公诉。法院经审理后，以故意伤害罪判处被告人李某强有期徒刑五年；判处被告人林某有期徒刑三年，缓刑五年；判处被告人王某有期徒刑四年；判处被告人王某龙有期徒刑二年七个月，缓刑四年；判处被告人杜某有期徒刑二年六个月，缓刑四年。

案例评析： 本案例考查聚众斗殴的转化犯问题。我国《刑法》第二百九十二条规定："……聚众斗殴，致人重伤、死亡的，依照本法第二百三十四条、第二百三十二条的规定定罪处罚。"这是法律对聚众斗殴转化犯认定的明确规定。

首先，对聚众斗殴转化犯的认定，必须符合下列条件：①行为人的行为构成聚众斗殴罪。②必须发生了重伤、死亡的危害结果。如果仅仅有轻伤的结果，也不能按转化犯来处理，可以作为聚众斗殴罪的量刑情节。③重伤、死亡的危害结果必须在聚众斗殴过程中发生。如果聚众斗殴的行为已经结束，行为人又故意重伤他人或者致他人死亡，应当直接认定为故意伤害罪或者故意杀人罪。④行为人主观上必须出于故意。如果行为人出于过失，不能适用转化犯的规定。

其次，在聚众斗殴中，首要分子或者其他积极参加者共同故意加害他人，致人重伤或者死亡的，均转化为故意伤害罪或故意杀人罪，应承担故意伤害罪或者故意杀人罪的刑事责任。但在量刑时应根据各加害人参与聚众斗殴的程度、作用等情节，酌情适用刑罚。如果发生死亡后果，除有确实证据证明共同加害人均有杀人故意的以外，一般可以故意伤害（致人死亡）罪论处。

本案中，被告人李某强、林某、王某、王某龙、杜某在公共场所持械与他人斗殴，妨害社会公共秩序，其行为已触犯《刑法》第二百九十二条第一款之规定，构成聚众斗殴罪；且在斗殴中共同致被害人刘某重伤，其行为已触犯《刑法》第二百九十二条第二款之规定，应认定为故意伤害罪。在共同犯罪中，被告人李某强率先动手，并持刀砍伤被害人刘某，起主要作用，是主犯，被告人林牟、王某、王某龙、杜某积极参与斗殴，起次要作用，是从犯，依法应当从轻、减轻或免除处罚。

三、侮辱罪与诽谤罪

(一) 侮辱罪的概念和构成

侮辱罪，是指使用暴力或者以其他方法，公然贬损他人人格，破坏他人名誉，情节严重的行为。本罪的犯罪主体是一般主体，即年满十六周岁，且具有刑事责任能力的自然人。犯罪主观方面是直接故意，目的是贬低他人人格，破坏他人名誉。

本罪侵犯的客体是他人的人格尊严和名誉。犯罪对象只能是特定的自然人，在大庭广众之下进行不特定对象的谩骂，不构成侮辱罪。犯罪客观方面表现为使用暴力或其他方法，公然贬损他人人格、破坏他人名誉，情节严重的行为。所谓"公然"是指当着第三者甚至众人的面对他人进行侮辱，公然并不一定要求被害人在场。所谓"情节严重"主要包括：手段恶劣的，如强行扒光被害人衣裤，当众将粪便塞入他人口中等；出于恶劣、卑鄙动机侮辱他人的；侮辱行为造成严重后果的，如导致被害人自杀、精神失常等；多次实施侮辱行为等。

(二) 诽谤罪的概念和构成

诽谤罪，是指故意捏造并散布某种虚构事实，损害他人人格和名誉，情节严重的行为。本罪的犯罪主体是一般主体。犯罪主观方面是直接故意，目的是贬低、毁损他人人格、名誉。如果行为人将虚假信息误认为是事实加以扩散，则不构成诽谤罪。

本罪侵犯的客体与侮辱罪相同，是他人的人格和名誉。犯罪客观方面表现为捏造并散布某种虚构的事实，损害他人人格和名誉，情节严重的行为。所谓"捏造"是指无中生有、凭空制造虚假事实。如果行为人散布的是客观存在的事实，虽然有损于他人人格、名誉，但不构成诽谤罪。

(三) 侮辱罪、诽谤罪的刑事责任

根据我国《刑法》第二百四十六条规定："以暴力或者其他方法公然侮辱他人或者捏造事实诽谤他人，情节严重的，处三年以下有期徒刑、拘役、管制或者剥夺政治权利。"通过信息网络实施侮辱、诽谤行为，被害人向人民法院告诉，但提供证据确有困难的，人民法院可以要求公安机关提供协助。

 **典型案例**

王某诽谤案

2013 年 11 月底，河南省新郑市和庄镇政府向新郑市委组织部报后备干部，被害人陈某等人在后备干部之列，被告人王某甲心生妒忌。2014 年 1 月 2 日下午 16 时许，被告人王某甲驾车到新郑市人民路德克士门口，用事先准备的笔记本电脑在天涯论坛、网易网等网站捏造事实，发布题目为"爱脱裤子的女乡镇干部"的帖子，侮辱、诽谤陈某、林源钢构老板刘某、和庄镇镇长、新郑市领导等人员。截至 2014 年 1 月 4 日上午，该帖在天涯论坛的点击数为 5 000 余次，后该帖被 20 余网站转发，严重影响了以上人员的家庭生活，也严重损害了新郑市委、市政府在人民群众中的形象，造成了恶劣的社会影响。本案审理过程中，被告人王某与被害人陈某达成和解协议，取得被害人陈某的谅解。

河南省新郑市人民检察院以被告人王某犯诽谤罪向河南省新郑市人民法院提起公诉，法院经审理后，依法判处被告人王某诽谤罪，免予刑事处罚。

案例评析：本案例考查诽谤罪的构成要件和公诉条件等问题。我国《刑法》第二百四十六条规定，"……捏造事实诽谤他人，情节严重的，处三年以下有期徒刑、拘役、管制或者剥夺政治权利。前款罪，告诉的才处理，但是严重危害社会秩序和国家利益的除外。"本案的关键点在于以下三点。

（1）被告人王某的行为是否构成"情节严重"。"情节严重"是诽谤行为罪与非罪的界限。根据2013年9月5日《最高人民法院、最高人民检察院关于办理利用信息网络实施诽谤等刑事案件适用法律若干问题的解释》（以下简称《诽谤案件适用解释》）第二条规定，行为人利用信息网络诽谤他人，具有下列情形之一的，应当认定为"情节严重"：①同一诽谤信息实际被点击、浏览次数达到5 000次以上，或者被转发次数达到500次以上的；②造成被害人或者其近亲属精神失常、自残、自杀等严重后果的；③二年内曾因诽谤受过行政处罚，又诽谤他人的；④其他情节严重的情形。本案被告人王某所发帖子在天涯论坛的点击量为5 000余次，后该帖被20余家网站转发，符合上述该条第①情形，构成诽谤罪。

（2）被告人王某的行为是否构成"严重危害社会秩序和国家利益"。"严重危害社会秩序和国家利益"是该罪由告诉才处理的自诉案件转化为公诉案件的界限。根据《诽谤案件适用解释》第三条规定，利用信息网络诽谤他人，具有下列情形之一的，应当认定为"严重危害社会秩序和国家利益"：①引发群体性事件的；②引发公共秩序混乱的；③引发民族、宗教冲突的；④诽谤多人，造成恶劣社会影响的；⑤损害国家形象，严重危害国家利益的；⑥造成恶劣国际影响的；⑦其他严重危害社会秩序和国家利益的情形。本案被告人王某在网上发帖诽谤陈某、林源钢构老板刘某、和庄镇镇长、市领导等多名人员，且严重损害了新郑市委、市政府在人民群众中的形象，符合该条第④情形，应当由人民检察院提起公诉。

（3）被告人王某的行为是否符合"犯罪情节轻微"。"犯罪情节轻微"是"免于刑事处罚"前提条件。根据《最高人民法院关于适用〈中华人民共和国刑事诉讼法〉若干问题的解释》第五百零五条第一款规定，"对达成和解协议的案件，人民法院应当对被告人从轻处罚；符合非监禁刑适用条件的，应当适用非监禁刑；判处法定最低刑仍然过重的，可以减轻处罚；综合全案认为犯罪情节轻微不需要判处刑罚的，可以免除刑事处罚。"本案被告人王某与被害人陈某达成和解协议，赔偿了被害人经济损失，并得到被害人的谅解，且当庭自愿认罪，具有悔罪表现，符合上述解释关于"免予刑事处罚"的规定。

第三节　财产类犯罪

一、抢劫罪

（一）抢劫罪的概念和构成

抢劫罪是以非法占有为目的，以暴力、胁迫或其他令被害人不能抗拒的方法，当场强行劫取公私财物的行为。本罪的构成要件如下。

1. 犯罪客体

本罪的犯罪客体是公私财物的所有权和公民的人身权利。对于抢劫犯来说，最根本的目的是要抢劫财物，侵犯人身权利只是其使用的一种手段。无论犯罪嫌疑人是否取得财物，也不论被抢财物价值的大小，只要是以非法占有为目的，并当场采取暴力或暴力相威胁手段，就构成抢劫罪。

2. 犯罪客观方面

本罪的犯罪客观方面表现为行为人对公私财物的所有者、保管者或者守护者当场使用暴力、胁迫或者其他对人身实施强制的方法，强行劫取公私财物的行为。

所谓"暴力"，是指对财物的所有人、管理人、占有人的人身实施不法的打击或强制，致使被害人不能的行为，如殴打、捆绑、伤害、禁闭等。

所谓"胁迫"，是指对被害人以当场实施暴力相威胁，进行精神强制，从而使其产生恐惧而不敢反抗，任其抢走财物或者被迫交出财物的行为。

所谓"其他方法"，是指使用暴力、胁迫以外的方法使得被害人不知反抗或无法反抗，而当场劫取财物的行为。如用酒灌醉、用药物麻醉、利用催眠术催眠、将清醒的被害人乘其不备锁在屋内致其与财产隔离等方法劫取他人财物。行为人如果没有使他人处于不知反抗或无法反抗的状态，而是借用了被害人自己因患病、醉酒、熟睡或他人致使其死亡、昏迷等而不知反抗或无法反抗的状态拿走或夺取财物的，不构成本罪。

3. 犯罪主体

本罪的犯罪主体是一般主体，即年满十四周岁并具有刑事责任能力的自然人。

4. 犯罪主观方面

本罪的犯罪主观方面表现为直接故意，行为人具有将公私财物非法占有的目的，如果没有这样的故意内容就不构成本罪。如果行为人只抢回自己被偷走、骗走或者赌博输掉的财物，不具有非法占有他人财物的目的，不构成抢劫罪。

（二）抢劫罪的认定

1. 罪与非罪的界限

首先，抢劫罪是侵犯财产罪中危害性最大、性质最严重的犯罪。刑法上没有抢劫的数额和情节的限制性规定，但是，并不意味着在认定抢劫罪成立时，不考虑抢劫的数额、情节和对社会的危害程度。例如：青少年偶尔进行恶作剧式的抢劫、强索少量财物、抢吃少量食品等，依照《刑法》第十三条的规定，情节显著轻微、危害不大的行为，不能认定为抢劫罪。

其次，因为婚姻、家庭纠纷，一方抢回彩礼、陪嫁物，或者强行分割并拿走家庭共有财产的，即使抢回、拿走的份额多了，以及类似的民事纠纷，也属于民事、婚姻纠纷中处理方法不当的问题，不具有非法强占他人财物的目的，不构成抢劫罪。

最后，根据《最高人民法院关于审理抢劫、抢夺刑事案件适用法律若干问题的意见》第七条第二款规定，行为人仅以所输赌资或所赢赌资作为抢劫对象的，不构成抢劫罪。

2. 抢劫罪既遂与未遂的界限

关于抢劫罪既遂与未遂的界限，刑法理论界有不同看法，根据《最高人民法院关于审理抢劫、抢夺刑事案件适用法律若干问题的意见》（以下简称《意见》）第十条规定，原则上作如下处理：由于抢劫罪侵犯的是复杂客体，既侵犯财产权利又侵犯人身权利，具备劫取财物或者造成他人轻伤以上后果两者之一的，均属抢劫既遂；既未劫得财物，又未造成他人人身伤害后果的，属抢劫未遂。

3. 转化型的抢劫罪问题

根据《刑法》第二百六十九条规定，犯盗窃、诈骗、抢夺罪，为窝藏赃物、抗拒抓捕或者毁灭罪证而当场使用暴力或者以暴力相威胁的，按照《刑法》第二百六十三条的规定定罪处罚。因此，要构成转化型抢劫罪，必须同时满足三个条件：第一，行为人必须犯盗窃、诈骗、抢夺罪，这是转化型抢劫犯的前提条件。第二，行为人必须当场使用暴力或者以暴力相威胁，这是客观条件。这里的"当场"是指行为人在盗窃、诈骗、抢夺行为的现场或虽离开现场但尚被追逐的过程中。第三，行为人必须为了窝藏赃物、抗拒抓捕、毁灭罪证，这是主观条件。所谓"窝藏赃物"是指为了保护已经到手的赃物不被追回；所谓"毁灭证据"是指销毁实施盗窃、诈骗、抢夺行为时遗留在现场的痕迹、物品或其他证据。如果行为人不是在非法取得财物后出于上述目的而实施暴力，或以暴力相威胁的，则不能以转化型抢劫罪论处。

4. "携带凶器抢夺"的认定

根据《刑法》第二百六十七条第二款规定，携带凶器抢夺的，以抢劫罪定罪处罚。根据《最高人民法院关于审理抢劫案件具体应用法律若干问题的解释》第六条规定，"携带凶器抢夺"，是指行为人随身携带枪支、爆炸物、管制刀具等国家禁止个人携带的器械进行抢夺或者为了实施犯罪而携带其他器械进行抢夺的行为。行为人随身携带国家禁止个人携带的器械以外的其他器械抢夺，但有证据证明该器械确实不是为了实施犯罪准备的，不以抢劫罪定罪；行为人将随身携带凶器有意加以显示、能为被害人察觉到的，直接适用《刑法》第二百六十三条的规定定罪处罚；行为人携带凶器抢夺后，在逃跑过程中为窝藏赃物、抗拒抓捕或者毁灭罪证而当场使用暴力或者以暴力相威胁的，适用《刑法》第二百六十七条第二款的规定定罪处罚。

5. 关于抢劫数额的计算

根据《意见》第六条规定，抢劫信用卡后使用、消费的，其实际使用、消费的数额为抢劫数额；抢劫信用卡后未实际使用、消费的，不计数额，根据情节轻重量刑。所抢信用卡数额巨大，但未实际使用、消费，或者实际使用、消费的数额未达到巨大标准的，不适用"抢劫数额巨大"的法定刑。为抢劫其他财物，劫取机动车辆当作犯罪工具或者逃跑工具使用的，被劫取机动车辆的价值计入抢劫数额；为实施抢劫以外的其他犯罪劫取机动车辆的，以抢劫罪和实施的其他犯罪实行数罪并罚。抢劫存折、机动车辆的数额计算，参照执行《最高人民法院关于审理盗窃案件具体应用法律若干问题的解释》的相关规定。

6. 关于抢劫特定财物行为的定性

根据《意见》第七条规定，以毒品、假币、淫秽物品等违禁品为对象，实施抢劫的，以抢劫罪定罪；抢劫的违禁品数量作为量刑情节予以考虑。抢劫违禁品后又以违禁品实施其他犯罪的，应以抢劫罪与具体实施的其他犯罪实行数罪并罚。抢劫赌资、犯罪所得的赃款赃物的，以抢劫罪定罪，但行为人仅以其所输赌资或所赢赌债为抢劫对象，一般不以抢劫罪定罪处罚。构成其他犯罪的，依照《刑法》的相关规定处罚。为个人使用，以暴力、胁迫等手段取得家庭成员或近亲属财产的，一般不以抢劫罪定罪处罚，构成其他犯罪的，依照《刑法》的相关规定处理；教唆或者伙同他人采取暴力、胁迫等手段劫取家庭成员或近亲属财产的，可以抢劫罪定罪处罚。

7. 关于抢劫罪数的认定

根据《意见》第八条规定，行为人实施伤害、强奸等犯罪行为，在被害人未失去知觉，利用被害人不能反抗、不敢反抗的处境，临时起意劫取他人财物的，应以此前所实施的具体犯罪与抢劫罪实行数罪并罚；在被害人失去知觉或者没有发觉的情形下，以及实施故意杀人犯罪行为之后，临时起意拿走他人财物的，应以此前所实施的具体犯罪与盗窃罪实行数罪并罚。

8. 关于抢劫罪与相似犯罪的界限

（1）冒充正在执行公务的人民警察、联防人员，以抓卖淫嫖娼、赌博等违法行为为名非法占有财物的行为定性。行为人冒充正在执行公务的人民警察"抓赌""抓嫖"，没收赌资或者罚款的行为，构成犯罪的，以招摇撞骗罪从重处罚；在实施上述行为中使用暴力或者暴力威胁的，以抢劫罪定罪处罚。行为人冒充治安联防队员"抓赌""抓嫖"、没收赌资或者罚款的行为，构成犯罪的，以敲诈勒索罪定罪处罚；在实施上述行为中使用暴力或者暴力威胁的，以抢劫罪定罪处罚。

（2）以暴力、胁迫手段索取超出正常交易价钱、费用的钱财的行为定性。从事正常商品买卖、交易或者劳动服务的人，以暴力、胁迫手段迫使他人交出与合理价钱、费用相差不大钱物，情节严重的，以强迫交易罪定罪处罚；以非法占有为目的，以买卖、交易、服务为幌子采用暴力、胁迫手段迫使他人交出与合理价钱、费用相差悬殊的钱物的，以抢劫罪定罪处刑。在具体认定时，既要考虑超出合理价钱、费用的绝对数额，还要考虑超出合理价钱、费用的比例，加以综合判断。

（3）抢劫罪与绑架罪的界限。绑架罪是侵害他人人身自由权利的犯罪，其与抢劫罪的区别在于：第一，主观方面不尽相同。抢劫罪中，行为人一般出于非法占有他人财物的故意实施抢劫行为，绑架罪中，行为人既可能为勒索他人财物而实施绑架行为，也可能出于其他非经济目的实施绑架行为。第二，行为手段不尽相同。抢劫罪表现为行为人劫取财物一般应在同一时间、同一地点，具有"当场性"；绑架罪表现为行为人以杀害、伤害等方式向被绑架人的亲属或其他人或单位发出威胁，索取赎金或提出其他非法要求，劫取财物一般不具有"当场性"。绑架过程中又当场劫取被害人随身携带财物的，同时触犯绑架罪和抢劫罪两罪名，应择一重罪定罪处罚。

（4）抢劫罪与寻衅滋事罪的界限。寻衅滋事罪的行为人实施寻衅滋事的行为时，客观上也可能表现为强拿硬要公私财物的特征。这种强拿硬要的行为与抢劫罪的区别在于：前者行为人主观上还具有逞强好胜和通过强拿硬要来填补其精神空虚等目的，后者行为人一般只具有非法占有他人财物的目的；前者行为人客观上一般不以严重侵犯他人人身权利的方法强拿硬要财物，而后者行为人则以暴力、胁迫等方式作为劫取他人财物的手段。司法实践中，对于未成年人使用或威胁使用轻微暴力强抢少量财物的行为，一般不宜以抢劫罪定罪处罚。其行为符合寻衅滋事罪特征的，可以寻衅滋事罪定罪处罚。

（5）抢劫罪与故意伤害罪的界限。行为人为索取债务，使用暴力、暴力威胁等手段的，一般不以抢劫罪定罪处罚。构成故意伤害等其他犯罪的，依照《刑法》第二百三十四条等规定处罚。

9. 驾驶车辆夺取他人财物行为的定性

根据《意见》第十一条规定，对于驾驶车辆（机动车、非机动车）夺取他人财物的，一般以抢夺罪从重处罚。但具有下列情形之一，应当以抢劫罪定罪处罚：第一，驾驶车辆，逼挤、撞击或强行逼倒他人以排除他人反抗，乘机夺取财物的；第二，驾驶车辆强抢财物时，因被害人不放手而采取强拉硬拽方法劫取财物的；第三，行为人明知其驾驶车辆强行夺取他人财物的手段会造成他人伤亡的后果，仍然强行夺取并放任造成财物持有人轻伤以上后果的。

（三）抢劫罪的刑事责任

根据我国《刑法》第二百六十三条规定，犯抢劫罪的，处三年以上十年以下有期徒刑，并处罚金。有以下八种情形之一的：有入户抢劫的，在公共交通工具上抢劫的，抢劫金融机构的，多次抢劫或抢劫巨额的，抢劫致人重伤、死亡的，冒充军警抢劫的，持枪抢劫的，抢劫军用物资或者抢险、救灾、救济物资的，处十年以上有期徒刑、无期徒刑或者死刑，并处罚金或者没收财产。

 **典型案例**

唐某、唐某勋抢劫案

2014年10月15日11时许，被告人唐某、唐某勋伙同蒲某某（已判刑）将长安面包车停放于重庆市合川区某街附近，期间，唐某勋、蒲某某见被害人冯某某经过，遂提议抢夺其包。三人商定后，唐某、蒲某某下车骑乘摩托车以趁机实施抢夺，唐某勋驾驶长安面包车作掩护，后唐某趁冯某某不备，将其包抢走，并将冯拖倒在地，致其身体受伤。冯某某包中有手机1部、现金360余元等物品。经重庆市合川区某物证鉴定所鉴定，冯某某的损伤程度为轻伤二级。

2014年10月19日23时许，被告人唐某、唐某勋伙同蒲某某在重庆市合川区某街附近寻找作案目标。唐某勋发现可抢的目标后，遂电话通知唐某、蒲某某，由唐某、蒲某某负责抢包。期间，蒲某某、唐某接唐某勋电话通知后，发现被害人姚某某在路上行走，遂骑乘摩托车跟随姚某某，伺机抢包，姚某某行至该街某一门市外街面时，唐某趁姚某某不备，强行夺取其包，因姚某某极力反抗，并被拖行数十米，但其仍不放手，唐某、蒲某某见无法得逞，遂驾车逃跑。姚某某身体多处被擦伤。

重庆市合川区人民检察院以被告人唐某、唐某勋犯抢劫罪向重庆市合川区人民法院提起公诉。法院依法审理后，以抢劫罪判处被告人唐某有期徒刑五年三个月，并处罚金2 000元；判处被告人唐某勋有期徒刑三年六个月，并处罚金2 000元。

案例评析： 本案例涉及驾驶车辆夺取他人财物行为的定性问题和概括故意在共同犯罪中的认定问题。

（1）关于被告人唐某、唐某勋行为的定性问题。根据《意见》第十一条规定，对于驾驶车辆（机动车、非机动车）夺取他人财物的，一般以抢夺罪从重处罚。但行为人驾驶车辆，逼挤、撞击或强行逼倒他人以排除他人反抗，乘机夺取财物的；或者驾驶车辆强抢财物时，因被害人不放手而采取强拉硬拽方法劫取财物的；或者明知其驾驶车辆强行夺取他人财物的手段会造成他人伤亡的后果，仍然强行夺取并放任造成财物持有人轻伤以上后果的，应当以抢劫罪定罪处罚。

本案中，被告人唐某、唐某勋以非法占有为目的，伙同他人，明知采取驾驶机动车辆强行夺取他人财物的手段会造成他人伤亡的后果，仍强行夺取并致一人轻伤二级，还在驾驶机动车辆强行夺取他人财物过程中，因被害人不放手而采取强拉硬拽方法劫取财物，其行为符合上述《意见》第十一条之规定，构成抢劫罪。但被告人唐某、唐某勋在强行夺取被害人姚某某的包时，因姚某某极力反抗而未得逞，是犯罪未遂，可以比照既遂犯从轻或减轻处罚。

（2）关于被告人唐某勋抢劫的概括故意在共同犯罪中的认定问题。关于概括故意，我国刑法理论界没有统一的定义，但"概括故意"这一概念已被大多数专家学者所肯定和运用。张明楷教授认为，行为人认识到危害结果发生是确实的，但结果发生的行为对象不特定，即行为对象的个数以及哪个行为对象发生结果是不确定的场合，属于概括的故意。[①]

本案中，被告人唐某勋辩解称，被害人姚某某不一定是他打电话叫唐某、蒲某某抢劫的那个被害人，故不应当认定其对姚某某实施了抢劫行为。这一辩解意见是不成立的。在唐某勋、唐某、蒲某某共同犯罪中，被告人唐某勋事前参与共谋，事中积极参与物色被害对象，为唐某、蒲某某犯罪后的逃离积极准备、打掩护，事后共同占有犯罪所得；即使被害人姚某某不是他打电话叫唐某、蒲某某抢劫的那个被害人，但唐某勋对三人共同实施抢劫行为是有明确认识的，不管抢劫的对象是谁，都在其认识和可接受的范围之内，属于概括故意的认识范畴，该辩解意见并不影响其行为定性为共同犯罪。

二、盗窃罪

（一）盗窃罪的概念和构成

盗窃罪是指以非法占有为目的，秘密窃取公私财物，数额较大的，或者多次盗窃、入户盗窃、携带凶器盗窃、扒窃公私财物的行为。

1. 犯罪客体

本罪的犯罪客体是公私财产所有权，犯罪对象一般为动产，但不动产的可动部分如房屋的门窗、土地上生长的树木也可以成为盗窃罪的对象。盗窃罪的对象一般是有形的物品，但某些无形的缺少有体件而有经济价值的东西如电力、煤气、天然气等也可以成为本罪的对象。

2. 犯罪客观方面

本罪的犯罪客观方面表现为秘密窃取公私财物，数额较大，或者多次盗窃、入户盗窃、携带凶器盗窃、扒窃公私财物的行为。

"秘密窃取"是指行为人采用自认为不使他人发觉的方法占有他人财物。只要行为人主观上是意图秘密窃取，即使客观上已被他人发觉或者注意，也不影响盗窃性质的认定。秘密窃取，可以是被害人不在场时实施，也可以是被害人在场时乘其不备实施。

"数额较大"是指行为人盗窃公私财物价值人民币1 000元至3 000元上。"多次盗窃"是指行为人二年内盗窃三次以上的。"入户盗窃"是指非法进入供他人家庭生活、与

---

① 张明楷. 刑法学 [M]. 4版. 北京：法律出版社，2011：236.

外界相对隔离的住所盗窃。"携带凶器盗窃"是指行为人携带枪支、爆炸物、管制刀具等国家禁止个人携带的器械盗窃，或者为实施违法犯罪携带其他足以危害他人人身安全的器械盗窃。"扒窃"是指在公共场所或公共交通工具上窃取他人随身携带的财物的行为。如在车站、码头、广场、集贸市场或公共汽车上窃取被害人口袋中的钱包、手机等。

需要说明的是，盗接他人通信线路，复制他人电信码号，或者明知是盗接、复制的电信设备、设施而使用的行为，是盗窃行为的一种特殊的行为表现形式。

3. 犯罪主体

本罪的犯罪主体是一般主体，即年满十六周岁，具有刑事责任能力的自然人。

4. 犯罪主观方面

本罪的犯罪主观方面是直接故意，即明知是他人所有的财物，以非法占有为目的，实施窃取财物的行为。

（二）盗窃罪的认定

1. 盗窃罪与非罪的界限

虽然盗窃公私财物数额较大或多次盗窃、入户盗窃、携带凶器盗窃、扒窃是构成盗窃罪的必备条件，但是，盗窃公私财物数额太小或者次数的多少并不是决定是否构成盗窃罪的唯一因素，除了要考虑数额和次数之外，还应将犯罪的原因、手段、社会影响、行为人的一贯表现、作案动机等情节结合起来进行综合分析判断。根据 2013 年 3 月 8 日《最高人民法院、最高人民检察院关于办理盗窃刑事案件适用法律若干问题的解释》第七条的规定，盗窃公私财物数额较大，行为人认罪、悔罪、退赃、退赔，且具有下列情形之一，情节轻微的，可以不起诉或者免予刑事处罚；必要时，由有关部门予以行政处罚：（1）具有法定从宽处罚情节的；（2）没有参与分赃或者获赃较少且不是主犯的；（3）被害人谅解的；（4）其他情节轻微、危害不大的。

2. 偷拿自己家里或近亲属的财物同在社会上盗窃作案的区别

偷拿自己家里或者近亲属的财物的，案发后被害人出于各种考虑，往往不希望司法机关追究行为人的刑事责任。根据前述司法解释，对这类偷窃案件，一般可不按犯罪处理。只对确有追究刑事责任必要的，才作犯罪处理，但在处理上也应与社会上盗窃作案有所区别。这里所指的"近亲属"是指夫、妻、父、母、子、女、同胞亲兄弟姐妹。偷窃近亲属的财物，应包括偷窃已分居生活的近亲属的财物。偷窃自己家里的财物，既包括偷窃共同生活的近亲属的财物，也包括偷窃共同生活的其他非近亲属的财物。

3. 盗窃罪与相关犯罪的区别

（1）盗窃某些特定对象的，如枪支、弹药、爆炸物，国家机关公文、证件、印章，武装部队公文、证件、印章，以及军人盗窃武器装备、军用物资等行为，依照《刑法》有关规定定罪处罚，不定盗窃罪。

（2）盗窃正在使用中的交通工具、交通设备、电力（燃气）设备、易燃易爆设备、通信设备、广播电视设施，以及这些设备上重要的零部件，足以危害公共安全的，同时构成盗窃罪和破坏交通工具等危害公共安全犯罪的，应择一重罪处罚。

（3）实施盗窃犯罪，造成公私财物毁损的，以盗窃罪从重处罚。盗窃公私财物未构成盗窃罪，但因采取破坏性手段造成公私财物毁损数额较大的，以故意毁坏财物罪定罪处罚。盗窃后，为掩盖犯罪罪行或者报复等，故意破坏公私财物构成犯罪的，应当以盗窃罪和构成的其他犯罪（如故意毁坏财物罪）等实行数罪并罚。

（三）盗窃罪的刑事责任

根据我国《刑法》第二百六十四条规定，犯盗窃罪的，处三年以下有期徒刑、拘役或者管制，并处或者单处罚金；盗窃数额巨大或者有其他严重情节的，处三年以上十年以下有期徒刑，并处罚金；盗窃数额特别巨大或者有其他特别严重情节的，处十年以上有期徒刑或者无期徒刑，并处罚金或者没收财产；盗窃金融机构数额特别巨大或者盗窃珍贵文物，情节严重的处无期徒刑或者死刑，并处没收财产。

关于盗窃罪罚金的判处，根据前述司法解释的规定，对行为人应判处罚金的，应在1 000元以上盗窃数额的2倍以下判处罚金，没有盗窃数额或者无法计算盗窃数额的，应在1 000元以上10万元以下判处罚金。

 **典型案例**

何某盗窃案

2002年3月2日，就读于云南公安高等专科学校的大一学生何某持只有10元钱的农行金穗储蓄卡到设在云南民族学院分院的建行ATM自动柜员机上查询存款结余，未发现卡上有钱，何某即按键取款100元，时逢农行云南省分行计算机系统发生故障，造成部分ATM机失控，ATM机当即按何某指令吐出现金100元。何某发现这一现象后，当即继续按键取款，共6次取出现金4 400元。当晚，何某返回学校请假，并到翠湖旁边的政协宾馆住宿一夜，于3月3日上午持卡到中国银行翠湖储蓄所、胜利广场储蓄所、云南省分行、北市区支行、东风支行及王行武城分理处等7台ATM机上，连续取款215次，共取出现金42.53万元。两日合计取款221次，共计人民币42.97万元。当天下午，何某将钱送回陆良县马街镇家中藏匿，在路上打电话通知其母亲到农行为金穗储蓄卡挂失，并连夜返回昆明。之后，何某以其同学伏某仙的名字存入交通银行7 300元，以金某波的名字存入4 700元，又购买了手机等物品挥霍，并将金穗储蓄卡丢入下水道。

云南省曲靖市人民检察院以被告人何某犯盗窃罪提起公诉，曲靖市人民法院经审理后，以被告人何某犯盗窃罪，判处无期徒刑，剥夺政治权利终身，并处没收个人全部财产。被告人何某不服，提出上诉，云南省高级人民法院经审理后，裁定驳回上诉，维持原判。2008年4月10日，何某提出申诉，2009年11月18日，云南省高级人民法院作出再审判决，以盗窃罪改判为8年零6个月。2016年1月16日，何某刑满释放。

案例评析：本案例涉及盗窃罪与非罪、盗窃罪与侵占罪的认定，以及法定刑以下量刑等问题。

（1）何某是否构成民法上的不当得利。有观点认为，何某取款行为仅仅是民事行为，其获得的钱款也仅为不当得利而已，故只需承担民事责任即可。不当得利即指没有合法依据取得利益而使他人受损失的事实。民法上的不当得利与侵占罪都存在不正当取得利益的情形，但二者有着本质的区别，不当得利是除合同、侵权、无因管理之外导致债发生的一种根据，而侵占罪是一种严重侵权行为。何某在取款过程中，共利用自动取款机取款221次，共计人民币42.97万元，账户实际扣款10元，其非法所得为42.87万元。何某基于非法占有的故意和目的，对该巨款予以隐藏并虚假挂失储蓄卡，其对该巨款的占有是一种侵犯银行财产所有权的非法占有行为，而非民法上的不当得利。

（2）何某是否构成侵占罪。根据《刑法》的规定，侵占罪是指以非法占有为目的，将代为保管的他人财物或者将他人的遗忘物或者埋藏物非法占为己有，数额较大，拒不退还或交出的行为。盗窃罪与侵占罪在犯罪主体、主观方面、客体上均相同，区别在于客观方面：盗窃罪是秘密窃取公私财物，侵占罪是将代为保管的他人财物或者将他人的遗忘物或者埋藏物非法占为己有，数额较大，拒不退还或交出。换言之，在侵占罪的行为人拒不退还他人财物或交出遗忘物、埋藏物之前，行为人已经合法地、公开地占有上述财物。因此，区分两罪的关键是判断行为人在非法占有财物时，该财物究竟受谁的占有控制。本案中，何某从储蓄卡中取得的巨款不属于本人所有，虽然电脑数据显示该巨款在何某储蓄卡中，但这只是银行计算系统的错误。何某与银行之间并未形成有效的代为保管协议，其并没有形成对该巨款的合法控制和支配，故不符合侵占罪的客观方面要求，不构成侵占罪。

（3）何某的行为是否属于"盗窃金融机构"，是否适用法定刑以下量刑。所谓"盗窃金融机构"，是指盗窃金融机构的经营资金、有价证券和客户的资金等，如储户的存款、债券、其他款物，企业的结算资金、股票，不包括盗窃金融机构的办公用品、交通工具等财物的行为。自动取款机是银行对外提供客户自助金融服务的设备，机内储存的资金是金融机构的资金。何某盗窃取款机内资金的行为当然属于"盗窃金融机构"。但是，对何某应适用法定刑以下量刑制度：一是银行明显有过错；二是行为人违法程度较轻，何某是利用自动取款机故障而窃取财物，这和采用破坏自动取款机甚至非法潜入金融机构的盗窃行为相比，客观违法程度较轻；三是责任程度较轻，银行的过错产生了巨大的金钱诱惑，从而诱发了何某的犯罪。从期待可能性上说，由于存在自动取款机故障这一附随情况而使得期待可能性程度有所降低。

三、抢夺罪

（一）抢夺罪的概念和构成

抢夺罪是指以非法占有为目的，乘人不备，公开夺取数额较大，或者多次抢夺公私财物的行为。

1. 犯罪客体

本罪的犯罪客体是公私财产所有权，犯罪对象仅限于动产，并且是有形物，不包括枪支、弹药、爆炸物，国家机关公文、证件、印章，国有档案。抢夺上述对象应按照《刑法》第一百二十七条第一款盗窃、抢夺枪支、弹药、爆炸物罪，第二百八十条第一款盗窃、抢夺、毁灭国家机关公文、证件、印章罪，第三百二十九条抢夺、窃取国有档案罪定罪处罚。

2. 犯罪客观方面

本罪的犯罪客观方面表现为公然夺取财物数额较大，或多次抢夺的行为。首先，本罪的行为方式是"公然夺取"。其次，行为人公然夺取的公私财物必须达到数额较大或多次抢夺。根据2002年7月15日《最高人民法院关于审理抢夺刑事案件具体应用法律若干问题的解释》，抢夺公私财物价值人民币500元至2 000元以上的，为数额较大；抢夺公私财物价值人民币5 000元至20 000元以上的，为数额巨大；抢夺公私财物价值人民币30 000元至100 000元以上的，为数额特别巨大。"多次抢夺"是指行为人抢夺3次或3次以上。

3. 犯罪主体

本罪的犯罪主体是一般主体,即年满十六周岁,具有刑事责任能力的自然人。

4. 犯罪主观方面

本罪的犯罪主观方面仅限于直接故意,并且具有非法占有的目的。

(二)抢夺罪的认定

1. 抢夺罪与非罪的界限

抢夺公私财物数额必须达到较大或多次抢夺才构成犯罪,如果行为人抢夺公私财物没有达到数额较大或3次以上要求的,则不构成犯罪。另外,根据《最高人民法院关于审理抢夺刑事案件具体应用法律若干问题的解释》第三条的规定,抢夺公私财物虽然达到数额较大的标准,但具有下列情形之一的,可以看作是"犯罪情节轻微不需要判处刑罚",即免除刑罚处罚:(1)已满十六周岁不满十八周岁的未成年人作案,属于初犯或者被教唆犯罪的;(2)主动投案,全部退赃或者退赔的;(3)被胁迫参加抢夺,没有分赃或者分赃较少的;(4)其他情节轻微,危害不大的。

2. 抢夺罪的罪数问题

根据《最高人民法院关于审理抢夺刑事案件具体应用法律若干问题的解释》第五条的规定,行为人实施抢夺公私财物行为,构成抢夺罪,同时造成被害人重伤、死亡等后果,构成过失致人重伤罪、过失致人死亡罪等犯罪的,依照处罚较重的规定定罪处罚。

(三)抢夺罪的刑事责任

根据我国《刑法》第二百六十七条规定,犯抢夺罪的,处三年以下有期徒刑、拘役或者管制,并处或者单处罚金;数额巨大或者有其他严重情节的,处三年以上十年以下有期徒刑,并处罚金;数额特别巨大或者有其他特别严重情节的,处十年以上有期徒刑或者无期徒刑,并处罚金或者没收财产。根据《最高人民法院关于审理抢夺刑事案件具体应用法律若干问题的解释》第二条的规定,具有下列情形之一的,从重处罚:(1)抢夺残疾人、老年人、不满十四周岁未成年人的财物的;(2)抢夺救灾、抢险、防汛、优抚、扶贫、移民、救济等款项的;(3)一年内抢夺三次以上的;(4)利用行驶的机动车辆抢夺的。

 典型案例

靳某、李某飞车抢夺案

2014年5月19日22时许,被告人靳某与被告人李某驾驶李某所有的墨绿色二轮踏板摩托车行驶至重庆市合川区南津街慧鑫幼儿园附近,见被害人朱某某手持蓝色女式手包独自行走,被告人靳某、李某遂谋生抢夺朱某某手包的犯意。随后,被告人李某驾驶摩托车搭乘被告人靳某靠近朱某某时,被告人靳某趁被害人朱某某不备之机,抢走被害人朱某某的手包。包内有三星牌GALAXY S4白色手机一部、苹果牌iPhone 4白色手机一部、现金820余元等物品。经鉴定,被抢蓝色女式手包价值276元、三星牌GALAXY S4手机一部价值2 434元、苹果牌iPhone 4手机一部价值1 008元。被告人靳某、李某抢夺财物共计价值4 538元。

重庆市合川区人民检察院以被告人靳某、李某犯抢夺罪提起公诉,重庆市合川区人民法院经审理后，以抢夺罪判处被告人靳某有期徒刑 11 个月，并处罚金 3 000 元；判处李某有期徒刑 10 个月，并处罚金 3 000 元。

案例评析： 本案被告人靳某、李某以非法占有为目的，驾驶机动车，趁被害人不备，公然抢夺其价值人民币 4 538 元的财物，数额较大，其行为构成抢夺罪。

应该注意的是，本案属于驾驶机动车抢夺，和一般的以纯人的行为实施的抢夺有一定区别。一般以纯人的行为抢夺不具有暴力的潜在力量，而驾驶机动车、非机动车抢夺则存在着潜在的暴力，换言之，这种抢夺行为很可能将被抢夺人拽倒造成伤害。基于此，《最高人民法院关于抢劫、抢夺刑事案件适用法律若干问题的意见》第十一条明确规定，对于驾驶机动车、非机动车夺取他人财物的，一般以抢夺罪从重处罚。但具有下列情形之一，应当以抢劫罪定罪处罚：（1）驾驶车辆，逼挤、撞击或强行逼倒他人以排除他人反抗，乘机夺取财物的；（2）驾驶车辆强抢财物时，因被害人不放手而采取强拉硬拽方法劫取财物的；（3）行为人明知其驾驶车辆强行夺取他人财物的手段会造成他人伤亡的后果，仍然强行夺取并放任造成财物持有人轻伤以上后果的。

四、诈骗罪

（一）诈骗罪的概念和构成

诈骗罪是指以非法占有为目的，用虚构事实或者隐瞒真相的方法，骗取数额较大公私财物的行为。

1. 犯罪客体

本罪的犯罪客体是公私财产的所有权。犯罪对象可以是动产也可以是不动产。凡是有价值或有效用的财物，甚至财产性利益都可成为本罪的对象。

2. 犯罪客观方面

本罪的犯罪客观方面表现为用虚构事实、隐瞒真相的欺骗方法，骗取公私财物，数额较大的行为。所谓"虚构事实"是指编造某种根本不存在或不可能发生的，足以使他人受蒙蔽的事实骗取他人的财物。虚构事实可以是虚构全部事实，也可以是虚构部分事实。"隐瞒真相"是指行为人应当告知某种事实而故意不告知，使公私财物所有人、持有人陷入错误，信以为真，"自愿"地将财物交付。其次，必须是骗取数额较大的财物。关于"数额较大"，根据《最高人民法院、最高人民检察院关于办理诈骗刑事案件具体应用法律的若干问题的解释》的规定，是指诈骗公私财物在 3 000 元至 1 万元以上。各省、自治区、直辖市高级人民法院、人民检察院可以结合本地区经济社会发展状况，在前款规定的数额幅度内，共同研究确定本地区执行的具体数额标准，报最高人民法院、最高人民检察院备案。

3. 犯罪主体

本罪的犯罪主体是一般主体，即年满十六周岁，具有刑事责任能力的自然人。

4. 犯罪主观方面

本罪的犯罪主观方面仅限于直接故意，并且具有非法占有公私财物的目的。

（二）诈骗罪的认定

1. 诈骗罪与非罪的界限

行为人虽实施了诈骗行为，但骗取财物数额较小，危害不大的，可作为一般违法行为处理。合法贷款后由于经营管理不善、自然灾害等原因导致不能归还欠款，或者编造谎言或隐瞒真相而骗取款物，到期不能偿还的，只要没有非法占有的目的，也没有挥霍一空，不赖账，不再弄虚作假骗人，确实打算偿还的，属于民事纠纷，不以犯罪处理。

2. 按照诈骗罪定罪的情形

（1）行为人使用欺骗手段骗取增值税专用发票或者可以用于骗取出口退税、抵扣税款的其他发票的，依照诈骗罪的规定定罪处罚（《刑法》第二百一十条第二款）。

（2）行为人以虚假、冒用的身份证办理入网手续并使用移动电话，造成电信资费损失数额较大的，依照诈骗罪的规定定罪处罚（2000 年 5 月 12 日发布的《最高人民法院关于审理扰乱电信市场管理秩序案件具体应用法律若干问题的解释》第九条）。

（3）行为人使用伪造、变造、盗窃的武装部队车辆号牌，骗免养路费、通行费等各种规费，数额较大的，依照诈骗罪的规定定罪处罚（2002 年 4 月 10 日发布的《最高人民法院关于审理非法生产、买卖武装部队车辆号牌等刑事案件具体应用法律若干问题的解释》第三条）。

3. 诈骗罪与特殊诈骗犯罪的区别

我国《刑法》除了在第二百六十六条规定了普通诈骗罪以外，还规定了一些特殊诈骗罪，如合同诈骗罪、保险诈骗罪、信用卡诈骗罪等罪名。第二百六十六条的诈骗罪与这些诈骗罪之间是一般与特殊的关系，从刑法理论上讲，是一般法条与特殊法条的关系，它们之间存在法条竞合问题。根据规定，对于诈骗犯罪的法条竞合关系，应以特殊法条优于普通法条的一般原则处理。

（三）诈骗罪的刑事责任

根据我国《刑法》第二百六十六条规定，犯诈骗罪的，处三年以下有期徒刑、拘役或者管制，并处或者单处罚金；数额巨大或者有其他严重情节的，处三年以上十年以下有期徒刑，并处罚金；数额特别巨大或者有其他特别严重情节的，处十年以上有期徒刑或者无期徒刑，并处罚金或者没收财产。骗取公私财物在 3 000 元至 1 万元以上的，属于"数额较大"；3 万元至 10 万元以上的，属于"数额巨大"，50 万元以上的，属于"数额特别巨大"。

根据《最高人民法院、最高人民检察院关于办理诈骗刑事案件具体应用法律的若干问题的解释》（以下简称《解释》）第二条规定，诈骗公私财物达到本解释第一条规定的数额标准，具有下列情形之一的，可以依照《刑法》第二百六十六条的规定酌情从严惩处：（1）通过发送短信、拨打电话或者利用互联网、广播电视、报刊杂志等发布虚假信息，对不特定多数人实施诈骗的；（2）诈骗救灾、抢险、防汛、优抚、扶贫、移民、救济、医疗款物的；（3）以赈灾募捐名义实施诈骗的；（4）诈骗残疾人、老年人或者丧失劳动能力人的财物的；（5）造成被害人自杀、精神失常或者其他严重后果的。

根据该《解释》第三条规定，行为人诈骗公私财物虽已达到本解释第一条规定的"数额较大"的标准，但具有下列情形之一，且行为人认罪、悔罪的，可以不起诉或者免予刑事处罚：（1）具有法定从宽处罚情节的；（2）一审宣判前全部退赃、退赔的；（3）没有参与分赃或者获赃较少且不是主犯的；（4）被害人谅解的；（5）其他情节轻微、危害不大的。

诈骗近亲属的财物，近亲属谅解的，一般可不按犯罪处理；确有追究刑事责任必要的，具体处理也应酌情从宽。

 **典型案例**

高某诈骗案

2013年6月，被告人高某虚构其可以帮助被害人陈某（在校大学生）不通过考试直接买取机动车驾驶证的事实，骗得陈某信任，骗取陈某3 000元。案发前，因被陈某识破，被告人高某将所骗赃款全部归还陈某。

2013年7月至8月，被告人高某虚构其可以帮助被害人旷某飞（在校大学生）、旷某余、易某军不通过考试直接买取机动车驾驶证的事实，骗得旷某飞、旷某余、易某军信任，分别骗取旷某飞3 800元、旷某余1 700元、易某军9 000元。2013年9月，被告人高某又虚构其可以帮被害人旷某飞联系到重庆市渝中区解放碑附近一间酒吧工作，并为其租赁了房屋和垫付了租房费用的事实，骗得旷某飞信任，骗取旷某飞6 000元。

2013年9月至10月，被告人高某虚构其可以帮助被害人陈某促不通过考试直接进入重庆大学金融专业学习，获取国家认可的重庆大学金融专业本科文凭，并能为其安排到西南证券公司工作的事实，骗得陈某促信任，先后以交学费、培训费、入股费、借款的名义，共骗取陈某促32 880元。2013年11月5日，被害人陈某促发现自己被骗后向公安机关报案，高某被抓获。

重庆市合川区人民检察院以被告人高某犯诈骗罪提起公诉，重庆市合川区人民法院经审理后，以被告人高某犯诈骗罪判处有期徒刑2年，并处罚金20 000元。责令其退赔各被害人经济损失合计人民币53 380元。

案例评析：本案例涉及诈骗罪的构成、数额较大的认定，以及行为人在被害人识破骗局后退回所骗财物是否成立犯罪中止的问题。

首先，本案被告人高某以非法占有为目的，虚构帮助被害人陈某、易某军、旷某飞、旷某余不通过考试直接买取机动车驾驶证、帮忙找工作和租房等事实，以及帮助被害人陈某促不经过考试直接进入重庆大学金融专业读书，获取重庆大学金融专业本科文凭和帮其联系到西南证券公司工作的事实，骗得各被害人的信任，骗取被害人共计人民币56 380元，其行为已构成诈骗罪。

其次，被告人高某的行为属于骗取公私财物"数额较大"的标准。2013年5月，重庆市高级人民法院、重庆市人民检察院根据2011年3月1日发布的《最高人民法院、最高人民检察院关于办理诈骗刑事案件具体应用法律的若干问题的解释》第一条的规定，对重庆市诈骗公私财物"数额较大""数额巨大""数额特别巨大"的标准作了如下规定：（1）诈骗公私财物价值人民币5 000元以上的，为"数额较大"；（2）诈骗公私财物价值人民币70 000元以上的，为"数额巨大"；（3）诈骗公私财物价值人民币50万元以上的，为"数额特别巨大"。本案被告人高某诈骗金额为56 380元，属于"数额较大"，依法应当在"3年以下有期徒刑、拘役或者管制"的幅度内量刑。

最后，被告人高某诈骗陈某的行为，属于犯罪既遂。根据刑法理论，对于一个犯罪行为而言，只要出现了犯罪预备、犯罪未遂、犯罪中止等任何一种犯罪停止形态，都不可能再出现其他犯罪停止形态。本案被告人高某在将被害人陈某的3 000元诈骗到手后，犯罪已经既遂，后来因骗局被识破自动退还赃款的行为，只能属于事后积极退赃行为。

第四节 公共安全类犯罪

一、放火罪、失火罪

（一）放火罪的概念和构成

放火罪，是指故意放火焚烧公私财物，危害公共安全的行为。

本罪主体为一般主体，即年满十四周岁，具有刑事责任能力的自然人。主观方面为故意，犯罪动机不影响本罪的成立。

本罪侵犯的客体是公共安全，即不特定多数人的生命、健康或重大公私财物的安全。放火罪的对象，既可以是他人的财物，也可以是自己的财物，关键在于是否足以危害公共安全，对不特定多数人的生命、健康、重大公私财物造成威胁。也就是说，放火行为一经实施，就可能造成不特定多数人的伤亡或者使不特定的公私财物遭受难以预料的重大损失。这种犯罪后果的严重性和广泛性往往是难以预料的，甚至是行为人自己也难以控制的。

客观方面表现为实施放火焚烧公私财物、危害公共安全的行为。放火既可以是作为方式，即用各种引火物直接把公私财物点燃；也可以是不作为方式，即故意不履行自己防止火灾发生的义务，放任火灾的发生。例如，某电气维修工人，发现其负责维护的电气设备已经损坏，可能引起火灾，而他不加维修，放任火灾的发生。

（二）失火罪的概念和构成

失火罪，是指因过失而引起火灾，造成严重后果，危害公共安全的行为。

本罪的主体为一般主体，主观方面为过失。本罪侵犯的客体为公共安全，客观方面表现为因过失而引起火灾，造成严重后果，危害公共安全的行为。

（三）放火罪、失火罪的认定

1. 放火罪既遂与未遂的界限

放火罪属于典型的危险犯，所以行为人实施放火的行为是否有引起不特定多数人的生命、健康、重大公私财物遭受侵害的危险，是区分既遂与未遂的界限。一般认为，在放火行为能够导致对象物独立燃烧的情况下，即具有危害公共安全的危险。换言之，行为人的行为导致对象物独立燃烧的，即构成本罪的既遂。

2. 放火罪一罪与数罪的界限

行为人基于一个犯罪故意、实施一个放火行为，但发生了多种危害结果的，属于想象竞合犯，择一重罪处罚。但是，行为人在实施了其他犯罪行为后，为销毁证据而放火焚烧现场的，或为了诈骗保险金而放火并且已经着手实施了诈骗行为的，如果该放火行为足以危害公共安全，应当数罪并罚。

3. 放火罪与失火罪的界限

放火罪与失火罪区别的关键是行为人主观上对可能发生火灾后果所持的心理态度。如果行为人明知自己的行为会引起火灾，而希望或放任结果发生，构成放火罪。反之，行为人应当预见却没有遇见到可能发生火灾，或者已经预见到可能发生而轻信能够避免以致引起火灾，则构成失火罪。但是，如果由于过失行为而引起火灾的危险能够及时消灭，但故意不灭火任其燃烧，造成火灾的，失火行为应当转化为放火行为，以放火罪论处。

（四）放火罪、失火罪的刑事责任

根据我国《刑法》第一百一十四条、一百一十五条第一款规定，犯放火罪，尚未造成严重后果的，处三年以上十年以下有期徒刑；致人重伤、死亡或者使公私财产遭受重大损失的，处十年以上有期徒刑、无期徒刑或者死刑。

根据《刑法》第一百一十五条第二款规定，犯失火罪的，处三年以上七年以下有期徒刑；情节较轻的，处三年以下有期徒刑或者拘役。

 典型案例

林某伟放火案

被告人林某伟与女友吴某甲在浙江省温岭市经营女鞋网店。吴某甲在工作中与被害人刘甲（同业人员）相识后，对刘甲产生好感，并于2013年春节期间向林某伟提出分手。后林某伟无意中登录吴某甲微博看到吴、刘二人互发的暧昧信息，认为吴提出分手与刘甲有关，遂对刘甲怀恨在心，欲实施报复。同年2月23日2时许，林某伟从刘甲的微博上获知其网店新址，即产生损毁刘甲网店货物之念。随后，林某伟驾驶面包车来到刘甲网店所在的中行西路106号楼房，确认刘甲网店位于该楼房一层及南面大门外临时搭建的铁皮棚后，林某伟在铁皮棚西侧靠近地面台阶连接处找到一个缺口，仰躺在地上将手伸入缺口，用随身携带的打火机点燃屋内鞋盒，待看到火光后起身逃离现场。火势迅速蔓延，消防部门接警后到场将火扑灭，并救出部分租住人员，但租住在201室、202室、502室和505室的被害人胡某某等8人均在火灾中被烧死，租住在402室的被害人郑某甲脚底被烧伤，火灾还造成被害人李某甲、李某乙、李某丙、刘甲、许甲等财产损失共计604 632元。

浙江省温岭市人民检察院以被告人林某伟犯放火罪向浙江省温岭市中级人民法院提起公诉，法院经审理后，以被告人林某伟犯放火罪，判处死刑，剥夺政治权利终身。被告人林某伟不服，提出上诉，浙江省高级人民法院经审理后，裁定驳回上诉，维持原判。

案例评析：本案例涉及以放火方式实施故意毁坏公私财物构成放火罪的认定问题。

故意毁坏财物罪，是指故意毁灭或者损坏公私财物，数额较大或者有其他严重情节的行为。毁坏财物的方式是多种多样的，也包括纵火的方法。放火罪和故意毁坏财物罪的区别在于：放火罪属于危害公共安全的犯罪，侵犯的客体是公共安全，即不特定多数人的生命、健康及重大公私财产的安全。而故意毁坏财物罪属于侵犯财产权利的犯罪，其侵犯的客体是公私财产所有权。因此，行为人以放火方式故意毁坏公私财物的行为是否构成放火罪，关键要看放火行为客观上是否足以危害公共安全。如果行为人实施放火行为，而将火势有效地控制在较小的范围内，没有危害也不足以危害不特定多数人的生命、健康和重大公私财产的安全，就不构成放火罪，而构成故意毁坏财物罪。反之，如果已经危害或足以危及公共安全，则应认定为放火罪。

本案中，被告人林某伟因个人感情问题，故意放火焚烧他人财物，其于深夜在住宅楼的附属建筑内放火，致无辜居民 8 人死亡、1 人受伤，并使他人财产遭受重大损失，危害公共安全，其行为应当认定为放火罪。

二、交通肇事罪

（一）交通肇事罪的概念和构成

交通肇事罪，是指违反道路交通运输管理法规，因而发生重大交通事故，致人重伤、死亡或者使公私财产遭受重大损失的行为。

1. 犯罪客体

本罪的犯罪客体是交通运输安全。所谓"交通运输"，是指与一定的交通工具和交通设备相联系的铁路、公路、水路及空中交通运输，即为"公共交通管理的范围"的交通运输。因此，在公共交通管理的范围外的非公用性质的道路和地点，驾驶机动车辆或使用其他交通工具致人伤亡或使公私财产遭受重大损失的，不构成本罪。

2. 犯罪客观方面

犯罪客观方面表现为行为人违反交通运输管理法规，因而发生重大事故，致人重伤、死亡或者使公私财产遭受重大损失的行为。行为人虽然违反了交通运输管理法规，但未造成上述法定严重后果的，不构成本罪。所谓"交通运输法规"，是指保证交通运输正常进行和交通运输安全的规章制度，包括水上、海上、空中、公路、铁路等各个交通运输系统的安全规则、章程，以及从事交通运输工作必须遵守的纪律、制度等。

3. 犯罪主体

犯罪主体为一般主体，主要指直接从事交通运输业务和保证交通运输安全的人员及非交通运输人员，包括驾驶人员、交通设备的操纵人员、交通运输活动的直接领导、指挥人员及交通运输安全的管理人员。

4. 犯罪主观方面

犯罪主观方面是过失，包括疏忽大意的过失和过于自信的过失。这种过失是指行为人对自己的违章行为可能造成的严重后果的心理态度而言。行为人在违反规章制度上可能是明知故犯，如酒后驾车、强行超车、超速行驶等，但对自己的违章行为可能发生重大事故，造成严重后果，应当预见而因疏忽大意，没有预见，或者虽然已经预见，但轻信能够避免，以致造成了严重后果。

（二）交通肇事罪的认定

1. 交通肇事罪与非罪的界限

交通肇事罪与非罪的界限如下：

（1）行为虽然造成了严重后果，但主观上并不存在过失，而是由于不能预见或不可抗拒的原因造成的，不认定为交通肇事罪。

（2）行为人虽然违反交通运输管理法规，但并没有造成重大交通事故的，不以本罪论处。

（3）在行为人与被害人均有责任的情况下，应区分具体情况认定。在行为人对事故不应付全部责任或主要责任的情况下，不以本罪论处。

交通肇事致 1 人以上重伤，负事故全部或者主要责任，并有下列情形之一的，以交通肇事罪定罪处罚：第一，酒后、吸食毒品后驾驶机动车辆的；第二，无驾驶资格驾驶机动车辆的；第三，明知是安全装置不全或者安全机件失灵的机动车辆而驾驶的；第四，明知是无牌证或者已报废的机动车辆而驾驶的；第五，严重超载驾驶的；第六，为逃避法律追究逃离事故现场的。

2. 一罪与数罪的界限

在盗窃他人机动车过程中或者在盗窃后，违反交通运输管理法规，造成交通事故，构成犯罪的，应当以交通肇事罪与盗窃罪实行数罪并罚。

3. 交通肇事罪与其他犯罪的界限

首先，应划清本罪与利用交通工具故意杀人或者故意伤害的界限。前者是过失致人重伤或者死亡；后者是故意杀害他人或者故意伤害他人。其次，对于符合《刑法》第一百一十四条和第一百一十五条的以危险方法危害公共安全犯罪的行为，不能认定为交通肇事罪。比如，行为人明知酒后驾车违法、醉酒驾车会危害公共安全，却无视法律醉酒驾车，并在肇事后继续驾车冲撞，造成重大伤亡，说明行为人主观上对持续发生的危害结果持放任态度，具有危害公共安全的故意。对此类醉酒驾车造成重大伤亡的，应依法以危险方法危害公共安全罪定罪。

（三）交通肇事罪的刑事责任

根据我国《刑法》第一百三十三条规定，犯交通肇事罪的，处三年以下有期徒刑或者拘役；交通运输肇事后逃逸或者有其他特别恶劣情节的，处三年以上七年以下有期徒刑；因逃逸致人死亡的，处七年以上有期徒刑。

根据2000年11月21日《最高人民法院关于审理交通肇事刑事案件具体应用法律若干问题的解释》的规定，"交通肇事后逃逸"是指行为人在发生了构成交通肇事罪的交通事故后，为逃避法律追究而逃跑的行为；"其他特别恶劣情节"是指：死亡2人以上或者重伤5人以上，负事故全部或者主要责任的；死亡6人以上，负事故同等责任的；造成公共财产或者他人财产直接损失，负事故全部或者主要责任，无能力赔偿数额在60万元以上的。"因逃逸致人死亡"是指行为人在交通肇事后为逃避法律追究而逃跑，致使被害人因得不到救助而死亡。

行为人在交通肇事后，将被害人带离事故现场后隐藏或者遗弃，致使被害人无法得到救助而死亡或者严重残疾的，应当分别以故意杀人罪或者故意伤害罪定罪处罚。

 **典型案例**

胡某交通肇事案

2009年5月7日，被告人胡某（杭州某高校学生，首届杭州卡丁车大赛冠军）驾驶经非法改装的三菱轿车行至杭州市文二西路德加公寓西区大门口人行横道时，撞上正在人行横道上行走的谭某。谭某被撞弹起，落下时头部先撞上该轿车前挡风玻璃，再跌至地面。事发后，被告人胡某立即踩刹车并下车查看谭某的伤势情况，随即拨打120急救电话和122交通事故报警电话，并留在现场等候处理。谭某经送医院抢救无效死亡。事发路段标明限速为每小时50公里。经鉴定，胡某当时的行车速度在每小时84.1至101.2公里之间，并和同伴有相互追逐、超车行为，应对事故负全部责任。案件发生后，胡某家人积极赔付被害人家属113万元。2009年7月20日，杭州市西湖区人民法院对该案进行了公开审理，以交通肇事罪判处被告人胡某有期徒刑三年。

案例评析：本案例涉及以危险方法危害公共安全罪、过失以危险方法危害公共安全罪与交通肇事罪的认定问题。

（1）被告人胡某不构成以危险方法危害公共安全罪。以危险方法危害公共安全罪是故意犯罪，行为人的主观心态是故意，是希望或者放任危害公共安全结果的发生；而交通肇事罪的主观方面是过失，包括过于自信的过失和疏忽大意的过失，即应当预见到自己的行为可能发生危害社会的结果，因为疏忽大意而没有预见或已经预见但轻信能够避免。本案中，被告人胡某平时喜欢开快车，其认为凭自己的驾驶技术能够避免事故的发生，案发当晚，胡某在超速驾车过程中并未违反交通信号灯指令，肇事时没有注意观察前方路面情况而撞上在人行横道上行走的被害人谭某，撞人后立即拨打120急救电话及122交通事故报警电话，并留在现场等候处理。上述行为反映了胡某肇事时主观上既不希望、也不放任事故的发生，对被害人谭某的死亡其内心是持否定和排斥态度的，是一种过失的心态。

（2）被告人胡某不构成过失以危险方法危害公共安全罪。过失以危险方法危害公共安全罪和交通肇事罪的主观心态都是过失，但是我国《刑法》分则第二章危害公共安全罪中对违反交通运输管理法规，发生重大事故，致人伤亡的，在第一百三十三条专门规定了交通肇事罪，因此，驾驶交通工具在公共交通管理的范围内过失致人死亡的，应认定为交通肇事罪，而不能以过失以危险方法危害公共安全罪定罪。

三、危险驾驶罪

（一）危险驾驶罪的概念和构成

危险驾驶罪是指在道路上驾驶机动车，追逐竞驶，情节恶劣的；醉酒驾驶机动车的；从事校车业务或者旅客运输，严重超过定额乘员载客，或者严重超过规定时速行驶的；违反危险化学品安全管理规定运输危险化学品，危害公共安全的行为。

危险驾驶罪的犯罪主体为一般主体，即年满十六周岁且具有刑事责任能力的自然人，实践中主要是危险驾驶者本人。犯罪主观方面表现为间接故意，即明知自己的行为可能会危害到公共道路交通安全而放任这种结果的发生。

本罪侵犯的客体为公共道路交通安全，即不特定的多数人的生命、健康或重大财产利益。犯罪客观方面表现为四种，一是驾驶机动车在道路上追逐竞驶且情节恶劣的行为；二是在道路上醉酒驾驶机动车；三是从事校车业务或者旅客运输，严重超过定额乘员载客，或者严重超过规定时速行驶的；四是违反危险化学品安全管理规定运输危险化学品，危害公共安全的行为。"追逐竞驶"是指行为人在道路上高速、超速行驶，随意追逐、超越其他车辆，频繁、突然并线，近距离驶入其他车辆之前的危险驾驶行为。"醉酒驾驶"是指车辆驾驶人员血液中的酒精含量大于或者等于80 mg/100 ml。第三种和第四种表现形式是《刑法修正案（九）》新增的客观情形，有待司法解释的进一步明确规定。

（二）危险驾驶罪的认定与刑事责任

根据我国《刑法》第一百三十三条之一规定，在道路上驾驶机动车，有下列情形之一的，处拘役，并处罚金：（1）追逐竞驶，情节恶劣的；（2）醉酒驾驶机动车的；（3）从事校车业务或者旅客运输，严重超过额定乘员载客，或者严重超过规定时速行驶的；（4）违反危险化学品安全管理规定运输危险化学品，危及公共安全的。机动车所有人、管理人对前款第三项、第四项行为负有直接责任的，依照前款的规定处罚。有前两款行为，同时构成其他犯罪的，依照处罚较重的规定定罪处罚。

　　司法实践中，醉酒驾车、飙车、超载、超速，以及违反危险品安全管理规定运输危险物品等行为，常常导致严重交通事故，极有可能同时构成交通肇事罪，对此，《刑法》第一百三十三条之一第三款规定，行为人有危险驾驶行为，同时构成其他犯罪的，依照处罚较重的规定定罪处罚。

 **典型案例**

张某危险驾驶案

　　2014 年 1 月 18 日晚 23 时许，被告人张某饮酒后驾驶号牌为"渝 C7H166"的"起亚"牌小型轿车，沿重庆市合川区涪江滨江路由鸭嘴广场向卢作孚广场方向行驶，当行驶至卢作孚广场路段时，与曹某驾驶的号牌为"渝 CK8090"的"丰田"牌小型轿车相撞，造成两车受损的交通事故。事故发生后，被告人张某立即离开事故现场，并电话通知其朋友段某前来事故现场顶替。公安民警在出警时，被告人张某与段某前来事故现场，段某欲顶替被告人张某，被曹某当场识破。经公安民警盘问，被告人张某承认自己饮酒后驾驶机动车的事实。公安民警遂对被告人张某进行警用呼气式酒精检测仪检测，检测结果为 281 mg/100 ml，后又将其带至重庆市合川区人民医院急救中心抽取静脉血送检。经重庆市公安局物证鉴定中心鉴定，被告人张某驾车时静脉血液中乙醇的含量为 225.1 mg/100 ml，属醉酒后在道路上驾驶机动车。经重庆市合川区公安局交巡警支队认定，被告人张某负事故全部责任。归案后，被告人张某如实供述其犯罪事实，并赔偿曹某经济损失 7 000 余元，取得了曹某的谅解。

　　重庆市合川区人民检察院以张某犯危险驾驶罪向重庆市合川区人民法院提起公诉，法院经审理后，以被告人张某犯危险驾驶罪判处拘役 5 个月，并处罚金 15 000 元。

　　案例评析：本案例涉及危险驾驶罪与交通肇事罪的区分，以及危险驾驶罪从重处罚问题。

　　（1）被告人张某的罪名认定问题。危险驾驶罪和交通肇事罪的主要区别在以下两个方面：一是主观方面不同，交通肇事罪表现为过失，而危险驾驶罪则表现为故意。二是对于法定结果的发生要求不同，交通肇事罪是一种过失危害公共安全的犯罪，要求必须有法定的危害结果发生才能构成犯罪，而危险驾驶罪是危险犯、情节犯，只要行为人有追逐竞驶，情节恶劣的；醉酒驾驶机动车的；从事校车业务或者旅客运输，严重超过额定乘客，或者严重超过规定时速行驶的；以及违反危险化学品安全管理规定运输危险化学品，危及公共安全的行为即可，不要求造成实际的危害结果。如果行为人危险驾驶造成他人伤亡，以及公私财产的重大损失，则以交通肇事罪论处。因为交通肇事罪的量刑明显高于危险驾驶罪。本案被告人张某违反交通运输管理法规，醉酒后在道路上驾驶机动车，危害公共安全，但未造成人员伤亡，以及公私财产的重大损失，其行为符合危险驾驶罪的法定要求，构成危险驾驶罪。

（2）被告人张某是否适用从重处罚情节的问题。根据 2013 年 12 月 18 日最高人民法院、最高人民检察院、公安部印发的《关于办理醉酒驾驶机动车刑事案件适用法律若干问题的意见》（以下简称《意见》）第二条规定，行为人醉酒驾驶机动车，其血液中酒精含量达到 200 mg/100 ml 以上的，以危险驾驶罪从重处罚。本案被告人张某的血液中酒精含量为 225.1 mg/100 ml，符合《意见》关于血液酒精浓度的规定，依法应当从重处罚。

第五节　社会管理秩序类犯罪

一、聚众斗殴罪

（一）聚众斗殴罪的概念和构成

聚众斗殴罪，是指为了报复他人、争霸一方或者其他不正当目的，纠集众人成帮结伙地互相进行殴斗，破坏公共秩序的行为。

聚众斗殴罪的犯罪主体是一般主体，但只有聚众斗殴的首要分子和其他积极参加者才构成犯罪，一般的参加者不以本罪论处。犯罪主观方面表现为故意。

本罪侵犯的客体是社会公共秩序。所谓公共秩序，是指在社会公共生活中应当遵守的各项生活规则、秩序。客观方面表现为纠集三人以上结伙斗殴的行为。聚众斗殴主要是指出于逞强斗狠、抢占地盘、哥们义气、称霸一方、争夺女友或者其他原因，纠集三人以上，相互之间实施暴力，进行群斗群殴。斗殴的场所不影响本罪的构成。斗殴者往往是约定时间、地点，拿刀动棒，大打出手，而且往往造成人员伤亡和社会秩序的混乱，是一种严重影响社会公共秩序的恶劣犯罪行为。

（二）聚众斗殴罪的认定

1. 聚众斗殴罪转化为故意伤害罪、故意杀人罪的认定

根据《刑法》第二百九十二条规定，"……聚众斗殴，致人重伤、死亡的，依照本法第二百三十四条、第二百三十二条的规定定罪处罚。"这说明在聚众斗殴中，一旦造成他人重伤、死亡的，则转化为故意伤害罪、故意杀人罪。但是，根据责任主义原则，只应对直接造成重伤、死亡的斗殴者和首要分子认定为故意伤害罪、故意杀人罪，对其他参与者不宜认定为故意伤害罪、故意杀人罪；在不能查明死亡原因的情况下，仅应对首要分子以故意伤害罪、故意杀人罪论处。

2. 聚众斗殴罪与聚众扰乱社会秩序罪的界限

聚众斗殴罪与聚众扰乱社会秩序罪两者有相同之处：都是聚众的行为，都扰乱公共秩序，犯罪主体都是首要分子和其他积极参加者。但两者存在明显不同。首先，犯罪动机不同，前者大多是出于为了争霸一方、私仇宿怨和寻求精神刺激等流氓动机而破坏公共秩序，后者则多是为了实现个人某种不合理的要求，如分房、调动工作等而破坏公共秩序。其次，情节要求不同，前者不要求情节严重，后者要求情节严重，必须致使工作、生产、营业和教学科研无法进行，造成严重损失，否则不构成犯罪。最后，两者犯罪方法不同，聚众斗殴罪的犯罪方法一般是暴力方法，而聚众扰乱社会秩序罪除了暴力方法外，还可以是非暴力方法。

（三）聚众斗殴罪的刑事责任

根据我国《刑法》第二百九十二条第一款规定，犯聚众斗殴罪的，对首要分子和其他积极参加的，处三年以下有期徒刑、拘役或者管制；有下列情形之一的，对首要分子和其他积极参加的，处三年以上十年以下有期徒刑：（1）多次聚众斗殴的；（2）聚众斗殴人数多，规模大，社会影响恶劣的；（3）在公共场所或者交通要道聚众斗殴，造成社会秩序严重混乱的；（4）持械聚众斗殴的。该条第二款规定，聚众斗殴，致人重伤、死亡的，依照故意伤害罪、故意杀人罪定罪处罚。

 **典型案例**

龚某根聚众斗殴案

2010年11月9日23时许，阳某与唐某王（均已判刑）为争夺女朋友发生纠纷，继而相约在重庆市合川区嘉陵江大桥东桥头钓鱼城大道转盘处斗殴。随后，被告人龚某根（1993年3月17日出生）受阳某邀约，与阳某、周某、尹某坪（均已判刑）等人去约定地点，分发完携带的砍刀、西瓜刀等工具后分组设伏。唐某王亦邀约粟某、李某庆、王某（均已判刑）等人持钢管、扳手、棒球棒等工具去约定地点。次日凌晨0时40分许，双方在约定地点发生械斗，械斗中，被告人龚某根持砍刀砍伤李某庆颈部。斗殴中双方多人受伤。其中，王某头部、右上肢的损伤程度均属轻伤，左上肢的损伤程度属轻微伤。李某庆颈部、背部、右上肢和左上肢的损伤程度分别属轻伤，右下肢的损伤属轻微伤。

重庆市合川区人民检察院以龚某根犯聚众斗殴罪向重庆市合川区人民法院提起公诉，法院经审理后，以被告人龚某根犯聚众斗殴罪，判处有期徒刑一年六个月。

案例评析：本案例涉及聚众斗殴罪的认定及未成年人的量刑问题。

（1）被告人龚某根聚众斗殴罪的认定问题。聚众斗殴罪的犯罪主体是一般主体，但只对聚众斗殴的首要分子和其他积极参加者以犯聚众斗殴罪论处；对于一般参加者，只能依据治安管理处罚条例追究行政责任，不能构成聚众斗殴罪的主体。所谓"首要分子"，是指在聚众斗殴中起组织、策划、指挥作用的犯罪分子；所谓"其他积极参加者"，是指除首要分子以外的在聚众斗殴过程中起主要作用的人。司法实践中对如何认定"其他积极参加者"存有争议。刑法惩罚聚众斗殴犯罪所要保护的法益是社会公共秩序，而判断行为是否破坏了社会公共秩序，关键在于行为人的主观故意及在此指引下实施的客观行为。从立法精神上看，对"其他积极参加者"的认定，应当结合行为人在聚众斗殴活动中的客观行为所体现出来的主观恶性大小来认定，而不是仅仅根据其对损害后果的发生所起的作用大小来认定。本案被告人龚某根在聚众斗殴中，受他人之邀积极主动参与，且持砍刀砍伤李某庆颈部，其客观行为对社会公共秩序的破坏足以反映其主观恶性之大。据此，法院认定被告人龚某根系本案的"其他积极参加者"并定罪处罚是符合聚众斗殴罪之立法本意的。

（2）被告人龚某根的量刑问题。根据我国《刑法》第十七条第三款规定，已满十四周岁不满十八周岁的人犯罪，应当从轻或者减轻处罚。本案被告人龚某根作案时年龄为十七周岁零八个月，系未成年人，符合上述关于"应当从轻或减轻处罚"的规定，依法应当对其从轻或减轻处罚。

二、编造、故意传播虚假恐怖信息罪

（一）编造、故意传播虚假恐怖信息罪的概念和构成

编造、故意传播虚假恐怖信息罪是指编造爆炸威胁、生化威胁、放射威胁等恐怖信息，或者明知是编造的恐怖信息而故意传播，严重扰乱社会秩序的行为。

本罪的犯罪主体为一般主体，即年满十六周岁具有刑事责任能力的自然人。犯罪主观方面必须出于故意，即为了扰乱社会秩序，明知没有爆炸威胁、生化威胁、放射威胁等恐怖威胁，却加以编造，或者明知是编造的虚假恐怖信息而加以传播。过失不能构成本罪。如确实不知道是虚假的恐怖信息而误认为是真实的恐怖信息，或者将某种非恐怖威胁的行动误认为是恐怖威胁的行动而加以编辑、发布，不构成本罪。

本罪所侵害的客体为社会秩序，包括机关、企业、事业单位、人民团体等单位的工作、生产、营业、教学、科研等秩序，公共场所、交通秩序，以及人民群众正常的工作、生活秩序。犯罪客观方面表现为行为人编造爆炸威胁、生化威胁、放射威胁等恐怖信息，或者明知是编造的恐怖信息而故意传播，严重扰乱社会秩序。所谓"编造"，是指毫无根据地凭空捏造，胡编乱造。所谓"传播"，是指采取各种方式将恐怖信息广泛加以宣扬、散布、扩散，以让公众知晓。如果只是在个别亲友之间加以议论，没有广泛散布、宣扬的，则不能构成本罪。

（二）编造、故意传播虚假恐怖信息罪的认定

区分本罪与非罪的关键是看编造、故意传播虚假恐怖信息的行为是否严重扰乱了社会秩序。如果行为人编造、故意传播虚假恐怖信息的行为严重扰乱了社会秩序，则构成犯罪；行为人虽然实施了编造、故意传播虚假恐怖信息的行为，但没有达到严重扰乱社会秩序的严重程度，就不能够以犯罪论处，只能依据《治安管理处罚法》的相关规定来处理。根据《最高人民法院关于审理编造、故意传播虚假恐怖信息刑事案件适用法律若干问题的解释》第二条规定，编造、故意传播虚假恐怖信息，具有下列情形之一的，应当认定为"严重扰乱社会秩序"：（1）致使机场、车站、码头、商场、影剧院、运动场馆等人员密集场所秩序混乱，或者采取紧急疏散措施的；（2）影响航空器、列车、船舶等大型客运交通工具正常运行的；（3）致使国家机关、学校、医院、厂矿企业等单位的工作、生产、经营、教学、科研等活动中断的；（4）造成行政村或者社区居民生活秩序严重混乱的；（5）致使公安、武警、消防、卫生检疫等职能部门采取紧急应对措施的；（6）其他严重扰乱社会秩序的。

编造、故意传播虚假恐怖信息，严重扰乱社会秩序，同时又构成其他犯罪的，择一重罪处罚。

（三）编造、故意传播虚假恐怖信息罪的刑事责任

根据《刑法》第二百九十一条之一第一款规定，犯编造、故意传播虚假恐怖信息罪的，处五年以下有期徒刑、拘役或者管制；造成严重后果的，处五年以上有期徒刑。

三、编造、故意传播虚假信息罪

（一）编造、故意传播虚假信息罪的概念和构成

编造、故意传播虚假信息罪是指行为人编造虚假的险情、疫情、灾情、警情，在信息

网络或者其他媒体上传播，或者明知上述是虚假信息，故意在信息网络或者其他媒体上传播，严重扰乱社会秩序的行为。

本罪在犯罪主体、犯罪主观方面、犯罪客体上都和编造、故意传播虚假恐怖信息罪相同。犯罪客观方面表现为行为人编造虚假的险情、疫情、灾情、警情，在信息网络或者其他媒体上传播，或者明知是虚假信息，故意在信息网络或者其他媒体上传播，严重扰乱社会秩序。

（二）编造、故意传播虚假信息罪的刑事责任

根据《刑法》第二百九十一条之一第二款规定，犯编造、故意传播虚假信息罪的，处三年以下有期徒刑、拘役或者管制；造成严重后果的，处三年以上七年以下有期徒刑。

 **典型案例**

乔某编造虚假恐怖信息案

2015年9月2日20时25分许，被告人乔某在明知次日即9月3日是抗战胜利70周年纪念日，并且将在北京天安门广场举行阅兵式的情况下，在其位于天津市东丽区万新街杨台村北楼1门104号的住处，用号码为1339363×××的手机拨打北京市公安局110报警服务台电话"010-110"，故意编造"我在天安门广场西侧，看见有四五个人围攻天安门，要炸天安门，好像有炸药包"的虚假恐怖信息。接到报警后，北京市公安局勤务指挥部立即采取紧急应对措施，部署东城区分局、西城区分局、天安门地区分局、公交总队、特警总队、巡警总队、反恐总队、交管局、消防局、区域警务合作办公室等单位开展工作，耗费了大量的警力和物力资源，严重扰乱了首都的社会秩序。被告人乔某于2015年9月3日被警方抓获归案。经鉴定，乔某实施作案时有辨认及行为控制能力，有完全责任能力。另查明，2013年被告人乔某在天津市安定医院接受过治疗，临床诊断为精神障碍。

天津市东丽区人民检察院以被告人乔某犯编造虚假恐怖信息罪，向天津市东丽区人民法院提起公诉。法院经审理后，以被告人乔某犯编造虚假恐怖信息罪，判处有期徒刑二年。

案例评析：本案例涉及编造虚假恐怖信息罪的认定及精神障碍者的量刑问题。

（1）被告人乔某编造虚假恐怖信息罪的认定问题。区分编造虚假恐怖信息罪与非罪的关键是看行为人编造的行为是否严重扰乱了社会秩序。如果行为人虽然实施了编造虚假恐怖信息的行为，但没有达到严重扰乱社会秩序的程度，就不能以犯罪论处，只能依据《治安管理处罚法》的相关规定来处理。根据《最高人民法院关于审理编造、故意传播虚假恐怖信息刑事案件适用法律若干问题的解释》（以下简称《解释》）第二条规定，编造、故意传播虚假恐怖信息，具有下列情形之一的，应当认定为"严重扰乱社会秩序"：①致使机场、车站、码头、商场、影剧院、运动场馆等人员密集场所秩序混乱，或者采取紧急疏散措施的；②影响航空器、列车、船舶等大型客运交通工具正常运行的；③致使国家机关、学校、医院、厂矿企业等单位的工作、生产、经营、教学、科研等活动中断的；④造成行政村或者社区居民生活秩序严重混乱的；⑤致使公安、武警、消防、卫生检疫等职能部门采取紧急应对措施的；⑥其他严重扰乱社会秩序的。本案被告人乔某编造爆炸威胁恐怖信息，致使北京市公安局采取紧急安全措施及侦查行动，耗费了大量的警力和物力资源，严重扰乱社会秩序，符合本《解释》第二条第⑤项规定，构成编造虚假恐怖信息罪。

（2）被告人乔某的量刑问题。根据我国《刑法》第十八条规定，精神病人的刑事责任能力分为"完全无责任能力""完全有责任能力"和"限制责任能力"三种。精神障碍应属于限制责任能力的范畴，对行为人的辩认和行为控制能力的影响有大小轻重之分：有较大影响的，对行为人应当从轻或减轻处罚；而影响较小的，对行为人可以不从轻或者减轻处罚。本案被告人乔某虽然在2013年被临床诊断为精神障碍，但在作案时"明知次日即9月3日是抗战胜利70周年纪念日，并且将在北京天安门广场举行阅兵式"，其精神障碍对辩认和行为控制能力影响较小，司法鉴定意见亦证明被告人乔某在作案时具有辩认和行为控制能力。法院不据此对被告人乔某从轻处罚的做法并不违背立法本意。

第六节　考试舞弊类犯罪

一、组织考试作弊罪

（一）组织考试作弊罪的概念和构成

组织考试作弊罪是指在法律规定的国家考试中组织作弊，或者帮助他人组织作弊，扰乱考试秩序的行为。本罪的构成要件如下。

1. 犯罪客体

本罪的犯罪客体为复杂客体，包括国家对考试组织的管理秩序和他人公平参与考试的权利。

2. 犯罪客观方面

本罪的犯罪客观方面表现为在法律规定的国家考试中组织作弊的行为。

所谓"法律规定的国家考试"，是指由国家所颁布的法律中所规定的，由国家相关主管部门确定实施，由经批准的实施考试的机构承办，面向社会公众，统一进行的各种考试。包括中考、高考、研究生入学考试等学业考试，计算机等级考试、全国英语等级考试等社会证书类考试，法律职业资格考试、证券师从业资格考试等资格类考试，国家公务员招录考试等。

所谓"组织"，是指倡导、发起、策划、安排他人进行作弊的行为，组织的对象不限于考生，还可以包括考生家长、教师等。

所谓"作弊"，即违反公平、公正原则，通过不正当途径参加考试，或在考试过程中在考试不允许的范围内寻求或者试图寻求答案的行为。根据《国家教育考试违规处理办法》第六条的规定，考生在考试过程中有下列行为之一的，应当认定为考试作弊：（1）携带与考试内容相关的材料或者存储有与考试内容相关资料的电子设备参加考试的；（2）抄袭或者协助他人抄袭试题答案或者与考试内容相关的资料的；（3）抢夺、窃取他人试卷、答卷或者胁迫他人为自己抄袭提供方便的；（4）携带具有发送或者接收信息功能的设备的；（5）由他人冒名代替参加考试的；（6）故意销毁试卷、答卷或者考试材料的；（7）在答卷上填写与本人身份不符的姓名、考号等信息的；（8）传、接物品或者交换试卷、答卷、草稿纸的；（9）其他以不正当手段获得或者试图获得试题答案、考试成绩的行为。

所谓"帮助他人组织作弊"，即在明知他人实施组织作弊行为的前提下，仍提供帮助的行为。

3. 犯罪主体

本罪的犯罪主体为一般主体，即年满十六周岁，具备刑事责任能力的自然人。本罪仅处罚组织考生作弊的组织者，不处罚参与作弊的考生。

4. 犯罪主观方面

本罪的犯罪主观方面为故意，即明知自己组织考生进行作弊或帮助他人组织作弊的行为会损害国家的考试管理秩序及他人公平参与考试的权利，但仍希望或放任这种危害结果的发生。

（二）组织考试作弊罪的认定

构成本罪和帮助他人考试作弊罪，非法出售、提供考试试题、答案罪，代替考试罪等犯罪，所涉及的考试都必须是法律所规定的相关国家考试。在非法律规定的相关考试中，进行上述组织考试作弊，帮助他人考试作弊，非法出售、提供试题、答案和替考行为的均不构成本条所规定之犯罪。

（三）组织考试作弊罪的刑事责任

根据我国《刑法》第二百八十四条之一第一、二款规定，犯组织考试作弊罪的，处三年以下有期徒刑或者拘役，并处或者单处罚金；情节严重的，处三年以上七年以下有期徒刑，并处罚金。为他人实施前款犯罪提供作弊器材或者其他帮助的，依照前款的规定处罚。

 **典型案例**

白某某等组织考试作弊案

被告人白某某、刘某某为通过研究生入学考试，联系上线购买考试答案。2015 年 12 月 24 日，白某某帮助上线人员为 4 名作弊人员分发作弊设备、传授作弊设备使用方法，并于考试前组织设备测试，安排考场外宣读答案人员；刘某某在考试前代替上线人员收取 2 名考生作弊设备押金，并同意将作弊设备发射器放置于其车内。2015 年 12 月 26 日，在辽宁省阜新市开发区西山路虎跃快捷宾馆房间内，被告人王某某通过白某某手机 QQ 接收答案后，通过无线电设备向白某某、刘某某等人宣读答案。2015 年 12 月 26 日，辽宁省阜新市公安局经济开发区民警在阜新市开发区西山路虎跃快捷宾馆附近路旁将被告人刘某某抓获；在细河区解放大街鑫帝宾馆将被告人白某某、王某某抓获。归案后，三被告人如实供述了自己的犯罪事实。

辽宁省阜新市细河区人民检察院以被告人白某某、王某某、刘某某犯组织考试作弊罪向辽宁省阜新市细河区人民法院提起公诉。法院经审理后，以组织考试作弊罪判处被告人白某某拘役六个月，缓刑六个月，并处罚金人民币 10 000 元；判处被告人王某某拘役四个月，缓刑六个月，并处罚金人民币 5 000 元；判处被告人刘某某拘役四个月，缓刑六个月，并处罚金人民币 5 000 元。

案例评析： 本案例涉及组织考试作弊罪的认定问题。组织考试作弊罪是指在法律规定的国家考试中组织作弊，或者帮助他人组织作弊，扰乱考试秩序的行为。这里的"组织"是指发起、组建和设立考试作弊的团伙（如招募、雇佣、拉拢、收买相关人员等），为组织考试作弊活动制订计划、进行谋划和布置，实际指挥、调整具体措施的实施、人员的分工与安排等。组织的对象不仅仅限于考生，组织家长、监考人员或者相关辅导教师参与作弊的，也属于组织作弊。

本案被告人白某某、王某某、刘某某明知自己帮助组织考试作弊的行为会损害国家的考试管理秩序和他人公平参与考试的权利，但仍然在研究生入学考试中积极为他人实施组织考试作弊提供帮助，其行为均已构成组织考试作弊罪。白某某、王某某、刘某某到案后能如实供述自己的犯罪事实，依法可以从轻处罚；积极缴纳罚金，真诚悔罪，对三被告人宣告缓刑对其居住的社区无重大不良影响，依法可以宣告缓刑，人民法院综合全案事实、证据和情节，遂作出如上判决。

国家之所以将考试作弊类行为上升到刑罚处罚的高度，主要基于以下理由：第一，考试作弊行为破坏了考试的公平竞技规则，严重影响考试的公平性，与考试的宗旨和功能相违背，违反了国家相关考试管理制度。第二，考试作弊也属于一种社会不正之风，破坏了社会公平诚信的基本原则，使国家教育考试制度形同虚设，属于一种严重的妨害社会管理秩序的行为。第三，针对考试作弊行为进行的行政处罚措施，不足以形成有效打击和震慑效果，难以遏制越来越猖獗的考试作弊之乱象。

二、非法出售、提供试题、答案罪

（一）非法出售、提供试题、答案罪的概念和构成

非法出售、提供试题、答案罪，是指为实施考试作弊行为，向他人非法出售或者提供法律规定的国家考试的试题、答案的行为。本罪的构成要件如下。

1. 犯罪客体

本罪的犯罪客体为复杂客体，包括国家对考试组织的管理秩序和他人公平参与考试的权利。

2. 犯罪客观方面

本罪的犯罪客观方面表现为向他人非法出售或者提供法律规定的国家考试的试题、答案的行为。

首先，行为人实施的是非法出售或者提供试题、答案的行为。行为人可以以牟利为目的，与他人进行金钱交易；也可以不以牟利为目的，出于其他目的，向他人提供试题和答案。

其次，必须是《刑法》第二百八十四条之一第一款所规定的"法律规定的国家考试"。

最后，行为人提供的必须是试题、答案，行为人可以是出售或提供试题或答案，也可以是既出售或提供试题，也出售或提供答案。

3. 犯罪主体

本罪的犯罪主体为一般主体，即年满十六周岁，具有刑事责任能力的自然人。

4. 犯罪主观方面

本罪的犯罪主观方面为故意，即明知自己提供的是法律规定的国家考试的试题、答案，犯罪目的在于实施考试作弊行为。

（二）非法出售、提供试题、答案罪与故意泄露国家秘密罪的界限

由于法律规定的国家考试的试题、答案，多属于国家秘密。向他人出售、提供这些试题、答案，也就泄露了国家秘密。那么非法出售、提供考试试题、答案罪与故意泄露国家秘密罪如何区分？

故意泄露国家秘密罪，是指违反《保守国家秘密法》的规定，故意泄露国家秘密，情节严重的行为。两罪的区别表现在以下几个方面。

（1）客体不同。非法出售、提供试题、答案罪侵犯的是国家的考试管理秩序及考生公平参加考试的权利，故意泄露国家秘密罪侵犯的是国家的保密制度。

（2）犯罪客观方面表现不同。非法出售、提供试题、答案罪表现为向他人非法出售、提供的行为；故意泄露国家秘密罪表现为口头的、书面的，或提供给他人阅读，或非法复制或窃取后送给他人等，且需达到情节严重要求。

（3）犯罪主体不同。非法出售、提供试题、答案罪的犯罪主体为一般主体，故意泄露国家秘密罪的犯罪主体主要是国家机关工作人员，但非国家机关工作人员也可构成。

（4）犯罪主观方面内容不同。两者均为故意，但故意内容不同，非法出售、提供试题、答案罪是为了实施考试作弊行为，而故意泄露国家秘密罪对动机、目的未作要求。

如果行为人为了实施考试作弊行为，向他人出售或提供属于国家秘密的试题、答案，情节严重的，既构成本罪，也构成故意泄露国家秘密罪，属于想象竞合犯，择一重罪处罚。如果未达情节严重，如出售、提供属于国家秘密级的一项试题、答案的，应以非法出售、提供试题、答案罪论处。

如果行为人并非为了实施考试作弊行为的目的，而是出于炫耀，以显示自己消息灵通等目的，向他人提供属于国家秘密的试题、答案，且情节严重的，应当认定为故意泄露国家秘密罪，未达情节严重的，不构成犯罪。

如果行为人向他人非法出售属于国家秘密的试题、答案进行牟利的，可以推定行为人主观上有实施考试作弊的目的，以非法出售、提供试题、答案罪论处。

（三）非法出售、提供试题、答案罪的刑事责任

根据我国《刑法》第二百八十四条之一第三款规定：为实施考试作弊行为，向他人非法出售或者提供第一款规定的考试的试题、答案的，处三年以下有期徒刑或者拘役，并处或者单处罚金；情节严重的，处三年以上七年以下有期徒刑，并处罚金。

 **典型案例**

张某甲非法获取国家秘密案

2014年9月20日，国家一级建造师考试"建设工程经济"科目开考后，被告人张某甲通过QQ号20××98从张某乙（QQ号52××02，已判刑）处非法获取该科目试题答案，并经由朱某（QQ号13××55，另案处理）将该答案出售给隋某某（QQ号24×

××56，已判刑），后隋某某将上述试题答案通过 QQ 发送给正在参加考试的张某丙，张某丙在使用中被公安机关当场查获。经鉴定，上述试题答案属于绝密级国家秘密。2014 年12 月 19 日，被告人张某甲主动到公安机关投案。

江苏省镇江市京口区人民检察院以被告人张某甲犯非法提供试题、答案罪，于 2016年 1 月 8 日向江苏省镇江市京口区人民法院提起公诉。法院经审理后，以被告人张某甲犯非法获取国家秘密罪，判处有期徒刑六个月。

案例评析：本案例涉及《刑法》的时间效力，即被告人张某甲收买、非法提供绝密级国家考试试题答案的行为在《刑法修正案（九）》出台后的认定问题。

（1）非法获取国家秘密罪与非法提供试题、答案罪之辨析。非法获取国家秘密罪，是指行为人以窃取、刺探、收买方法，非法获取国家秘密的行为。其犯罪主体为一般主体，犯罪主观方面为故意。犯罪客体是国家的安全、发展和国家保密制度，犯罪对象是国家秘密。犯罪客观方面表现为以窃取、刺探、收买方法，非法获取国家秘密的行为。非法提供试题、答案罪是指为实施考试作弊行为，向他人非法提供法律规定的国家考试的试题、答案的行为。二罪的犯罪主体、犯罪主观方面、犯罪对象均基本相同。区别在于：①犯罪客观方面不同，非法获取国家秘密罪的犯罪客观方面表现为以窃取、刺探、收买方法，非法获取国家秘密的行为；非法提供试题、答案罪的犯罪客观方面表现为非法提供试题、答案的行为。②量刑不同，犯前罪的，处三年以下有期徒刑、拘役、管制或者剥夺政治权利；情节严重的，处三年以上七年以下有期徒刑。犯后罪的，处三年以下有期徒刑或者拘役，并处或者单处罚金；情节严重的，处三年以上七年以下有期徒刑，并处罚金。

（2）张某甲非法提供试题、答案行为的定性问题。我国《刑法》的时间效力采用从旧兼从轻原则。根据《最高人民法院关于〈中华人民共和国刑法修正案（九）〉时间效力问题的解释》第六条规定，"对于 2015 年 10 月 31 日以前组织考试作弊，为他人组织考试作弊提供作弊器材或者其他帮助，以及非法向他人出售或者提供考试试题、答案，根据修正前刑法应当以非法获取国家秘密罪，非法生产、销售间谍专用器材罪或者故意泄露国家秘密罪等追究刑事责任的，适用修正前刑法的有关规定。但是，根据修正后《刑法》第二百八十四条之一的规定处刑较轻的，适用修正后刑法的有关规定。"本案中，被告人张某甲以收买的方式非法获取国家秘密的行为发生在 2015 年 10 月 31 日之前，且适用修正后《刑法》第二百八十四条之一的规定对被告人张某甲处刑较重，故应当按照修正前的《刑法》对被告人张某甲以非法获取国家秘密罪定罪处罚。

三、代替考试罪

（一）代替考试罪的概念和构成

代替考试罪是指代替他人或者让他人代替自己参加法律规定的国家考试的行为。本罪的构成要件如下。

本罪的犯罪主体为一般主体，即年满十六周岁，具有刑事责任能力的人。具体包括两种人：一是应试者，二是替考者，即平常所说的"枪手"。其犯罪主观方面为故意。

本罪所侵犯的客体为复杂客体，包括国家对考试组织的管理秩序和他人公平参与考试的权利。犯罪客观方面表现为代替他人或者让他人代替自己参加法律所规定的国家考试的行为。"代替他人"，是指冒名顶替应当参加考试的人去参加考试；"让他人代替自己"，是指指使他人冒名顶替自己去参加自己应当参加的考试。此处所参加的考试，必须是《刑法》第二百八十四条之一第一款中所规定的相关国家考试。

（二）代替考试罪的刑事责任

根据我国《刑法》第二百八十四条之一第四款规定，犯代替考试罪的，处拘役或者管制，并处或者单处罚金。

四、非法使用窃听、窃照专用器材罪

（一）非法使用窃听、窃照专用器材罪的概念和构成

非法使用窃听、窃照专用器材罪，是指违反法律规定，使用窃听、窃照专用器材，造成严重后果的行为。本罪的构成要件如下。

1. 犯罪客体

本罪的犯罪客体是国家对窃听、窃照专用器材的管理秩序。根据《中华人民共和国国家安全法》和其他法律、法规的规定，任何组织和个人均不得非法持有、使用窃听、窃照等专用器材。因此，在我国，窃听、窃照专用器材一般是禁止持有、使用的物品，持有、使用即为非法，除非法律特别授权。

2. 犯罪客观方面

本罪的犯罪客观方面表现为非法使用窃听、窃照专用器材，造成严重后果的行为。窃听、窃照专用器材是国家有关部门为了侦破刑事案件，发现犯罪和查找犯罪证据，按照国家有关规定，经过严格的批准手续进行技术侦查过程中使用的重要工具。任何单位和个人未经批准，擅自使用窃听、窃照专用器材的行为，都是违反规定的行为。

"非法使用"是指用窃听、窃照专用器材进行非法窃听、窃照。如果使用窃听、窃照专用器材公开录音、拍摄影像，其持有窃听、窃照专用器材的行为可能是非法的，但其使用行为不属于本罪客观方面的"非法使用"。

"非法窃听"是指非法使用窃听专用器材，秘密监听窃听对象的言谈、动静。监听对象既可以是我国公民，也可以是外国人、无国籍人、企事业单位。监听内容包括私人谈话、电话、日常生活起居、会议等。当然，如果行为人利用窃听专用器材窃听国家秘密的，则构成妨害国家秘密的犯罪。

"非法窃照"是指行为人非法使用窃照专用器材偷拍、偷录他人活动或其他目标的行为，窃照的对象包括日常生活起居、个人交往活动、企事业单位经营活动等。如果行为人用窃照专用器材偷拍、偷摄国家秘密的，构成妨害国家秘密的犯罪。

本罪属于结果犯，非法使用窃听、窃照专用器材，造成严重后果的，才构成犯罪。所谓严重后果，是指由于行为人非法窃听、窃照行为而致使窃听、窃照对象伤、亡，遭受重大财产损失，严重损害国家利益等情形。

3. 犯罪主体

本罪的犯罪主体为一般主体，即年满十六周岁，具有刑事责任能力的自然人和单位。

4. 犯罪主观方面

本罪的犯罪主观方面是故意。在司法实践中，行为人实施这种窃听、窃照的行为，一

般是出于某种非法的目的，有的则是出于好奇，但不论行为人出于何种目的和动机，都不影响本罪的成立。

（二）非法使用窃听、窃照专用器材罪的刑事责任

根据我国《刑法》第二百八十四条规定，犯非法使用窃听、窃照专用器材罪的，处二年以下有期徒刑、拘役或者管制。

 **典型案例**

王某等非法使用窃听专用器材案

2011年3月底，被告人王某、陈某共谋在即将举行的专升本考试中使用窃听专用器材为考生传送答案以牟取非法利益，并约定由被告人王某提供器材和答案，被告人陈某寻找购买答案的考生和传送答案，每科答案的价格为2 000元，所获利益六四分成。随后，被告人陈某邀约被告人芮某参与，并一同前往重庆某职业技术学院、重庆某大学独立学院（以下简称职业学院、独立学院）联系购买答案的考生徐某、任某某、唐某、高某霞（均另案处理）等人。2011年4月7日中午，被告人王某将2套无线电发射器和30套无线电接收器交给被告人陈某、芮某，并传授使用方法，收取租金5 500元。随后，被告人陈某、芮某将2套无线电发射器分别安装在职业学院女生宿舍4-6室、独立学院男生宿舍B1栋1736室，将无线电接收器交给徐某、杨某曼、高某霞等人，为考试时传送答案做准备。被告人陈某因不便进入女生宿舍，又请同学李某仪（另案处理）帮忙传送答案。2011年4月9日上午，专升本英语考试开始后，被告人王某通过QQ群向被告人陈某、芮某等人发送考试答案。被告人芮某、陈某等人将答案通过无线电发射器传送给考生时，被公安机关查获，导致购买答案的考生成绩取消，重庆市合川区高校部分考生强烈要求重新考试，杜绝不公平竞争，从而造成严重后果。经鉴定，被告人王某、陈某、芮某传送、接收答案所用的无线电器材属于窃听专用器材。

重庆市合川区人民检察院以被告人王某、陈某、芮某犯非法使用窃听专用器材罪向法院提起公诉。重庆市合川区人民法院依法审理后，以非法使用窃听专用器材罪判处被告人王某有期徒刑八个月；判处被告人陈某免予刑事处罚；判处被告人芮某免予刑事处罚。

案例评析：本案例涉及非法使用窃听专用器材罪的认定问题。本罪是结果犯，构成非法使用窃听专用器材罪必须同时具有非法使用窃听专用器材和造成严重后果这两个客观要件。本案诉争焦点在于以下几点。

（1）被告人使用的考试作弊用器材是否属于本罪所指的"专用器材"的范围。关于本罪"专用器材"的范围，目前没有明确的法律法规规定。经有关技术鉴定中心对涉案考试作弊用器材进行技术鉴定，认为被鉴定器材属于窃听专用器材。作出该鉴定的鉴定中心隶属于重庆市国家安全局，由国家安全部批准成立，严格依照《窃听窃照专用器材鉴定标准和工作规定（试行）》（国安发〔2010〕52号）的相关规定开展窃听窃照专用器材的技术鉴定工作，该鉴定中心具有合法的鉴定资质，所作出的鉴定意见能够证明被告人使用的考试作弊用器材属于本罪所指的"专用器材"。

（2）被告人的行为是否属于非法使用窃听专用器材。关于被告人非法使用窃听专用器材的行为有两种意见：一种意见认为，"非法使用"只能是非法窃听、窃照，"非法窃听"是指非法使用窃听专用器材，秘密监听窃听对象的言谈、动静；"非法窃照"是指非法使用窃照专用器材偷拍、偷录他人活动或其他目标的行为，包括日常生活起居、个人交往活动、企事业单位经营活动等。另一种意见认为，任何未经批准，擅自使用窃听、窃照专用器材的行为都属于"非法使用"行为，而不问其是否用于窃听、窃照。从本罪所处的章节看，本罪既然被规定在《刑法》第六章《妨害社会管理秩序罪》的第一节《扰乱公共秩序罪》下，说明刑法所保护的客体主要是"社会管理秩序"，具体即窃听、窃照专用器材的管理秩序，其立法意图在于严格限制窃听、窃照专用器材的使用。因此，使用窃听、窃照专用器材行为只要越过了这一管理秩序的界线，即应认定为满足"非法使用"的构成条件。从立法本意来看，该罪所规范的行为并不在于其手段的"窃"，而主要在于其获取信息、情报的手段和内容的秘密性。本案作弊考生、被告人陈某和芮某等使用作弊器材所获得的信息虽说是他人主动传送，不是"窃听"所得，但其"听"的行为具有秘密进行性，"听"的内容具有行为人不该知性，据此也可认定为"窃听""非法使用"。

（3）被告人的行为是否造成了严重后果。根据刑法理论，所谓"严重后果"是指由于行为人非法窃听、窃照行为而致使窃听、窃照对象伤、亡，遭受重大财产损失，社会秩序遭受严重破坏或者严重损害国家利益等情形。本案中牵涉的作弊考生5个，欲购买答案的考生众多，通过考场内外结合用高科技手段作弊的行为，破坏了国家教育考试秩序，影响了国家考试的公信力和权威性，极大地损害了广大考生的合法权益，且造成了考生欲集体上访的恶劣影响，应当对被告人的行为评价为"造成了严重后果"。

第 四 编

创新创业相关的法律制度

大学生创新创业不仅涉及商业风险，而且还面临着法律风险。不熟悉相关的法律法规，既无法保护自身权益，也易于触犯法律而承担民事、行政，甚至刑事法律责任。因此，大学生在创新创业之前了解相关的法律制度十分必要。本章将围绕创业组织形式、创业经营过程、创业终止及创新创业中涉及的相关法律逐一进行介绍。

第七章
创业组织形式的法律制度

　　当大学生决定着手创业，首先需要考虑的就是采取何种组织形式。依照法律规定，个人从事经营活动，必须接受有关行政部门的监督管理，如工商、税务部门，故需选择合适的组织形式，并进行必要的审核、登记。不同的组织形式需要满足不同的条件，对于创业者的法律责任规定迥异。本章讲述创业组织形式的法律制度。

一、创业组织形式概述

　　对于公司、合伙、个体工商户等名词创业者并不陌生，而公司、合伙企业等均属于创业可以选择的组织形式。一般而言，无论从政府管理，还是为了经营便利，创业者从事生产经营活动都不会以个人名义进行，必然考虑采用公司、合伙企业等某种组织形式。企业组织形式的选择对于创业者来说至关重要，这不仅关系到创业者纳税的方式，还影响到创业者的企业注册流程、创业者个人须承担的责任大小，以及创业者的融资行为。

二、设立不同组织形式的法定条件

　　个体工商户、个人独资企业、合伙企业、有限责任公司是大学生创业常常选择的几种组织形式。上述组织形式均需符合法定的条件。

　　《个体工商户条例》第八条规定："申请登记为个体工商户，应当向经营场所所在地登记机关申请注册登记。申请人应当提交登记申请书、身份证明和经营场所证明。个体工商户登记事项包括经营者姓名和住所、组成形式、经营范围、经营场所。个体工商户使用名称的，名称作为登记事项。"

　　《中华人民共和国个人独资企业法》第八条规定："设立个人独资企业应当具备下列条件：（一）投资人为一个自然人；（二）有合法的企业名称；（三）有投资人申报的出资；（四）有固定的生产经营场所和必要的生产经营条件；（五）有必要的从业人员。"

　　《中华人民共和国合伙企业法》第十四条规定："设立合伙企业，应当具备下列条件：（一）有二个以上合伙人。合伙人为自然人的，应当具有完全民事行为能力。（二）有书面合伙协议。（三）有合伙人认缴或者实际缴付的出资。（四）有合伙企业的名称和生产经营场所。（五）法律、行政法规规定的其他条件。"

　　《中华人民共和国公司法》（以下简称《公司法》）第二十三条规定："设立有限责任公司，应当具备下列条件：（一）股东符合法定人数；（二）有符合公司章程规定的全体股东认缴的出资额；（三）股东共同制定公司章程；（四）有公司名称，建立符合有限责任公司要求的组织机构；（五）有公司住所。"根据 2014 年 3 月 1 日修订生效的新《公司法》的规定，有限责任公司的注册资本由实缴制改为认缴制，且对于一般有限责任公司没有最低注册资本的限制，为创业者设立公司降低了门槛，理论上可以注册"一元"公司，但这在实践中不太现实，生意伙伴会担心"一元"公司承担法律责任的能力。此外，《公司法》第二十六条规定，法律、行政法规及国务院决定对有限责任公司注册资本实缴、注册资本最低限额另有规定的，从其规定。

另外，创业者也可以选择特殊形式的有限责任公司——一人有限责任公司，需要注意的是，我国法律对于一人有限责任公司有些特别要求。《公司法》第五十八条规定，一个自然人只能投资设立一个一人有限责任公司；第六十二条规定，一人有限责任公司应当在每一会计年度终了时编制财务会计报告，并经会计师事务所审计。

三、不同组织形式的比较及利弊分析

大学生创业究竟应该选择何种组织形式？除了需要考虑是否符合不同组织形式的法定条件外，还应当熟悉各种形式的优劣，因此，不妨对这几种组织形式加以比较。

第一，法律地位不同。

个体工商户不具有法人资格。依照相关法律规定，公民在法律允许的范围内，依法经核准登记从事工商业经营的为个体工商户。个体工商户是一种我国特有的公民参与生产经营活动的形式，也是个体经济的一种法律形式。个体工商户可比照自然人和法人享有民事主体资格，但个体工商户不是一个经营实体。

个人独资企业是依法在中国境内设立，由一个自然人投资，财产为投资人个人所有，投资人以其个人财产对企业债务承担无限责任的经营实体。个人独资企业不具有法人资格，虽然可以取名称，并可以对外以企业名义从事民事活动，但也只是自然人进行商业活动的一种特殊形态，属于自然人企业范畴。

合伙企业，是指自然人、法人和其他组织依照《中华人民共和国合伙企业法》在中国境内设立的普通合伙企业和有限合伙企业。普通合伙企业由二个以上普通合伙人组成，合伙人对合伙企业债务承担无限连带责任；而有限合伙企业由二个以上五十个以下普通合伙人和有限合伙人组成，普通合伙人对合伙企业债务承担无限连带责任，有限合伙人以其认缴的出资额为限对合伙企业债务承担责任。

有限责任公司是指由符合法律规定的股东出资组建，股东以其出资额为限对公司承担责任，公司以其全部资产对公司的债务承担责任的企业法人。

第二，出资人不同。

个体工商户既可以由一个自然人出资设立，也可以由家庭共同出资设立；个人独资企业的出资人只能是一个自然人；合伙企业则至少由两人出资，当然合伙人可以是自然人，也可以是法人；有限责任公司由二个以上五十个以下股东共同出资设立，股东可以是自然人，也可以是法人，作为例外，一人有限责任公司由一名自然人股东或一名法人股东投资设立。

第三，承担责任的财产范围不同。

个体工商户：根据我国《民法通则》和现行司法解释的规定，就承担的责任性质而言，个体工商户对经营所负债务承担的是无限清偿责任，即不以投入经营的财产为限，而应以其所有的全部财产承担责任，是个人经营的，以个人财产承担；是家庭经营的，以家

庭财产承担。

个人独资企业：个人独资企业的出资人在一般情况下仅以其个人财产对企业债务承担无限责任，只是在企业设立登记时明确以家庭共有财产作为个人出资的才依法以家庭共有财产对企业债务承担无限责任。

合伙企业：普通合伙人对合伙企业债务承担无限连带责任，有限合伙人以其认缴的出资额为限对合伙企业债务承担责任。

有限责任公司：根据《公司法》规定，有限责任公司的股东仅以其投资为限对公司债务承担有限责任。这也是有限责任公司作为独立法人实体的一个突出表现。

第四，适用法律不同。

个人独资企业依照《中华人民共和国个人独资企业法》设立，个体工商户依照《个体工商户条例》设立，合伙企业依照《中华人民共和国合伙企业法》设立，而有限责任公司则依据《公司法》设立，并受其调整。

第五，税收管理不同。

从税收管理上看，税务机关对个体工商户和个人独资企业的税收管理相对宽松，对建账要求较低，在税款征收方式上主要采用定额或定率征收；而对于有限责任公司，要求则严格得多，在税款征收方式上主要采用定率或查账征收。

从所得税的缴纳上看，明显不同。根据《国务院关于个人独资企业和合伙企业征收个人所得税问题的通知》的规定，个人独资企业和合伙企业从2000年1月1日起，停止征收企业所得税，比照个体工商户生产经营所得征收个人所得税。所以个体工商户、合伙企业和个人独资企业只需缴纳个人所得税，不用缴纳企业所得税；而有限责任公司必须缴纳企业所得税，对股东进行利润分配时还要缴纳个人所得税。从这个角度讲，个体工商户和个人独资企业比有限责任公司更有利。

通过上述比较，我们可以大体看出各种组织形式的利弊：有限责任公司的股东以出资为限承担有限责任，对于投资者的风险可以控制，但设立的条件相对严格；个体工商户、个人独资企业及普通合伙企业的投资者承担无限责任，风险较大，但设立的门槛较低，尤其是个体工商户几乎没有实质性限制条件。

第八章
创业经营过程的相关法律制度

创业者完成了登记注册事宜后，必然需要开展经营活动。在开展经营活动过程中，往往要租赁房屋、招聘员工、向银行或亲朋好友借款，也可能要加盟某个连锁品牌，更离不开与生意伙伴洽谈业务。从法律风险控制的角度而言，在从事上述行为时应尽可能签订书面合同。本章即介绍经营过程中涉及的《中华人民共和国合同法》（以下简称《合同法》）、《中华人民共和国劳动合同法》（以下简称《劳动合同法》）等法律。

一、合同签订涉及的核心法律——《合同法》

对于创业者而言，了解《合同法》的相关知识十分必要，因为在经营过程中必然会涉及签订合同的问题。因此，创业者必须知晓合同一般应具备的条款，判断合同效力。能进行基本的合同审查是创业者应具备的法律技能。

1. 合同的基本条款

虽然不同的合同需要约定的事项有所不同，合同条款也存在一定的差别，但任何合同一般不能缺少基本条款。根据《合同法》第十二条规定，合同的基本条款为：①当事人的名称或者姓名和住所；②标的；③数量；④质量；⑤价款或者报酬；⑥履行期限、地点和方式；⑦违约责任；⑧解决争议的方法。

根据《最高人民法院关于适用〈中华人民共和国合同法〉若干问题的解释（二）》的规定，合同至少应具备主体、标的和数量方能成立，但是，如果缺少了其他条款，也会带来不少法律上的麻烦，如需要当事人对缺少的条款进行协商达成协议、根据交易习惯等进行推定，换言之，对当事人而言，承担义务则可能超出其预期，故合同的订立应尽可能明确、完善。

2. 有效合同的法律要件

根据《中华人民共和国民法通则》（以下简称《民法通则》）及《合同法》的相关规定，有效合同的法律要件为：主体适格，意思表示真实，标的确定、合法、可能，不违反法律、行政法规的强制性规定。法律对于有些合同的签订履行主体有特殊要求，如重大工程建设合同的承建人需要满足资质要求，主体不符合要求的，签订的合同就不是合法、有效的合同。在合同签订过程中，因为采用了欺诈、胁迫等手段，导致合同相对人意思表示不真实的，该合同也不是完全有效的合同。

3. 绝对无效的合同

绝对无效的合同是自始无效、当然无效的合同。根据《合同法》第五十二条规定，有下列情形之一的，合同无效：一方以欺诈、胁迫的手段订立合同，损害国家利益；恶意串通，损害国家、集体或者第三人利益；以合法形式掩盖非法目的；损害社会公共利益；违反法律、行政法规的强制性规定。根据《合同法》司法解释的规定，违反法律、行政法规效力性规定的合同无效，不含管理性规定。

合同无效的，因该合同取得的财产，应当予以返还，不能返还或者没有必要返还的，应当折价补偿。有过错的一方应当赔偿对方因此所受到的损失，双方都有过错的，应当各自承担相应的责任。

4. 效力待定合同

效力待定合同是相对无效的合同形式之一，是指合同成立时是否发生效力尚不能确定，有待于其他行为使之确定的合同。合同当事人虽然没有违反法律的禁止性规定及社会公共利益，但由于缺乏缔约能力、对合同标的不具有处分权等原因导致合同效力处于不确定状态。因此，效力待定合同既可能由于有权人的追认、授权而成为有效合同，也可能因为有权人拒绝追认、授权而最终导致合同成为绝对无效合同。

《合同法》第四十七条规定："限制民事行为能力人订立的合同，经法定代理人追认后，该合同有效，但纯获利益的合同或者与其年龄、智力、精神健康状况相适应而订立的合同，不必经法定代理人追认。相对人可以催告法定代理人在一个月内予以追认。法定代理人未作表示的，视为拒绝追认。合同被追认之前，善意相对人有撤销的权利。撤销应当以通知的方式作出。"

《合同法》第四十八条规定：行为人没有代理权、超越代理权或者代理权终止后以被代理人名义订立的合同，未经被代理人追认，对被代理人不发生效力，由行为人承担责任。

相对人可以催告被代理人在一个月内予以追认。被代理人未作表示的，视为拒绝追认。合同被追认之前，善意相对人有撤销的权利。撤销应当以通知的方式作出。

但是，根据《合同法》第四十九条的规定，如果行为人没有代理权、超越代理权或者代理权终止后以被代理人名义订立合同，相对人有理由相信行为人有代理权的，该代理行为有效。如行为人持有被代理人的空白盖章合同，导致相对人善意地认为行为人具有代理权的，在法律上构成了表见代理，视为有权代理，故订立的合同也视为有效合同。尚需注意的是，法人或其他组织的法定代表人、负责人越权订立的合同，除相对人知道或者应当知道其超越权限的以外，合同系有效合同，这就表明法定代表人的行为直接视为是法人的行为，即使在越权的情况下，也不适用无权代理的规定。

《合同法》第五十一条规定了无处分权的人订立合同，处分他人财产的情形。依照该法律条文规定，无处分权的人处分他人财产订立的合同属于效力待定合同，但是，经权利人追认或者无处分权的人订立合同后取得处分权的，该合同有效。需要注意的是，无处分权的人订立合同即使未获得追认，但基于《物权法》规定的善意取得制度，合同相对人也可能获得合同标的物的所有权。

5. 可变更可撤销合同

可变更可撤销合同也是属于相对无效的合同形式之一，相对于有效合同，可变更可撤销合同是由于当事人意思表示不真实而导致合同的效力存在瑕疵。《合同法》第五十四条规定："下列合同，当事人一方有权请求人民法院或者仲裁机构变更或者撤销：（一）因重大误解订立的；（二）在订立合同时显失公平的。一方以欺诈、胁迫的手段或者乘人之危，使对方在违背真实意思的情况下订立的合同，受损害方有权请求人民法院或者仲裁机构变更或者撤销。当事人请求变更的，人民法院或者仲裁机构不得撤销。"

另外，需要注意撤销权归于消灭的情形，《合同法》第五十五条规定："有下列情形之一的，撤销权消灭：（一）具有撤销权的当事人自知道或者应当知道撤销事由之日起一年内没有行使撤销权；（二）具有撤销权的当事人知道撤销事由后明确表示或者以自己的行为放弃撤销权。"

6. 违约情形与违约责任

（1）违约责任的概念及构成要件。合同作为当事人之间的合意，当然应当依照合同的约定内容严格履行。因此，根据《合同法》第一百零七条规定，违约责任就是当事人一方不履行合同义务或者履行合同义务不符合约定的，应当向守约方承担的法律责任。

违约责任具有以下特点：违约责任的产生以合同当事人不履行合同义务为条件；违约责任系发生在合同当事人之间的法律责任，具有相对性；违约责任主要以补偿性为主、惩罚性为辅；违约责任可以由当事人约定。

法律责任一般分为过错责任（含过错推定责任）和无过错责任（又称严格责任）。从我国《合同法》总则篇第一百零七条规定来看，违约责任原则上是实行无过错责任。因此，违约责任的构成要件就是存在违约行为且无法定或约定的免责事由。因此，在存在有效合同的前提下，只要当事人没有严格按照合同约定履行义务，又无不可抗力等免责事由的，就需要承担违约责任。

（2）违约形态。违约形态可分为预期违约和实际违约。

预期违约是指在合同履行期限到来之前，一方无正当理由而又明确表示其在履行期限到来后将不履行合同，或者其行为表明其在履行期限到来后将不可能履行合同的违约形态，对此，《合同法》第一百零八条规定的就是预期违约，根据该法律条文规定，守约方可以在履行期限到来之前要求其承担违约责任。

实际违约则是在合同履行期限到来之后，当事人不履行或不完全履行合同义务的违约形态。其具体可分为拒绝履行、迟延履行、不适当履行、部分履行等。

（3）违约责任的主要形式。根据《合同法》的规定，承担违约责任的主要形式有继续履行、损害赔偿、违约金、定金责任。

继续履行是指一方违反合同后，另一方有权要求其依据合同的约定内容继续履行合同。继续履行可以与损害赔偿、违约金等违约责任形式并用。在一方当事人有违约行为后，通常首选的救济方式就是继续履行，以便实现合同目的。但是，根据《合同法》第一百一十条规定，有以下情形之一的，不得要求继续履行：①法律上或者事实上不能履行；②债务的标的不适于强制履行或者履行费用过高；③债权人在合理期限内未要求履行。

损害赔偿是指违约方不履行或不完全履行合同义务而给对方造成损失，依法或依照合同的约定应承担的赔偿守约方损失的责任方式。损害赔偿原则上具有补偿性而非惩罚性，故通常以守约方实际遭受的损失为限。《合同法》第一百一十三条规定："当事人一方不履行合同义务或者履行合同义务不符合约定，给对方造成损失的，损失赔偿额应当相当于因违约所造成的损失，包括合同履行后可以获得的利益，但不得超过违反合同一方订立合同时预见到或者应当预见到的因违反合同可能造成的损失。"《合同法》第一百一十四条规定："当事人可以约定一方违约时应当根据违约情况向对方支付一定数额的违约金，也可以约定因违约产生的损失赔偿额的计算方法。"

违约金，是指由当事人通过协商预先确定的，在违约行为发生后作出的独立于履行行为以外的给付。前述《合同法》第一百一十四条就是归于违约金责任方式的规定。当事人事先约定违约金的优势在于发生违约行为后，守约方无须证明自己的实际损失就可向违约方要求支付违约金。当然，如果违约金的数额与实际损失相距过大，根据《合同法》第一百一十四条的规定，如果约定的违约金低于造成的损失的，当事人可以请求人民法院或者仲裁机构予以增加；约定的违约金过分高于造成的损失的，当事人可以请求人民法院或者仲裁机构予以适当减少。

定金，是指合同当事人约定的，为保证合同的履行，由一方预先向对方给付的一定数量的货币。定金是《中华人民共和国担保法》规定的一种保证债务履行的一种担保方式，若给付定金的一方违约，则无权要求对方返还定金，若接受定金一方违约，则应双倍返还定金。根据《合同法》第一百一十六条规定，当事人既约定违约金，又约定定金的，一方违约时，对方可以选择适用违约金或者定金条款。当然，定金规则原则上适用于不履行合同或不完全履行导致根本性违约的情形，对于轻微的违约行为，一般不宜适用定金规则。

7. 合同审查的基本技能

一项有效的合同，必然要求主体适格、意思表示真实，不违反法律、行政法规的强制性规定。对于创业者而言，应尽可能避免签署存在效力瑕疵的合同，因为签订存在效力瑕疵的合同，不仅达不到预期的合同目的，而且可能要承担法律责任。为了避免签订绝对无效、效力待定、可变更可撤销合同，创业者应具备基本的合同审查技能。

（1）合同名称准确性的审查。合同名称在很多人看来似乎不是问题，因而往往忽视了其准确性。但名称不准确的现象并不罕见。如某活动板房生产制造企业，其提供的原始合同名称为"买卖合同"，通过审查合同条款，可以明确的是：活动板房企业是按照"买方"提供的规格（如房间数量、大小、层数等）进行生产，可见该合同实为"承揽合同"。毋庸置疑，承揽合同与买卖合同是完全不同的两种合同，如承揽合同的定作人享有单方合同解除权。又如某机械有限公司生产动力机械产品，产品销售到全国各地，由于行业竞争激烈，购买机械产品的买方往往要求获得一定地域的独家销售权（厂家不得将产品销售给该地域的其他经销商），该机械有限公司的合同命名为"代理销售合同"，而事实上双方并非委托合同关系，而是买卖合同关系，冠以"代理"二字，可能给卖方带来不必要的法律风险。

合同名称若与合同内容不一致容易引起纠纷。因为合同名称不同，意味着合同性质的不同；合同性质不同，则合同当事人的权利义务不同。《合同法》第一百二十四条规定："本法分则或者其他法律没有明文规定的合同，适用本法总则的规定，并可以参照本法分则或者其他法律最相类似的规定。"因此，凡是符合《合同法》15 种有名合同的协议，应采用正确的有名合同的名称；对于不符合 15 种有名合同的协议，可直接命名为"协议书"，不宜牵强附会，采用某种有名合同的名称。

（2）主体适格的审查。由于某些交易涉及健康、安全、社会公共利益等，法律往往对交易主体的资格施加特别限制，对于某些交易实行特别许可、专营等管理，如食盐。主体不适格，必然影响合同的有效性。对于有资格限制的交易，应当审查相对人的营业执照、资质、许可等方面是否符合法律规定。其中：①对于营业执照的审查，应注意根据其原件判断相对人的经营期限、经营范围、是否年检等信息，以判定其身份是否符合工商法规的规定；②对于资质等级的判断，应审查其相关的资质证书，以确定其是否合法、有效及是否在合法的范围之内从事经营活动；③对于某些特定交易内容，应审查其是否符合相关的生产许可或经营许可等相关许可制度，以确定合同是否存在效力问题；④对于涉及从业人员专业资格的交易，应结合合同履行的需要，审查履行合同过程中所需的特定人员是否具备相应的专业资格。

在实践中，常常遇到企业法人的分支机构作为合同一方当事人的情况，除子公司外，分支机构是没有独立的法人地位的，能否作为合同主体的关键在于分支机构是否进行工商登记。尤其需要注意的是，法人的内部职能部门是不能作为合同主体的。对于通过代理人签订的合同，审查代理人的权限也十分关键，若代理人无代理权或超越代理权限签订合同，也将影响合同效力，一旦得不到被代理人的追认，合同将归于无效。

（3）内容合法性的审查。审查合同的合法性应当根据法律、行政法规、地方性法规、各类规章、相关国际条约的规定，《合同法》第五十二条第五款规定："有下列情形之一的，合同无效：（一）一方以欺诈、胁迫的手段订立合同，损害国家利益；……（五）违反法律、行政法规的强制性规定。"合同是否无效只能依据狭义的法律及国务院行政法规，而依照《合同法》司法解释，违反的强制性规范还应当是效力性规范。至于违反部委规章、地方性法规等法律的合同，虽然不会导致合同无效，但可能给合同当事人带来行政法律责任，如行政处罚等。因此，对于一项合同的审查，应穷尽与合同有关的一切法律法规，法律、行政法规、部委规章、地方性法规等均需加以注意。

合同内容合法性审查工作主要包括：①审查合同条款及签订合同的过程中，是否涉嫌存在《合同法》中所规定的合同无效、免责条款无效、可变更可撤销的情况；②合同中的约定是否违反法律、行政法规的强制性规定；③审查合同中所用的法律术语、技术术语是否规范；④审查交易标的物的质量标准是否符合法律的明确规定。对于某些合同，必须结合合同主体资格的审查，判断其是否违法或无效。《合同法》第五十二条规定了合同无效的情形，第五十三条规定了免责条款无效的约定，第五十四条规定了可变更可撤销的合同类型，第四十七条、第四十八条、第五十一条则规定了效力待定合同，上述法律条文是审查合同效力的重要依据。

（4）内容明确性、完备性、严谨性的审查。作为一份合格的合同，不仅要保证内容的合法性，而且要做到内容明确，实践中不少合同争议恰恰是约定不明确引起的。虽然《合同法》规定了约定不明的情况下可以协议补充、按照交易习惯等补救措施，但约定不明毕竟留下了引发争议的隐患。因此，在审查合同时，应注意合同中的权利义务是否明确，以避免当事人因权利义务不明而丧失权益或导致损失。此类审查包括可识别性、明确性，具体包括：①交易内容是否明确、具体、可识别、可履行；②交易程序是否明确、具体且定有时限、义务归属；③争议处理方式是否明确具体且有时限、义务归属；④条款之间是否由于配合问题而存在权利义务不明确的缺陷；⑤是否由于表述不严谨而存在权利义务不明确；⑥权利义务及违约是否具备可识别性；⑦附件内容是否明确、是否与合同正文冲突，如有冲突是否有解释顺序。

合同的完备性审查是指通过对合同已经设立的各层标题，判断合同条款是否完备，检查是否缺少影响合同履行及权利义务明确的条款。对于篇幅较大但未设立标题体系的合同，可先整理出不同层级的标题，然后进行此项审查。

其具体流程如下：①判断各层级的标题体系是否合理、完整；②判断最小标题下的条款是否完备、假设的可能性是否齐全；③审查合同的辅助性条款是否完备，是否足以明确合同本身的秩序并能够满足解决争议等情况下履行附随义务所需。例如，合同纠纷管辖法院的约定不容忽视。在我国现行司法体制下，由于存在着案件承办人员办案水准不一、地方保护主义等客观因素，造成管辖法院的选择对诉讼结果会产生影响。管辖法院的选择，也影响到诉讼成本。根据《中华人民共和国民事诉讼法》（以下简称《民事诉讼法》）的规定，可供当事人选择的管辖法院包括原告住所地法院、被告住所地法院、合同签订地法院、合同履行地法院、标的物所在地法院。当事人只能根据需要选择其一，如果选择两个或两个以上的管辖法院视为选择无效，由被告住所地或合同履行地法院管辖。当事人协议选择管辖法院，不得违反《民事诉讼法》关于级别管辖和专属管辖的规定。各地经济发展状况不同，关于多大诉讼标的额纠纷一审归中级人民法院管辖，各地亦不相同，故不宜直接约定由基层法院或中级人民法院管辖。

合同的严谨性是专业性的重要体现，在审查合同时，要防止因合同约定不严谨而产生的缺陷，避免因约定存在冲突而产生的争议。合同的严谨性审查的主要关注点如下：①合同中是否由于假设不足而导致某些情况未予以约定，从而导致权利义务不明确；②是否存在有禁止性规定但无违约责任条款，以及类似的合同条款；③是否存在由于术语或关键词不统一而造成的条款冲突，或由于表述不一致而影响权利义务的明确性；④合同生效的时间是否控制得当、辅助条款是否利于合同履行或争议处理。前后表述不一也是合同不够严谨的体现，如在《工程建设合同》中，如果先后出现工程款、承包费、合同款等措辞，明显有失严谨。又如，关于合同的成立生效时间，《合同法》第三十二条规定："采用合同书形式订立合同的，合同自双方当事人签字或者盖章之日起成立。"《合同法》第四十四条规定："依法成立的合同，自成立时生效。法律、行政法规规定应当办理批准、登记等手续生效的，依照其规定。"法律要求的是"签字"或者"盖章"，但从控制签约风险的角度考虑，尤其是实践中业务员作为代理人携带空白合同外出签约的情况下，公司对外签订合同可约定为："法定代表人或授权代表签字并由合同主体盖章后生效"。

（5）合同外在问题的审查。审查合同以求达到合法有效、严谨完备固然重要，但合同具体内容以外的问题也值得关注。就合同的美观度而言，需要注意以下事项：①合同排版是否整齐、美观、大方，其中采用中文版式的合同应审查是否符合中文的排版规范；②全文的版式必须整齐划一，是否存在不同的排版形式混杂使用；③不同层级条款序号的使用是否符合规范或习惯，各层序号是否连贯并显示出明确的层级，页码是否连续。实践中有些合同没有页码，看似是小事，但同样存在隐患，如发生纠纷后甲方提供的合同比乙方多了一页，诉讼结果具有极大的不确定性。

实践中还存在值得关注的问题，如合同的篇幅长短如何控制。某律师为了维护买方的权利，拟定的《商品房买卖合同》多达200多页，约定固然详细完备，但缺乏实用性，交易相对人也无法接受。因此，合同的篇幅受到很多因素的影响，如交易的复杂程度、交易习惯、双方的市场地位等，故不能简单地判断孰是孰非。总之，合同是为交易服务的，有助于交易顺利实现、减少纠纷的合同就是适宜的合同。

二、经营场所租赁涉及的法律——《合同法》

由于法律规定从事生产经营活动必须有固定的经营场所，对于创业者而言，以租赁方式解决经营场所问题最为常见。租赁房屋、店铺看似简单，但是蕴含着一定的法律风险，因此，熟悉《合同法》中有关租赁合同的法律规定，依法签订租赁合同是重要的一环。

1. 租赁合同的主要条款

根据我国《合同法》第十三章《租赁合同》第二百一十三条规定，租赁合同的主要条款包括：租赁物的名称、数量、用途、租赁期限、租金及其支付期限和方式、租赁物维修等条款。

2. 租赁合同的风险防范

租赁合同可从如下一些方面进行风险防范。

第一，房屋租赁的当事人最好订立书面合同。口头合同虽然有效，但因白纸黑字可减少纷争且可留下书面证据，所以建议租赁当事人采取订立书面合同的形式，此外，依据《合同法》第二百一十五条规定，租赁期限六个月以上的合同须采用书面形式，否则视为不定期租赁合同，这意味着出租人可以随时单方解除合同，仅需适当提前通知承租人。

第二，签约时一些必要的物业状况可以先拍照存证。租赁合同到期时，承租人应将所租房屋回复原状返还给出租人，而何谓"房屋原状"常因欠缺证据，而使租赁双方当事人各执一词，甚至诉请法院予以解决。因此，为使"房屋原状"明确化，有必要在租赁合同订立后交房时，将所出租房屋的状况拍照存证，并以附件（或附图）形式并入租赁合同。日后租赁关系结束收回房屋时，一旦和出租人产生纠纷，可作为证据。

第三，争取约定承租人可以转租。我国《合同法》第二百二十四条规定，承租人经出租人同意，可以将租赁物转租给第三人。承租人转租的，承租人与出租人之间的租赁合同继续有效，第三人对租赁物造成损失的，承租人应当赔偿损失。这一条款规定了承租人的转租权，说明承租人只要有出租人的合法授权，承租人可以转租。如果创业项目失败，继续使用租赁物显然没有意义，若要提前解除合同，则意味着支付违约金，如果事先约定承租人有权转租，则可以减少经济损失。

第四，重申出租人法定义务，减少租赁突发纠纷。突发纠纷，是指合同履行过程中碰到租赁合同签订时双方均未预见的突发情况，这使得合同履约的成本增加，甚至无法继续履行合同。此时，出租人和承租人均认为责任在对方，要追究对方的违约责任，并因此产生纠纷。正确理解出租人的法定义务有助于此类问题的解决。譬如，出租人将非商业用房出租给承租人，承租人事后发现需将非商业用房变更为商业用房后才可以营业。由于租赁合同中对于变更房屋使用性质的问题没有具体约定，由谁承担相应责任和费用，租赁双方认识不一。对于租赁合同中没有约定由谁承担的义务和责任，只能根据合同的性质、惯例以及相关法律来界定各自的义务。

第五，对于装修装饰、扩建需明确约定。对于租赁的房屋，承租人往往会进行装修装饰，甚至改建、扩建，花费了一定的金钱，但是，一旦合同期满、提前解除合同或合同无效，双方容易对于装修装饰是否拆除、是否补偿等引发纠纷，最好在签订合同时明确约定。《最高人民法院关于审理城镇房屋租赁合同纠纷案件具体应用法律若干问题的解释》（法释〔2009〕11号）第十三条规定："承租人未经出租人同意装饰装修或者扩建发生的费用，由承租人负担。出租人请求承租人恢复原状或者赔偿损失的，人民法院应予支持。"该司法解释第十条规定："承租人经出租人同意装饰装修，租赁期间届满或者合同解除时，除当事人另有约定外，未形成附合的装饰装修物，可由承租人拆除。因拆除造成房屋毁损的，承租人应当恢复原状。"由此可知，关于装修装饰问题写入租赁合同有利于保护承租人的权益。

第六，及时办理租赁登记备案手续。《最高人民法院关于审理城镇房屋租赁合同纠纷案件具体应用法律若干问题的解释》第六条规定：出租人就同一房屋订立数份租赁合同，在合同均有效的情况下，承租人均主张履行合同的，人民法院按照下列顺序确定履行合同的承租人：①已经合法占有租赁房屋的；②已经办理登记备案手续的；③合同成立在先的。由此可知，如果发生"一屋多租"的情况，若承租人均未占有房屋，某租赁关系经过登记备案，则其他承租人无法对抗已经过备案登记的租赁关系承租人，即由经过备案登记的承租人取得承租权。因此，租赁双方当事人签订房屋租赁合同后，应积极到房屋管理部门做好备案登记的工作。

 **典型案例**

小王是××大学大三学生，大二时他就忙着在学校做市场调查，他认为定位中高档的男士精品店会很受学生欢迎。这学期开学不久，他和另外三位有创业想法的同学一拍即合，每人投资4 000元准备开店。校园附近的孙老板有三间紧挨着的店面，其中一个门面闲置着。孙老板同意以12 000元转让这个门面两年的使用权。小王告诉记者，当时孙老板说她有这个门面三年的使用权，但不要让房东知道房子已经转租给他们，就说几个大学生是帮她打工的，以此避免房东找麻烦。"我们虽然知道孙老板不是房东，只是租用了房东的房子，但我们不知道一定要经过房东的同意才能租房。"9月10日，涉世未深的几名大学生和孙老板签下了门面转让协议书，并支付了7 000元钱。当他们开始对门面进行装修时，房东闻讯赶来。房东表示，他和孙老板签订的合同上明确写了该房子只允许做理发店，并且不允许转租。房东阻止他们装修，并和孙老板发生了冲突。随后房东将第一把锁挂了上去，接着孙老板也挂了一把锁。小王等人的玻璃货架等物品都被锁在里面，无奈之下他们也挂了一把锁。现在要进入这个门面，要过三道关。几把锁锁死了他们的创业之路。孙老板从9月20日起就无影无踪，手机也不开机，不作任何解释。房东也不愿意和他们协商，反正房租已经收到了年底。这可苦了几个大学生，交给孙老板的7 000元房租，加上门面装修的5 000多元，以及进货花去的钱，4人凑的16 000元已经所剩无几。近日，孙老板终于出现，她提出，几个大学生将剩下的5 000元交上，再想办法和房东协商。如果要退还7 000元的房租，必须把已经装修的门面恢复原状并补偿她两个月的误工费。

案例评析：根据我国法律规定，没有经过房东同意擅自转租房屋是无效行为，所签订的门面转让协议也无效。在协议双方都知情的情况下，因合同无效造成的损失应由双方共同承担。小王等所支付的装修费用及孙老板的门面误工费加在一起，双方应各承担一半。如果孙老板不接受这样的条件采取逃避的方式，那么小王应该向法院提起诉讼，用法律的手段解决纠纷。

大学生就业形势严峻，自主创业成为很多毕业生的选择，但在创业之前应多学习合同法、公司法等有关法律。在利益受到侵犯时以法律为武器，保护自己的合法权益。①

三、项目选择涉及的法律——《商业特许经营管理条例》

由于缺乏经营管理经验，加盟特许经营企业是一条捷径，故作此选择的创业者并不少见。加盟特许经营企业对于创业成功具有一定的保障。据商务部的统计数据，截至 2016 年 1 月，我国备案的特许人为 2 900 多个。然而，由于我国对商业特许经营的监管不严，不法经营者往往利用创业者缺乏法律知识和经营经验欺诈加盟者，导致创业者首次创业即遭重创。如上海"得意咖啡"打出免加盟费的幌子，名为加盟，实为销售机器，在销售机器千台，骗得千万元后即"蒸发"，加盟商损失惨重。国家商务部是特许加盟的最高监管部门，从其受理的特许加盟投诉的情况加以分析，可为创业者避免上当受骗提供一定的帮助。

1. 商务部关于特许加盟的投诉受理情况分析

根据商务部关于特许加盟的投诉受理情况进行分析，投诉举报的热点主要集中在以下四个方面。

一是虚假广告宣传。某美容化妆品特许经营企业在推销及网站上宣称自己是国际知名品牌，所有产品、仪器法国原装。然后他们宣称的产品、设备都是法国原装的，后来证明全是国产货，所有产品都是广州一家化妆品厂生产的。在加盟的时候推销的所谓法国，且独家拥有磨光仪就要 2 万多元，后来货到后发现是三无产品，上面还贴了中文的标签，明显是国内某个厂家制造的。还有不少不法企业鼓吹"投资 5 万元，回报 50 万元""一万五加盟、两个月回本、送全套设备""投资只需三万元，加盟、培训、设备全包括""投资少、赢利多、见效快""20 天万事无忧成老板"等，诱骗加盟商的加盟费。

二是特许经营双方的合同纠纷。

 **典型案例**

要求退还加盟保证金纠纷

投诉事由：2006 年 3 月本人加盟了青岛××餐饮文化传播有限公司，并于当年 5 月在天津开店，由于市场反响不佳，于当月底关店。在退还加盟商公司的专利设备后，与加盟商断绝联系，并未按合同约定退还加盟保证金。

 **典型案例**

承诺退换货，合同里设"埋伏"

某经营者拟加盟北京的玩家主题玩具，到北京这家公司实地考察时，公司承诺退换货制度。在向北京公司汇了 9 800 元合同质押金和 20 000 元的货款后，该公司才把合同寄给来，但加盟商发现退还质押金、退换货有苛刻的条件的，如必须一年内从该公司购进

---

① 见《长沙晚报》2007 年 11 月 1 日，http：//cswb. changsha. cn/CSWB/20071101/Cont_ 1_ 9_ 52800. HTM.

100 000元的货物，退换货也需要符合严格的条件。

三是对特许人违反条例义务的举报。围绕条例关于特许人的有关经营资格条件、强制备案义务、信息披露义务等强制性要求的投诉举报也很集中，是投诉举报的重点领域。其中，不具备经营资格条件、未按要求备案的投诉件约占总量的49.63%。

举报某进口食品公司违反条例

投诉人在2008年4月份加盟代理了某进口休闲食品专卖，在经营过程中发现了该公司的很多违法问题致使投诉人无法正常经营。投诉包括以下几方面的内容：（1）商标没有注册；（2）没有在国务院商务主管部门备案；（3）没有两家经营一年以上的直营店；（4）没有提供《进口食品卫生许可证》。

四是对特许人从事传销行为的举报。

举报以无店铺连锁名义传销

该团伙称其销售行为是无店铺连锁销售，但实质是以拉人头的方式发展下线。在购买1~2份产品（该产品为一件衬衣，第一份产品价格是3 800元，从第二份起产品价格为3 300元）后成为实习业务员，购买3~9份产品成为组长级业务员，购买10~49份产品成为主任级业务员，购买50~329份产品成为经理级业务员。

2. 特许加盟的风险及其防范

（1）特许加盟项目的甄别。《商业特许经营管理条例》第八条规定："特许人应当自首次订立特许经营合同之日起15日内，依照本条例的规定向商务主管部门备案。在省、自治区、直辖市范围内从事特许经营活动的，应当向所在地省、自治区、直辖市人民政府商务主管部门备案；跨省、自治区、直辖市范围从事特许经营活动的，应当向国务院商务主管部门备案。"该法第十条规定："商务主管部门应当将备案的特许人名单在政府网站上公布，并及时更新。"真实合法的特许人的名单登录商务部网站（http：//txjy.syggs.mofcom.gov.cn）即可核实。

（2）特许经营合同的签订。鉴于特许人往往处于优势地位，为维护被特许人的权利，《商业特许经营管理条例》规定特许经营合同应当包括下列主要内容：特许人、被特许人的基本情况；特许经营的内容、期限；特许经营费用的种类、金额及其支付方式；经营指导、技术支持及业务培训等服务的具体内容和提供方式；产品或者服务的质量、标准要求和保证措施；产品或者服务的促销与广告宣传；特许经营中的消费者权益保护和赔偿责任的承担；特许经营合同的变更、解除和终止；违约责任；争议的解决方式；特许人与被特许人约定的其他事项。

（3）特许人法定义务。特许人有如下一些法定义务。

特许人应当向被特许人提供特许经营操作手册，并按照约定的内容和方式为被特许人持续提供经营指导、技术支持、业务培训等服务；特许人所经营的产品或者服务的质量、标准应当符合法律、行政法规和国家有关规定的要求；特许人要求被特许人在订立特许经营合同前支付费用的，应当以书面形式向被特许人说明该部分费用的用途以及退还的条件、方式；特许人向被特许人收取的推广、宣传费用，应当按照合同约定的用途使用，而且推广、宣传费用的使用情况应当及时向被特许人披露；特许人在推广、宣传活动中，不得有欺骗、误导的行为，其发布的广告中不得含有宣传被特许人从事特许经营活动收益的内容；特许人经营合同约定的特许经营期限应当不少于 3 年。但是，被特许人同意的除外。特许人和被特许人续签特许经营合同的，不适用前款规定。

在信息披露方面，特许人应当在订立特许经营合同之日前至少 30 日，以书面形式向被特许人提供《商业特许经营管理条例》第二十二条规定的信息，即特许人的名称、住所、法定代表人、注册资本额、经营范围及从事特许经营活动的基本情况；特许人的注册商标、企业标志、专利、专有技术和经营模式的基本情况；特许经营费用的种类、金额和支付方式（包括是否收取保证金及保证金的返还条件和返还方式）；向被特许人提供产品、服务、设备的价格和条件；为被特许人持续提供经营指导、技术支持、业务培训等服务的具体内容、提供方式和实施计划；对被特许人的经营活动进行指导、监督的具体办法；特许经营网点投资预算；在中国境内现有的被特许人的数量、分布地域及经营状况评估；最近 2 年的经会计师事务所审计的财务会计报告摘要和审计报告摘要；最近 5 年内与特许经营相关的诉讼和仲裁情况；特许人及其法定代表人是否有重大违法经营记录；国务院商务主管部门规定的其他信息。商务部制定的《商业特许经营信息披露管理办法》第五条作了更加详细的规定。

（4）被特许人的法定合同解除权及义务。①法定合同解除权。《商业特许经营管理条例》第十二条规定："特许人和被特许人应当在特许经营合同中约定，被特许人在特许经营合同订立后一定期限内，可以单方解除合同。"②义务。如特许经营权禁止再转让，保守特许人的商业秘密。

3. 维权的途径

（1）可以向商务主管部门投诉。根据《商业特许经营管理条例》和《商业特许经营备案管理办法》的相关规定，可以向商务主管部门投诉的范围应该包括：企业以外的其他单位和个人进行特许经营活动的；应该备案而没有备案的特许人；不符合备案条件的特许人已经被公告备案；应该在备案时披露的信息没有披露或提供虚假信息、披露虚假信息的；实际履行的合同文本与备案登记的文本不一致；备案登记内容发生变化以后没有在法定期限内予以变更登记备案；商务行政管理机关的工作人员滥用职权的；其他违反《条例》应由商务主管部门投诉受理的情形。

（2）可以向相关职能机关投诉。进行虚假广告宣传、以特许经营的名义从事传销活动的可以向工商部门投诉；特许经营的产品或服务不合格的投诉由质检部门受理；利用特许经营合同骗取他人钱财等涉嫌欺诈的、其他特许经营违法涉及犯罪行为的由公安部门受理。

（3）关于合同纠纷。因当事人在合同履行过程中不遵守合同约定的合同纠纷，应由当事人自行协商或者选择通过民事诉讼途径解决。

四、人员聘用涉及的法律——《劳动法》《劳动合同法》

创业者除了本人亲自参加经营管理外，往往需要招聘劳动者。《劳动法》《劳动合同法》是调整劳动关系最重要的法律。法律把劳动者视为需要特别保护的弱势群体，因此为用人单位规定了较多的义务，一旦违反这些义务，须承担严厉的法律责任，如支付劳动者双倍工资等。此外，从减少经营费用，降低法律风险的角度，创业者可以通过非全日制用工的方式聘用"小时工"，也可通过劳务派遣方式解决用工问题，但这些特殊用工方式需符合《劳动合同法》等法律规定，因此，创业者了解《劳动法》《劳动合同法》十分必要。

1. 关于劳动合同

《劳动合同法》关于主体的规定。《劳动合同法》第二条规定："中华人民共和国境内的企业、个体经济组织、民办非企业单位等组织（以下称用人单位）与劳动者建立劳动关系，订立、履行、变更、解除或者终止劳动合同，适用本法。"《劳动法》第十五条规定："禁止用人单位招用未满十六周岁的未成年人。"

（1）订立劳动合同时应该注意的事项。用人单位在与劳动者订立劳动合同时，应该注意以下几点：

第一，正确行使订立劳动合同过程中的知情权。在劳动合同缔结之前，用人单位和员工为了建立劳动合同关系，通常采用用人单位招聘、员工应聘的方式，来实现订立合同之前的平等协商。在这个过程中，首先双方当事人必须有一个权利——了解对方相关信息的权利。用人单位在招聘劳动者时，应当告知劳动者本单位工作方面的相关内容和劳动者想了解的一些情况，这是劳动者的知情权。而用人单位也有权了解劳动者与劳动合同直接相关的基本情况，劳动者不得隐瞒，这是用人单位的知情权。

在实际操作过程中，用人单位的知情权行使得非常充分，但劳动者知情权的行使是有障碍的，或者说是未能充分行使的，往往导致员工频繁跳槽，而损失最大的还是用人单位。因为每个员工都是用人单位花费很大的招聘成本招进来的，员工跳槽了，用人单位还得重新找人，又花费了一次招聘成本。所以，满足求职者的知情权，对用人单位是有利的。另外，用人单位在实行知情权的时候，要注意不要侵犯求职者的隐私权。

第二，禁止设定担保和收取抵押金。《劳动合同法》中有禁止设定担保和收取抵押金的规定。因此，用人单位招聘劳动者时，不得让劳动者提供担保或者缴纳抵押金。如果用人单位违反了这一规定，将由劳动行政部门责令限期退还给劳动者本人，并且以每人 500 元以上 2 000 元以下的标准处以罚款，给劳动者造成损害的，还应当承担赔偿责任。所以，用人单位收了劳动者的押金以后，将受到行政处罚。

 法律条文链接

《劳动合同法》第九条　用人单位招用劳动者，不得扣押劳动者的居民身份证和其他证件，不得要求劳动者提供担保或者以其他名义向劳动者收取财物。

第八十四条　用人单位违反本法规定，扣押劳动者居民身份证等证件的，由劳动行政部门责令限期退还劳动者本人，并依照有关法律规定给予处罚。

用人单位违反本法规定，以担保或者其他名义向劳动者收取财物的，由劳动行政部门责令限期退还劳动者本人，并以每人五百元以上二千元以下的标准处以罚款；给劳动者造成损害的，应当承担赔偿责任。

劳动者依法解除或者终止劳动合同，用人单位扣押劳动者档案或者其他物品的，依照前款规定处罚。

（2）劳动合同的内容与条款。《劳动合同法》第十七条规定："劳动合同应当具备以下条款：（一）用人单位的名称、住所和法定代表人或者主要负责人；（二）劳动者的姓名、住址和居民身份证或者其他有效身份证件号码；（三）劳动合同期限；（四）工作内容和工作地点；（五）工作时间和休息休假；（六）劳动报酬；（七）社会保险；（八）劳动保护、劳动条件和职业危害防护；（九）法律、法规规定应当纳入劳动合同的其他事项。"

所谓必备条款，就是劳动合同应该具备的内容，《劳动合同法》第十七条所涉及的内容就是最基本的劳动合同。但是并不是说，用人单位和劳动者只能约定这些条款，而是可以额外增加内容，比如增加试用期条款、培训条款、保密条款等。

按照《劳动合同法》的规定，用人单位不得与劳动者约定由劳动者承担的违约金，但有下列两种情形的除外：一是单位出资培训，并且与接受培训的员工约定了服务期，员工在服务期内违约提前离开的，可以设置违约金；二是劳动者违反竞业限制约定的，可以设定违约金，所谓竞业限制，是说双方在合同中约定，员工离开企业以后一年或者二年之内，不能在同行业的其他企业找工作，在这种竞业限制下，企业要支付给员工竞业限制补偿，并可以与员工设定违反竞业限制的违约金。

（3）劳动合同的三种期限。劳动合同有三种期限：固定期限劳动合同、无固定期限劳动合同和以完成一定工作任务为期限的劳动合同。

需要特别注意必须订立无固定期限合同的情形。下面三种情形，当劳动者提出，或者同意续订、订立劳动合同的，除劳动者提出订立固定期限劳动合同外，就应当订立无固定期限合同：劳动者在该用人单位连续工作满十年的；用人单位初次实行劳动合同制度或者国有企业改制重新订立劳动合同时，劳动者在该用人单位连续工作满十年且距法定退休年龄不足十年的；连续订立二次固定期限劳动合同，且劳动者没有可以被用人单位依法解除劳动合同的情形，再续订合同的，就必须签订无固定期限合同。

《劳动合同法》中关于试用期的规定如表7-1所示。

表7-1　《劳动合同法》中关于试用期的规定

劳动合同期限	试用期期限
三个月以上不满一年	不得超过一个月
一年以上不满三年	不得超过二个月
三年以上和无固定期限合同	不得超过六个月

同一用人单位与同一劳动者只能约定一次试用期。以完成一定工作任务为期限的劳动合同或者劳动合同期限不满三个月的，不得约定试用期。试用期包含在劳动合同期限内。劳动合同仅约定试用期的，试用期不成立，该期限为劳动合同期限。

劳动者在试用期的工资不得低于本单位相同岗位最低工资或者劳动合同约定工资的百分之八十，并不得低于用人单位所在地的最低工资标准。

（4）未签劳动合同的法律风险。《劳动合同法》第八十二条规定，用人单位自用工之日起超过一个月不满一年未与劳动者订立书面劳动合同的，应当向劳动者每月支付二倍的工资。超过一年未签订劳动合同的，视为成立无固定期限合同。

无效劳动合同的处理如下。

第一，先弄清合同无效的几种情形。

《劳动合同法》第二十六条规定，下列劳动合同无效或者部分无效：以欺诈、胁迫的手段或者乘人之危，使对方在违背真实意思的情况下订立或者变更劳动合同的；用人单位免除自己的法定责任、排除劳动者权利的；违反法律、行政法规强制性规定的。

对劳动合同的无效或者部分无效有争议的，由劳动争议仲裁机构或者人民法院确认。

第二，无效合同的处理。

《劳动合同法》第二十七条规定："劳动合同部分无效，不影响其他部分效力的，其他部分仍然有效。"该法第二十八条规定："劳动合同被确认无效，劳动者已付出劳动的，用人单位应当向劳动者支付劳动报酬。劳动报酬的数额，参照本单位相同或者相近岗位劳动者的劳动报酬确定。"

第三，劳动合同的解除。劳动合同的解除一般分为协商解除与单方解除，具体规定见表7-2。

表7-2 劳动合同的解除的类型

劳动合同的解除的类型		
（1）协商解除【第三十六条】		
（2）单方解除	员工单方解除	预告解除【第三十七条】
		即时解除【第三十八条】
	用人单位单方解除	过错性解除【第三十九条】
		非过错性解除【第四十条】
		裁员【第四十一条】

协商解除。协商解除是指用人单位与劳动者经过协商达成一致，双方均同意解除劳动合同的情形。由于双方是平等协商的结果，法律不作过多的干预。

单方解除。《劳动合同法》给劳动者设定的单方解除合同权有两种：第一种是预告解除，也就是我们所说的提前三十天向用人单位预告，三十天以后可以解除劳动合同。第二种是，当用人单位侵犯员工重大权益的时候，法律规定员工在这种情况下，可以不经预告，即时解除合同。

《劳动合同法》给用人单位设定了三种可以单方解除合同的权利，具体如下。

第一种，过错性解除劳动合同。这是基于劳动者犯过错，即劳动者有严重的违法乱纪行为的时候，准许用人单位单方和劳动者解除合同。《劳动合同法》第三十九条规定，劳动者有下列情形之一的，用人单位可以解除劳动合同：在试用期间被证明不符合录用条件的；严重违反用人单位的规章制度的；严重失职，营私舞弊，给用人单位造成重大损害的；劳动者同时与其他用人单位建立劳动关系，对完成本单位的工作任务造成严重影响，或者经用人单位提出，拒不改正的；因本法第二十六条第一款第一项规定的情形致使劳动合同无效的；被依法追究刑事责任的。

第二种，非过错性解除劳动合同。其特点是，劳动者本人主观上没有任何过错，但是由于一些客观原因，若用人单位和劳动者继续维系劳动关系，用人单位使用劳动力的目的根本无法实现，因此这种合同没有继续维系的必要。故《劳动合同法》第四十条规定，有下列情形之一的，用人单位提前三十日以书面形式通知劳动者本人或者额外支付劳动者一个月工资后，可以解除劳动合同：劳动者患病或者非因工负伤，在规定的医疗期满后不能从事原工作，也不能从事由用人单位另行安排的工作的；劳动者不能胜任工作，经过培训或者调整工作岗位，仍不能胜任工作的；劳动合同订立时所依据的客观情况发生重大变化，致使劳动合同无法履行，经用人单位与劳动者协商，未能就变更劳动合同内容达成协议的。

第三种，用人单位由于经营不善，或者生产经营遇到了比较严重的困难，或者用人单位需要转产，或者有重大技术革新，在这种情况下，劳动合同法准许用人单位对部分劳动者实施裁员，这就是所谓的裁员条款。《劳动合同法》第四十一条规定，有下列情形之一，需要裁减人员二十人以上或者裁减不足二十人但占企业职工总数百分之十以上的，用人单位提前三十日向工会或者全体职工说明情况，听取工会或者职工的意见后，裁减人员方案经向劳动行政部门报告，可以裁减人员：依照企业破产法规定进行重整的；生产经营发生严重困难的；企业转产、重大技术革新或者经营方式调整，经变更劳动合同后，仍需裁减人员的；其他因劳动合同订立时所依据的客观经济情况发生重大变化，致使劳动合同无法履行的。

裁减人员时，应当优先留用下列人员：与本单位订立较长期限的固定期限劳动合同的；与本单位订立无固定期限劳动合同的；家庭无其他就业人员，有需要扶养的老人或者未成年人的。

用人单位依照《劳动合同法》第四十条第一款规定裁减人员，在六个月内重新招用人员的，应当通知被裁减的人员，并在同等条件下优先招用被裁减的人员。

另外，基于对一些特殊劳动者的保护，法律规定了禁止用人单位单方解除合同的情形。劳动者有下列情形之一的，用人单位不得依照《劳动合同法》第四十条、第四十一条的规定解除劳动合同：从事接触职业病危害作业的劳动者未进行离岗前职业病健康检查，或者疑似职业病病人在诊断或者医学观察期间的；在本单位患职业病或者因工负伤并被确认丧失或者部分丧失劳动能力的；患病或者非因工负伤，在规定的医疗期内的；女职工在孕期、产期、哺乳期的；在本单位连续工作满十五年，且距法定退休年龄不足五年的；法律、行政法规规定的其他情形。

2. 非全日制用工问题

所谓非全日制用工，就是指以小时计酬为主，劳动者在同一用人单位一般平均每日工作时间不超过四小时，一周累计工作时间不超过二十四小时的一种用工方式。《劳动合同法》第六十九条规定：从事非全日制用工的劳动者，可与一个或者一个以上用人单位签订劳动合同，但是后订立的劳动合同，不得影响先前订立的劳动合同的履行。非全日制用工双方当事人，可以订立口头协议，也就是说，非全日制用工劳动合同，可以是书面形式的，也可以不是书面形式的，即双方当事人口头上达成协议。关于非全日制用工的法律要求，《劳动合同法》有如下几个具体的规定：非全日制用工双方当事人不得约定试用期；非全日制用工小时计酬标准不得低于用人单位所在地人民政府规定的最低小时工资标准；非全日制用工劳动报酬结算支付周期最长不得超过十五日。

非全日制用工的优点除灵活性非常高，便于操作外，还有如下几点：第一，按照有关法律的规定，对于非全日制用工的员工，企业只需要给员工缴纳工伤保险费用，其他的费用自然就包含在他的工资里了，所以从这个角度来讲，非全日制用工的成本比全日制用工的要低廉一些，可以为企业节约一部分人力成本。第二，非全日制用工时间很精确，按小时计酬，这种精确的用工方式会降低企业的人力成本。第三，企业可以随时终止非全日制用工，不需要有任何条件和理由，而且还不用支付补偿金，这一点对企业很有吸引力，因此这种用工方式受到了企业的认可与赞同。

非全日制用工的弊端为：非全日制员工的工作稳定性比较差。企业不可以把他们用在关键岗位，或者是一线岗位上，而是只能用在辅助性的岗位，或者二线岗位上。因为非全日制员工的工作稳定性很差，如果把他们用在一线岗位和关键岗位上，那么企业的生产经营很难保证正常运行，即使能保证正常运行，也很难保证企业的产品质量。

 法律条文链接

《劳动合同法》第六十八条　非全日制用工，是指以小时计酬为主，劳动者在同一用人单位一般平均每日工作时间不超过四小时，每周工作时间累计不超过二十四小时的用工形式。

第六十九条　非全日制用工双方当事人可以订立口头协议。

从事非全日制用工的劳动者可以与一个或者一个以上用人单位订立劳动合同；但是，后订立的劳动合同不得影响先订立的劳动合同的履行。

第七十条　非全日制用工双方当事人不得约定试用期。

第七十一条　非全日制用工双方当事人任何一方都可以随时通知对方终止用工。终止用工，用人单位不向劳动者支付经济补偿。

第七十二条　非全日制用工小时计酬标准不得低于用人单位所在地人民政府规定的最低小时工资标准。非全日制用工劳动报酬结算支付周期最长不得超过十五日。

第九章

创业终止相关法律制度

在创业过程中，由于创业者之间创业理念的分歧等原因，部分创业者退伙或股权转让并不鲜见，而创业者协商一致自愿解散企业或因违法等原因非自愿解散企业也时有发生，甚至由于经营不善导致企业破产也是有的。依法终止创业事业，创业者需要了解相关的法律制度。

1. 退伙与股权转让制度

根据《中华人民共和国合伙企业法》（以下简称《合伙企业法》）的规定，退伙可以分为声明退伙与法定退伙，法定退伙又分为当然退伙与除名退伙。

声明退伙体现在《合伙企业法》第四十五条、第四十六条。该法第四十五条规定，合伙协议约定合伙期限的，在合伙企业存续期间，有下列情形之一的，合伙人可以退伙：合伙协议约定的退伙事由出现；经全体合伙人一致同意；发生合伙人难以继续参加合伙的事由；其他合伙人严重违反合伙协议约定的义务。该法第四十六条规定，合伙协议未约定合伙期限的，合伙人在不给合伙企业事务执行造成不利影响的情况下，可以退伙，但应当提前三十日通知其他合伙人。

法定退伙中的当然退伙规定在该法第四十八条，合伙人有下列情形之一的，当然退伙：作为合伙人的自然人死亡或者被依法宣告死亡；个人丧失偿债能力；作为合伙人的法人或者其他组织依法被吊销营业执照、责令关闭、撤销，或者被宣告破产；法律规定或者合伙协议约定合伙人必须具有相关资格而丧失该资格；合伙人在合伙企业中的全部财产份额被人民法院强制执行。

除名退伙体现在该法第四十九条，合伙人有下列情形之一的，经其他合伙人一致同意，可以决议将其除名：未履行出资义务；因故意或者重大过失给合伙企业造成损失；执行合伙事务时有不正当行为；发生合伙协议约定的事由。

合伙人退伙，其他合伙人应当与该退伙人按照退伙时的合伙企业财产状况进行结算，退还退伙人的财产份额。退伙人对给合伙企业造成的损失负有赔偿责任的，相应扣减其应当赔偿的数额。退伙人对基于其退伙前的原因发生的合伙企业债务，承担无限连带责任。合伙人退伙时，合伙企业财产少于合伙企业债务的，退伙人应当依照规定分担亏损。

若创业者选择了有限责任公司形式，部分创业者想退出则可以通过股权转让方式实现。《公司法》第七十一条规定："有限责任公司的股东之间可以相互转让其全部或者部分股权。股东向股东以外的人转让股权，应当经其他股东过半数同意。股东应就其股权转让事项书面通知其他股东征求同意，其他股东自接到书面通知之日起满三十日未答复的，视为同意转让。其他股东半数以上不同意转让的，不同意的股东应当购买该转让的股权；

不购买的，视为同意转让。经股东同意转让的股权，在同等条件下，其他股东有优先购买权。两个以上股东主张行使优先购买权的，协商确定各自的购买比例；协商不成的，按照转让时各自的出资比例行使优先购买权。公司章程对股权转让另有规定的，从其规定。"

2. 企业解散的法律制度

对创业者而言，不仅可能选择退伙、股权转让实现自己退出但企业继续存在的情况，还可能出现协商一致解散企业，甚至因严重违法被强制解散企业的情况。

《中华人民共和国个人独资企业法》（以下简称《个人独资企业法》）第二十六条规定："个人独资企业有下列情形之一时，应当解散：（一）投资人决定解散；（二）投资人死亡或者被宣告死亡，无继承人或者继承人决定放弃继承；（三）被依法吊销营业执照；（四）法律、行政法规规定的其他情形。"《个人独资企业法》第二十七条规定："个人独资企业解散，由投资人自行清算或者由债权人申请人民法院指定清算人进行清算。投资人自行清算的，应当在清算前十五日内书面通知债权人，无法通知的，应当予以公告。债权人应当在接到通知之日起三十日内，未接到通知的应当在公告之日起六十日内，向投资人申报其债权。"《个人独资企业法》第二十八条规定："个人独资企业解散后，原投资人对个人独资企业存续期间的债务仍应承担偿还责任，但债权人在五年内未向债务人提出偿债请求的，该责任消灭。"

《合伙企业法》第八十五条规定，合伙企业有下列情形之一时，应当解散：合伙期限届满，合伙人决定不再经营；合伙协议约定的解散事由出现；全体合伙人决定解散；合伙人已不具备法定人数满三十天；合伙协议约定的合伙目的已经实现或者无法实现；依法被吊销营业执照、责令关闭或者被撤销；法律、行政法规规定的其他原因。《合伙企业法》第八十六条规定："合伙企业解散，应当由清算人进行清算。清算人由全体合伙人担任；经全体合伙人过半数同意，可以自合伙企业解散事由出现后十五日内指定一个或者数个合伙人，或者委托第三人，担任清算人。自合伙企业解散事由出现之日起十五日内未确定清算人的，合伙人或者其他利害关系人可以申请人民法院指定清算人。"。

《公司法》第一百八十条规定："公司因下列原因解散：（一）公司章程规定的营业期限届满或者公司章程规定的其他解散事由出现时；（二）股东会或者股东大会决议解散；（三）因公司合并或者分立需要解散；（四）依法被吊销营业执照、责令关闭或者被撤销；（五）人民法院依照本法第一百八十二条的规定予以解散。"《公司法》第一百八十三条规定："公司因本法第一百八十条第（一）项、第（二）项、第（四）项、第（五）项规定而解散的，应当在解散事由出现之日起十五日内成立清算组，开始清算。有限责任公司的清算组由股东组成，股份有限公司的清算组由董事或者股东大会确定的人员组成。逾期不成立清算组进行清算的，债权人可以申请人民法院指定有关人员组成清算组进行清算。人民法院应当受理该申请，并及时组织清算组进行清算。"

类似地，个体工商户不再从事经营活动的，应当到登记机关办理注销登记。若企业解散时资产不足以清偿债务的，对于个体工商户、个人独资企业的投资人需承担无限责任，合伙企业的普通合伙人需承担无限连带责任，而对于有限责任公司而言，则进入破产清算程序。

3. 企业破产的法律制度

在市场经济条件下，企业经营不善导致资不抵债并不鲜见。为了实现企业依法退出市场，保护相关债权人的利益，法律规定了破产法律制度。由于个体工商户、合伙企业的普通合伙人、个人独资企业的投资者均承担无限责任，故其不存在破产问题。依照我国《中华人民共和国企业破产法》（以下简称《企业破产法》）的规定，只有具备法人地位的企业才适用破产制度。

1）破产的条件

《企业破产法》规定：企业法人不能清偿到期债务，并且资产不足以清偿全部债务或者明显缺乏清偿能力的，可提出破产申请。企业的债权人、企业债务人及负有清算责任的人均有权提出破产申请。为进一步明确破产的条件，最高人民法院 2011 年 9 月 9 日颁布了《最高人民法院关于适用〈中华人民共和国企业破产法〉若干问题的规定（一）》（以下简称《规定》），该《规定》第二条规定："下列情形同时存在的，人民法院应当认定债务人不能清偿到期债务：（一）债权债务关系依法成立；（二）债务履行期限已经届满；（三）债务人未完全清偿债务。"

《规定》第四条规定："债务人账面资产虽大于负债，但存在下列情形之一的，人民法院应当认定其明显缺乏清偿能力：（一）因资金严重不足或者财产不能变现等原因，无法清偿债务；（二）法定代表人下落不明且无其他人员负责管理财产，无法清偿债务；（三）经人民法院强制执行，无法清偿债务；（四）长期亏损且经营扭亏困难，无法清偿债务；（五）导致债务人丧失清偿能力的其他情形。"

2）破产的程序

《企业破产法》规定了企业法人破产的程序，大体包括以下步骤：向企业法人住所地法院提出申请、法院裁定是否受理、指定破产管理人、破产管理人清理企业的债权债务、债权人申报债权及组成债权人会议、破产清算、注销破产企业。在破产程序中，债权人及破产企业可以提出和解及重整。

3）破产的法律后果

企业破产即意味着对企业资产进行变卖、对债务进行清偿，若企业资产不足以清偿债务的，债权人的债权仅能部分受偿，企业法人随即注销而不复存在；对于企业法人未能清偿的债务，企业法人的出资者即股东不承担偿还责任。由此可见，创业者采用有限责任公司形式的，承担责任以出资为限，故风险可以控制，这也是选择有限责任公司形式的优点。

第十章
创新创业涉及的知识产权法律制度

一、知识产权概述

知识产权是指民事主体对智力劳动成果依法享有的专有权利，具有专有性、地域性、时间性的特征。知识产权的范围主要包括著作权和邻接权、专利权、商标权、商业秘密权、集成电路布图设计权等。在知识经济时代，加强对知识产权的保护显得尤为重要和迫切。对于创业者而言，保护自己的知识产权，有利于维护自身权益；尊重他人的知识产权，可避免承担法律责任。

二、知识产权法的概念

知识产权法是指因调整知识产权的归属、行使、管理和保护等活动中产生的社会关系的法律规范的总称。在知识产权法中，既有私法规范，也有公法规范；既有实体法规范，也有程序法规范。它的综合性和技术性特征十分明显。但从法律部门的归属上讲，知识产权法仍属于民法，是民法的特别法。

三、知识产权的法律保护

我国知识产权立法起步较晚，但发展迅速，现已建立起符合国际先进标准的法律体系。知识产权法的渊源是指知识产权法律规范的表现形式，可分为国内立法渊源（如著作权法、专利法、商标法等）和国际公约（如《与贸易有关的知识产权协定》《保护工业产权巴黎公约》等）两部分。

未经知识产权权利人许可，又无其他合法依据，擅自行使知识产权权利人的专有权利或妨碍知识产权权利人正常行使权利等损害知识产权权利人合法权益的行为即构成侵权行为。侵犯他人知识产权需要承担民事责任，甚至刑事责任。

1. 专利及其法律保护

专利是发明创造的首创者所拥有的受保护的独享权益，它是指一项发明创造向国家审批机关提出专利申请，经依法审查合格后向专利申请人授予的在规定的时间内对该项发明创造享有的专有权。根据《中华人民共和国专利法》（以下简称《专利法》）第二条的规定，发明创造包括发明、实用新型和外观设计三种。专利权的客体，也称为专利法保护的对象。

由于发明创造一旦被用于生产，往往会带来巨大的经济效益。所以，对于创业者而言，若有发明创造，一方面可以以专利技术作为出资，另一方面应积极申请专利对发明创造加以保护。

发明，是指对产品、方法或者其改进所提出的新的技术方案，可分为产品发明、方法发明和改进发明三种。产品发明是关于新产品或新物质的发明；方法发明是指为解决某特定技术问题而采用的手段和步骤的发明；改进发明是对已有的产品发明或方法发明所作出的实质性革新的技术方案。例如，爱迪生发明了白炽灯，白炽灯是一种前所未有的新产品，可以申请产品发明；生产白炽灯的方法可以申请方法发明；给白炽灯填充惰性气体，其质量和寿命都有明显提高，这是在原来基础上进行的改进，可以申请改进发明。

实用新型，是指对产品的形状、构造或者其结合所提出的适于实用的新的技术方案。实用新型专利只保护产品。

外观设计又称为工业产品外观设计，是指对产品的形状、图案或者其结合以及色彩与形状、图案相结合所作出的富有美感并适于工业上应用的新设计。外观设计的载体必须是产品。可以构成外观设计的组合包括：产品的形状；产品的图案；产品的形状和图案；产品的形状和色彩；产品的图案和色彩；产品的形状、图案和色彩等。

1）授予专利权的条件

发明创造要取得专利权，必须满足实质条件和形式条件。实质条件是指申请专利的发明创造自身必须具备的属性要求，形式条件则是指申请专利的发明创造在申请文件和手续等程序方面的要求。此处所讲的授予专利权的条件，仅指授予专利权的实质条件。

（1）发明或者实用新型专利的授权条件包括以下几方面。

①新颖性。新颖性是指在申请日以前没有同样的发明或者实用新型在国内外出版物上公开发表过、在国内公开使用过或者以其他方式为公众所知，也没有同样的发明或者实用新型由他人向专利局提出过申请并且记载在申请日以后公布的专利申请文件中。申请专利的发明或者实用新型满足新颖性的标准，必须不同于现有技术，同时还不得出现抵触申请。

②创造性。创造性是指同申请日以前已有的技术相比，该发明有突出的实质性特点和显著的进步，该实用新型有实质性特点和进步。申请专利的发明或实用新型，必须与申请日前已有的技术相比，在技术方案的构成上有实质性的差别，必须是通过创造性思维活动的结果，不能是现有技术通过简单的分析、归纳、推理就能够自然获得的结果。发明的创造性比实用新型的创造性要求更高。创造性的判断以所属领域普通技术人员的知识和判断能力为准。

③实用性。实用性是指该发明或者实用新型能够被制造或者使用，并且能够产生积极效果。它有两层含义：第一，该技术能够在产业中被制造或者使用。产业包括了工业、农业、林业、水产业、畜牧业、交通运输业及服务业等行业。产业中的被制造和使用是指具有可实施性及再现性。第二，必须能够产生积极的效果，即同现有的技术相比，申请专利的发明或实用新型能够产生更好的经济效益或社会效益，如能提高产品数量、改善产品质量、增加产品功能、节约能源或资源、防治环境污染等。

（2）外观设计专利的授权条件包括以下几方面。

①新颖性。被授予专利权的外观设计，应当同申请日以前在国内外出版物上公开发表过或者国内公开使用过的外观设计不相同或不相近似。外观设计必须依附于特定的产品，因而"不相同"不仅指形状、图案、色彩或其组合外观设计本身不相同，而且指采用设计

方案的产品也不相同。"不相近似"要求申请专利的外观设计不能是对现有外观设计的形状、图案、色彩或其组合的简单模仿或微小改变。

②实用性。授予专利权的外观设计必须适于工业应用。这要求外观设计本身及作为载体的产品能够以工业的方法重复再现，即能够在工业上批量生产。

③富有美感。授予专利权的外观设计必须富有美感。美感是指该外观设计从视觉感知上的愉悦感受，与产品功能是否先进没有必然联系。富有美感的外观设计在扩大产品销路方面具有重要作用。

另外，被授予专利权的外观设计不得与他人在先取得的合法权利相冲突。这里的在先取得的合法权利包括了商标权、著作权、企业名称权、肖像权、知名商品特有包装装潢使用权等。"在先取得"是指在外观设计的申请日或者优先权日之前取得。

2）专利法不予保护的对象

专利法不予保护的对象主要包括：违反法律、社会公德或妨害公共利益的发明创造；科学发现；智力活动的规则和方法；疾病的诊断和治疗方法；动物和植物品种；用原子核变换方法获得的物质。

2. 商标及其法律保护

商标俗称牌子，是指经营者在商品或服务项目上使用的，将自己经营的商品或提供的服务与其他经营者经营的商品或提供的服务区别开来的一种商业识别标志。商标最基本的功能就是识别商品或服务的来源，区别相同商品或服务的不同经营者。

商标权的取得可分为原始取得和继受取得。根据《中华人民共和国商标法》（以下简称《商标法》）第三条规定，商标权的原始取得，应按照商标注册程序办理。商标注册人享有商标专用权，受法律保护。继受取得应按合同转让和继承注册商标的程序办理。

商标注册的国内申请人可以自己直接到商标局办理注册申请手续，也可以委托商标代理组织办理，经商标局审核、公告后取得商标权。商标权每10年需要续展一次。

转让注册商标的，转让人和受让人应当签订转让协议，并共同向商标局提出申请。转让注册商标经核准后，商标局予以公告，受让人自公告之日起享有商标专用权。受让人应当保证使用该注册商标的商品质量。

1）商标注册的条件

自然人、法人或者其他组织对其生产、制造、加工、拣选或经销的商品或者对其提供的服务项目，需要取得商标专用权的，应当向商标局申请商标注册。两个以上的自然人、法人或者其他组织可以共同向商标局申请注册同一商标，共同享有和行使该商标的专用权。

2）商标构成的条件

商标构成的条件包括以下几方面的内容。

（1）商标的必备条件。商标的必备条件包括两项：第一，应当具备法定的构成要素。任何能够将自然人、法人或者其他组织的商品与他人的商品区别开来的可视性标志，包括文字、图形、字母、数字、三维标志和颜色组合，以及上述要素的组合，均可以作为商标申请注册。视觉不能感知的音响、气味等商标不能在我国注册。第二，商标应当具有显著特征。

（2）商标的禁止条件。商标的禁止条件，也称商标的消极要件，是指注册商标的标记不应当具有的情形，如不得侵犯他人的在先权利或合法利益，不得违反商标法禁止注册或使用某些标志的条款，《商标法》第十条、第十二条和第十六条作出了具体规定，如不得同中华人民共和国的国家名称、国旗、国徽相同或者近似。

3）商标权的内容

商标权是指商标注册人在法定期限内对其注册商标所享有的受国家法律保护的各种权利，从内容上看，包括专用权、禁止权、许可权、转让权、续展权和标示权等，其中专用权是最重要的权利，其他权利都是由该权利派生出来的。正因为如此，一般都把商标权与商标专用权不加区分地利用。

4）商标侵权行为

商标侵权行为是指违反《商标法》规定，假冒或仿冒他人注册商标，或者从事其他损害商标权人合法权益的行为。商标侵权行为的表现形式为：假冒或仿冒行为；销售侵犯商标权的商品；伪造、擅自制造他人注册商标标识或者销售伪造、擅自制造的注册商标标识的行为；未经商标注册人同意，更换其注册商标并将该更换商标的商品又投入市场的；给他人的注册商标专用权造成其他损害的。侵犯他人商标行为，需要承担民事侵权责任，构成犯罪的，追究刑事责任。

3. 著作权及其法律保护

对于创业者而言，尤其是计算机专业毕业的大学生而言，可能已开发出具有一定市场价值的计算机软件。对于计算机软件的法律保护，我国知识产权法律将其纳入著作权范畴。这里仅对软件著作权作简单介绍。

1）软件著作权的客体

软件著作权的客体是指计算机软件，即计算机程序及其有关文档。计算机程序是指为了得到某种结果而可以由计算机等具有信息处理能力的装置执行的代码化指令序列，或者可以被自动转换成代码化指令序列的符号化序列或者符号化语句序列。同一计算机程序的源程序和目标程序为同一作品。文档是指用来描述程序的内容、组成、设计、功能规格、开发情况、测试结果及使用方法的文字资料和图表等，如程序说明、流程图、用户手册等。

应当指出的是，对软件著作权的保护，不涉及开发软件所用的思想、处理过程、操作方法或者数学概念等。

2）软件著作权人及其权利归属

软件著作权人，是指依法享有软件著作权的自然人、法人或者其他组织。除法律另有规定外，软件著作权属于软件开发者，即实际组织开发、直接进行开发，并对开发完成的软件承担责任的法人或者其他组织；或者依靠自己具有的条件独立完成软件开发，并对软件承担责任的自然人。

需要注意的是，职务计算机软件的著作权归属有一定的特殊性。自然人在法人或者其他组织中任职期间所开发的软件有下列情形之一的，该软件著作权由该法人或者其他组织享有：针对本职工作中明确指定的开发目标所开发的软件；开发的软件是从事本职工作活动所预见的结果或者自然的结果；主要使用了法人或者其他组织的资金、专用设备、未公开的专门信息等物质技术条件所开发并由法人或者其他组织承担责任的软件。

3）软件著作权的内容及保护期限

软件著作权的内容包括人身权与财产权。人身权为发表权、署名权、修改权；财产权为专有使用权、使用许可权、转让权。

自然人的软件著作权的保护期为自然人终生及其死亡后 50 年，截止于自然人死亡后第 50 年的 12 月 31 日；法人或者其他组织的软件著作权，保护期为 50 年，截止于软件首次发表后第 50 年的 12 月 31 日，但软件自开发完成之日起 50 年内未发表的，不再被保护。

4）软件登记

为促进我国软件产业发展，增强我国信息产业的创新能力和竞争能力，国家著作权行政管理部门鼓励软件登记，并对登记的软件予以重点保护。软件登记分为软件著作权登记、软件著作权专有许可合同和转让合同登记。国家版权局主管全国软件著作权登记管理工作。国家版权局认定中国版权保护中心为软件登记机构。软件登记文件是证明登记主体享有软件著作权及订立软件著作权专有许可合同、转让合同的重要书面证据。需要说明的是，软件登记不是软件著作权产生的依据，未经登记的软件著作权或软件著作权专有许可合同、转让合同仍受法律保护。

第 五 编

婚姻家庭继承法律制度

第十一章

结婚制度

结婚是婚姻关系产生的起点。结婚制度主要是关于结婚实质要件和形式要件之规定，以及关于欠缺结婚要件的瑕疵婚姻之规定。

第一节　结婚的构成要件

一、结婚的概念和特征

结婚，又称为婚姻的成立，是男女双方依照法律规定的条件和程序，确立夫妻关系的一种民事法律行为。结婚有以下三个特征：

1. 结婚行为的主体是男女两性

在我国，婚姻关系的产生，是以男女两性的生理差别为前提的，人类性的本能和自身的繁衍是婚姻的自然属性，这是婚姻关系区别于其他社会关系的最重要的特征。同性之间的结合不能引起婚姻的成立。

2. 结婚的目的是为了确立夫妻身份关系

男女双方因结婚形成了互为配偶的夫妻身份，开始相互享有和承担法律规定的权利与义务。夫妻身份关系确立后，未经法律程序，双方不能任意解除。

3. 结婚行为是一种法律行为

当事人必须遵守法律的规定，包括法律规定的结婚条件和结婚程序两个方面。与一般的民事法律行为不同，法律对结婚行为的条件和程序作了特别的规定，结婚必须依法成立，否则不具有婚姻的法律效果。

二、结婚的构成要件

结婚是婚姻关系成立，夫妻关系赖以发生的依据。基于婚姻关系的自然属性和社会属性，现代各国法律都要求结婚双方必须符合一定的条件。结婚要件就是指法律规定的结婚时必须具备的条件。

（一）结婚的实质要件

根据我国《中华人民共和国婚姻法》（以下简称《婚姻法》）的规定，结婚实质条件又可分为必备条件和禁止条件两个方面。

1. 结婚的必备条件

结婚的必备条件，又称结婚的积极要件，指当事人结婚时必须具备的不可缺少的条件。我国《婚姻法》规定，结婚必须具备下列条件：

（1）结婚必须男女双方完全自愿。我国《婚姻法》第五条规定："结婚必须男女双方完全自愿，不许任何一方对他方加以强迫或任何第三者加以干涉。"这一规定是婚姻自由原则在结婚问题上的具体体现。这里的"完全自愿"是由以下三层含义组成的统一整体：

第一，是当事人双方自愿，而不是一厢情愿。结婚是婚姻当事人双方的法律行为，因此，它只能产生于当事人自身，由当事人自己表示。如果一方对他方加以强迫，就违反了法律的规定。

第二，是当事人本人的自愿，而不是第三者的自愿。法律把是否结婚、与谁结婚的决定权，在一定范围内是完全赋予当事人本人的，当事人的父母、亲属、朋友、领导在内的任何第三者，都不能违背当事人的意愿而包办、强迫他人的婚姻。

第三，是双方完全自愿，而不是勉强同意，不是屈于外界的压力或某种条件的诱惑违心地结合。

（2）结婚必须达到法定婚龄。法定婚龄是指法律规定的结婚者必须达到的最低年龄。要求结婚的男女双方都达到或超过这一年龄才能结婚，才给予办理结婚登记，其婚姻才得以承认并受到法律的保护。我国《婚姻法》第六条规定："结婚年龄，男不得早于二十二周岁，女不得早于二十周岁。晚婚晚育应予鼓励。"此条规定有两层含义：

首先，明确了我国男女结婚的最低年龄。但同时不是要求到了这个年龄就必须结婚，也不意味着这一年龄是结婚的最佳年龄。法定婚龄是合法与非法的界限，是结婚年龄的硬性规定。

其次，国家对晚婚晚育采取提倡和鼓励的态度。晚婚年龄一般为男二十五周岁，女二十三周岁。但这是政策性的鼓励规定，不是必须执行而是自觉遵守的。

（3）必须符合一夫一妻制。我国《婚姻法》第二条和第三条明确规定，实行婚姻自由、一夫一妻、男女平等的婚姻制度，禁止重婚。因此，有婚姻关系存在的人，不得再与第三者建立夫妻关系。只有双方无配偶的人即未婚、丧偶或离婚的人，才能结婚，否则就构成重婚。对于重婚除依法认定婚姻关系无效外，还可追究其法律责任。

应当指出，男女双方完全自愿、达到法定婚龄及符合一夫一妻制原则，作为结婚双方必须具备的积极条件，相互联系，共同构成一个有机统一的结婚条件体系，缺一不可。

2. 结婚的禁止条件

结婚的禁止条件，也称消极条件，或婚姻成立的障碍。它是指结婚者有法律规定的禁止条件之一的，不准结婚。法律规定的结婚的禁止条件有两种：一是禁止有一定血亲关系的人之间结婚；二是禁止患有医学上认为不应当结婚的人结婚。

（1）禁止有一定血亲关系的人结婚。人类发展自然规律证明，血缘关系太近的亲属结婚，易将双方生理上、精神上的疾病、缺陷遗传给下一代，直接影响后代的健康，危害民族发展。因此，基于优生学和遗传规律的要求，禁止一定范围内的血亲结婚，已经成为世界各国的通例。我国《婚姻法》明确规定，禁止结婚的血亲是直系血亲和三代以内的旁系血亲。

直系血亲是指生育自己和自己所生育的上下各代的亲属。如父母与子女、祖父母与孙子女、外祖父母与外孙子女等。三代以内的旁系血亲是指除直系血亲外，同出于祖父母、外祖父母的亲属，包括：兄弟姐妹、同源于祖父母的堂兄弟姐妹、姑表兄弟姐妹；同源于外祖父母的姨表兄弟姐妹、舅表兄弟姐妹；不同辈分的叔、伯、姑、舅、姨等。婚姻法做出关于禁婚亲的规定，其主要意义在于禁止中表亲，即表兄弟姐妹之间的通婚。违反婚姻法关于禁婚亲的规定而缔结的婚姻属于无效婚姻。

（2）禁止患有一定疾病的人结婚。我国《婚姻法》第七条第二款规定，"患有医学上认为不应当结婚的疾病"的人，禁止结婚。《婚姻登记条例》第六条规定，"患有医学上认为不应当结婚的疾病的"，婚姻登记机关不予登记。结婚不仅是男女基于确立夫妻关系以满足个体需求的个人行为，而且也是基于繁衍后代、延续种族这一历史使命，以保障民族健康生存、发展需要的社会行为。其不仅要以自己的意志为转移，也要受到人类发展的自然规律、社会规律以及道德、习惯、法律规范等的制约。为了防止易于遗传、传染并且难于治疗控制的疾病遗传、传染给配偶、后代，保护人民的身心健康，从立法上禁止患有医学上认为不应当结婚的疾病之人结婚，这是非常必要的。

医学上认为不应当结婚的疾病主要包括以下三种：

第一，严重遗传性疾病。由于生物体的构造和生理机能等原因会把带病的基因由上代遗传给下一代，且后代再现风险高，一旦患病即会全部或者部分丧失自主生活能力，婚姻一方或双方当事人如果患有不应当结婚的严重遗传性疾病，不仅无法承担夫妻之间的义务和对子女、家庭的责任，而且危及后代健康和民族的发展。

第二，有关精神病。患有精神分裂症、躁狂抑郁型精神病、偏执型精神病、器质型精神病等重度精神病的人，他们缺乏必要的识别能力和自控能力，为无民事行为能力或限制民事行为能力人，对婚姻、家庭和社会无法承担责任，而且还会遗传给后代。因此，世界各国法律都明确规定，精神病患者未经治愈，不得结婚，如美国、德国、瑞士、巴西、丹麦、挪威、奥地利、墨西哥等国均有相应法律规定。

第三，传染性疾病。包括性病和其他严重传染性疾病。性病是指可以通过性行为传染的疾病，如艾滋病、梅毒、淋病等。严重的性病传染性强，患者结婚即可将之传染给配偶，并可经过母体将性病病原体传染给后代，危及整个家庭成员的健康，影响家庭幸福、和睦。因此，在其未治愈时应禁止结婚。

应当注意的是：首先，禁止患有医学上认为不应当结婚的疾病的人结婚，是指在发病期间不能结婚，如果已经治愈，就不再受到这种限制。其次，医学上认为不应当结婚的疾病，必须是以医学检查后作出的结论为依据。

（二）结婚的形式要件

结婚的形式要件即结婚的程序，指法律规定的婚姻关系之建立所必须履行的法定手续，是婚姻取得社会承认的一种方式。在我国，结婚除必须符合法定的实质要件以外，还必须履行法定的程序，即办理结婚登记。对于婚姻成立来说，此二者是缺一不可的。我国《婚姻法》第八条规定："要求结婚的男女双方必须亲自到婚姻登记机关进行结婚登记。符合本法规定的，予以登记，发给结婚证。取得结婚证，即确立夫妻关系。未办理结婚登记的，应当补办登记。"结婚登记便是我国的结婚程序。

1. 结婚登记的机关

《婚姻登记条例》第二条规定："内地居民办理婚姻登记的机关是县级人民政府民政部门或者乡（镇）人民政府，省、自治区、直辖市人民政府可以按照便民原则确定农村居民办理婚姻登记的具体机关。中国公民同外国人、内地居民同香港特别行政区居民（以下简称香港居民）、澳门特别行政区居民（以下简称澳门居民）、台湾地区居民（以下简称台湾居民）、华侨办理婚姻登记的机关是省、自治区、直辖市人民政府民政部门或者省、自治区、直辖市人民政府民政部门确定的机关。"

可见，内地居民办理婚姻登记的机关是一方户口所在地的县级人民政府或乡（镇）人民政府的婚姻登记机关；中国公民同外国人、内地居民同香港居民、澳门居民、台湾居民、华侨办理结婚登记的机关是省、自治区、直辖市人民政府民政部门的婚姻登记机关。

2. 结婚登记的程序

（1）申请。对于要求结婚的内地居民，男女双方应当共同到一方当事人常住户口所在地的婚姻登记机关办理结婚登记。如果是中国公民同外国人在中国内地结婚的，内地居民同香港居民、澳门居民、台湾居民、华侨在中国内地结婚的，男女双方应当共同到内地居民常住户口所在地的婚姻登记机关办理结婚登记。

办理结婚登记的内地居民应当出具的证件和证明材料包括：本人的户口簿、身份证；本人无配偶以及与对方当事人没有直系血亲和三代以内旁系血亲关系的签字声明。

办理结婚登记的港澳台居民应出具的证件和证明材料包括：本人的有效通行证、身份证；经居住地公证机构公证的本人无配偶以及与对方当事人没有直系血亲和三代以内旁系血亲关系的声明。

办理结婚登记的华侨应当出具的证件和证明材料包括：本人的有效护照；居住国公证机构或者有权机关出具的、经中国驻该国使（领）馆认证的或者中国驻该国使（领）馆出具的本人无配偶以及与对方当事人没有直系血亲和三代以内旁系血亲的证明。

办理结婚登记的外国人应当出具的证件和证明材料包括：本人的有效护照或者其他有效的国际旅行证件；所在国公证机构或者有权机关出具的、经中国驻该国使（领）馆认证或者该国驻华使（领）馆认证的本人无配偶的证明，或者所在国驻华使（领）馆出具的本人无配偶的证明。

（2）审查。婚姻登记机关应当依法对当事人的结婚申请进行审核和查证。除查验当事人提交的证件和证明材料是否齐全、是否符合规定外，还应对当事人是否符合法律规定的结婚条件进行审核。审查中，可就需要了解的情况向当事人提出询问，必要时也可以进行调查。审查是结婚登记的中心环节，审查应依法办事，不得草率或拖延。

（3）登记。婚姻登记机关对当事人的结婚申请进行审查，符合结婚条件的，应当当场予以登记，发给结婚证。结婚证是由婚姻登记机关依法签发的证明男女双方婚姻关系成立的法律文书。结婚证遗失或损毁的，当事人可以持户口簿、身份证向原办理结婚登记的机关或者一方当事人常住户口所在地的婚姻登记机关申请补领。婚姻登记机关对当事人的婚姻登记档案进行查证，确认属实的，应当为当事人补发结婚证。

申请结婚登记的当事人有下列情形之一的，婚姻登记机关不予登记：一是未到法定婚龄的；二是非双方自愿的；三是一方或双方已有配偶的；四是属于直系血亲和三代以内的旁系血亲；五是患有医学上认为不应当结婚的疾病。对当事人不符合结婚条件不予登记的，应当向当事人说明理由。

三、婚约

（一）婚约及其特点

婚约是男女双方以将来结婚为目的而作的事先约定。订立婚约的行为称为订婚或定婚。婚约的当事人俗称未婚夫、未婚妻。近现代的婚约，有以下几个特点：

第一，订立婚约不再是结婚的必经程序，当事人是否订婚完全由他自行选择；

第二，订立婚约不再由父母包办，而是由男女双方当事人同意，但对于未成年人的订婚则必须经过监护人的同意；

第三，订立婚约不再以一定形式为成立的必要条件，如通过书面协议、交换戒指、举行订婚仪式等都可以使婚约成立；

第四，婚约不再对当事人产生人身约束力，即订婚并不产生必须结婚的义务。

（二）我国法律、政策对婚约的态度

新中国成立以来颁布的两部《中华人民共和国婚姻法》，以及2001年修订后的《中华人民共和国婚姻法》均未对婚约问题作明确规定。《最高人民法院关于适用〈中华人民共和国婚姻法〉若干问题的解释（二）》对人民法院处理当事人之间因订婚、收受彩礼而引发的纠纷作出了指导意见。由此，我国对婚约的态度体现在如下几个方面。

1. 订婚并非结婚的必经程序

我国法律对婚约的态度是：不提倡、不禁止。订婚不是结婚的必经程序，当事人自愿订婚的，法律不予干涉。

2. 订婚的决定权在当事人本人，他人不得强迫与干涉

同时我国《中华人民共和国未成年人保护法》第十五条规定，父母或其他监护人不得为未成年人订立婚约。

3. 婚约没有法律约束力，法律不予以保护

一方不愿履行婚约的，对方及其他人不得强制。婚约可依任何一方的意愿而解除，不必经过一定程序。一方要求解除婚约的，只需告知对方即可，不需征得对方的同意。但对包办、强迫而产生的婚约，人民法院可宣告无效。

4. 当事人要求返还因订婚收受的彩礼的，应当予以支持

当事人之间因订婚收受的彩礼产生纠纷，要求返还的，属于以下几种情况的予以支持：

（1）双方未办理结婚登记手续的。即男女双方虽订立了婚约，但没有履行登记程序，一方或双方反悔解除婚约的。

（2）双方办理结婚登记手续但未共同生活的。即男女双方订立了婚约，也履行了法定的结婚程序，但未举行婚礼或没有共同生活，一方或双方要求离婚，并被准予离婚的。

（3）婚前给付并导致给付人生活困难的。即因男女双方订婚，交付彩礼造成给付人家庭或本人生活困难，且男女双方离婚的。

第二节　事实婚姻、无效婚姻、可撤销婚姻

一、事实婚姻

事实婚姻是相对于法律婚姻而言的，是指没有配偶的男女未办理结婚登记，便以夫妻名义同居生活，群众也认为是夫妻关系，并且双方符合我国结婚实质要件的两性结合。

（一）事实婚姻的特点

第一，从主观方面看，男女双方具有永久共同生活，即结婚的目的，这是事实婚姻的内在特征。如果双方不是以共同生活为目的，没有结婚的意愿，即使双方存在两性关系，也不能构成事实婚姻，如通奸、姘居关系。

第二，从客观方面看，男女双方具有夫妻的名义，公开同居生活，并为群众所公认等特点，这是事实婚姻的外部特征。主观必须通过客观的表现形式反映出来。一般来说，事实婚姻要举行结婚仪式、双方以夫妻相称，亲属关系也会随之发生变化，同时是公开而不是隐蔽的同居关系，周围群众也是公认的。这就与通奸、姘居的隐蔽性、临时性、无夫妻名义等特点有明显的区别。

第三，从结婚要件上看，男女双方具有符合结婚实质要件但不符合结婚形式要件的特点，这是事实婚姻的法律特征。

（二）事实婚姻的效力及其法律后果

1. 事实婚姻的效力

根据我国《婚姻法》及相关的法律、法规，对事实婚姻采取的是有条件地承认其效力。即 1994 年 2 月 1 日以前以夫妻名义同居生活，双方均符合结婚的实质要件，只是欠缺形式要件的，视为事实婚姻，赋予其婚姻的效力；1994 年 2 月 1 日以后同居生活的男女，必须补办结婚登记，法律才承认其婚姻的效力。

2. 事实婚姻关系的处理和法律后果

（1）事实婚姻关系解除时按离婚案件审理，人民法院应当进行调解。经调解和好或原告撤诉的，确认婚姻关系有效，发给调解书或裁定书；经调解不能和好的，应判决准予离婚。

（2）事实婚姻关系具有婚姻的效力。凡被认定为事实婚姻关系的，适用婚姻法关于夫妻权利义务的规定，如相互间有夫妻的身份、互有配偶继承权、互负扶养义务、同居期间一方或双方所得财产除另有约定或者法律另有规定的外属夫妻共同共有财产、双方所生的子女为婚生子女等。

（3）事实婚姻的当事人离婚时，子女的抚养、财产的分割及对生活困难一方的经济帮助等问题，适用婚姻法的有关规定，注意照顾妇女和儿童的利益。

（4）对于认定为事实婚姻关系的当事人在同居期间一方死亡的，生存的一方可以配偶的身份继承财产。

 **典型案例**

原告谢某与被告陈某于2010年1月经人介绍认识并恋爱，同年8月2日举行婚礼后便以夫妻名义同居生活，但一直未办理结婚登记。2011年1月11日生育一子，取名陈小某。同居生活期间，原、被告因性格不合经常发生矛盾。2011年12月28日，原、被告再次发生纠纷后，陈小某便跟被告及祖父母共同生活。2012年1月16日，原告谢某起诉至重庆市某区人民法院，要求解除同居关系并直接抚养非婚生子陈小某。

案例评析：本案涉及事实婚姻的认定和非婚生子女的抚养问题。我国《婚姻法》规定，结婚的唯一形式要件即婚姻登记，不论男女双方是否举行婚礼以及是否以夫妻名义同居生活，只要办理结婚登记，便形成夫妻关系具有配偶身份。对于男女双方按照风俗习惯举行了婚礼并以夫妻名义同居生活，周围人也认为是夫妻的，是否认定为事实婚姻，则看其同居是否发生在1994年2月12日以前。如果发生在1994年2月1日以前，则认定为事实婚姻，男女双方适用婚姻法有关夫妻之间的权利义务规定，如果同居事实发生在1994年2月1日以后，则认定为同居关系，不具有婚姻的效力。同居期间一方起诉到人民法院要求解除同居关系的，如果不涉及合法婚姻当事人的权益，人民法院不予受理。但对涉及非婚生子女的抚养问题、同居期间的财产和债务清偿纠纷，人民法院应当受理并予以解决。

本案中，虽然原告谢某与被告陈某按照当地的风俗习惯举行了婚礼并以夫妻名义同居生活，但双方既未办理结婚登记，同居事实也发生在2010年8月2日，所以只能认定为同居关系。对原告谢某解除同居关系的诉讼请求，法院不予受理。对非婚生子陈小某由哪一方抚养，应当由双方协商，协商不成时，由人民法院根据子女的最大利益和双方具体情况判决。

对同居期间的财产，应根据自愿、平等原则协商解决，协商不成时由人民法院本着照顾妇女儿童的利益，结合财产的实际情况予以分割。同居生活期间双方共同所得收入和购置的财产，按一般共有财产处理，该期间各自受赠和继承的财产一般归各自所有。同居期间为共同生活、生产而形成的债权债务，可按共同债权债务处理。一方在同居期间患有严重疾病未治愈的，分割时应适当照顾，或者由另一方给予经济帮助。

二、无效婚姻

（一）无效婚姻的概念

无效婚姻，是指不符合结婚实质要件中的公益要件，因而在法律上不具有婚姻效力的男女两性的结合。

合法性是婚姻法的本质属性之一，因此，只有符合法定结婚实质条件和形式要件的，才属于合法婚姻，具有法律效力。设立无效婚姻制度，将之作为婚姻制度的一个有机组成部分，与婚姻成立条件的各项实质条件相辅相成，对于坚持结婚的法定条件，保证婚姻的合法性，消除违法婚姻带来的消极影响，以及制裁、减少、预防违法婚姻，规范公民结婚行为，保护当事人家庭和子女的合法权益，具有十分重要的意义。

（二）婚姻无效的原因

根据我国《婚姻法》第十条的规定，凡有下列情形之一的，婚姻无效。

1. 重婚的

重婚指有配偶者又与他人结婚，或者明知他人有配偶而与之结婚的行为。重婚包括以下三种情况：一是有配偶者又与他人登记结婚的，即"法律上的重婚"。一旦有配偶者又与他人履行了结婚登记手续，即使没有同居生活也构成重婚。二是有配偶者虽未与他人登记，但实际上又与他人以夫妻名义公开同居生活的，即"事实上的重婚"。三是虽无配偶，但明知他人有配偶而与之登记结婚或虽未登记但与之以夫妻名义同居生活的，也构成重婚。

2. 有禁止结婚的亲属关系的

指当事人之间具有法律规定禁止结婚的直系血亲或者三代以内旁系血亲关系的。

3. 婚前患有医学上认为不应当结婚的疾病，婚后尚未治愈的

如果婚前患有医学上认为不应当结婚的疾病但婚后治愈的，或者婚后患有医学上认为不应当结婚的疾病，都不属于婚姻无效的这一要素。

4. 未到法定婚龄的

指双方或者一方未达到法定婚龄而缔结婚姻关系。虽然缔结婚姻时未达到法定婚龄，但在确认婚姻无效时已经达到法定婚龄，则不能认定婚姻无效。

（三）无效婚姻的宣告程序

1. 宣告婚姻无效的申请人

根据《最高人民法院关于适用〈中华人民共和国婚姻法〉若干问题的解释（一）》（以下简称《〈婚姻法〉司法解释（一）》）第七条的规定，有权申请宣告婚姻无效的申请人是当事人和利害关系人。利害关系人包括：以重婚为由申请宣告婚姻无效的为当事人的近亲属和基层组织；以未达法定婚龄为由申请宣告婚姻无效的，为未达法定婚龄者的近亲属；以有禁止结婚的亲属关系为由申请宣告婚姻无效的，为当事人的近亲属；以婚前患有医学上认为不能结婚的疾病婚后没有治愈为由申请宣告婚姻无效的，为与患病者共同生活的近亲属。

2. 宣告婚姻无效的机关

根据我国《婚姻法》及《〈婚姻法〉司法解释（一）》的规定，婚姻无效只能由人民法院宣告。人民法院审理宣告婚姻无效案件，对婚姻效力的审理不适用调解，应当依法作出判决；有关婚姻效力的判决一经作出，即发生法律效力。涉及财产分割和子女抚养的，可以调解。调解达成协议的，另行制作调解书。对财产分割和子女抚养问题的判决不服的，当事人可以上诉。这样既能及时解除该违法婚姻关系，同时也能妥善处理子女抚养、财产分割和债务清偿等问题，有利于维护当事人及其子女的权益。

（四）婚姻无效的法律后果

根据我国《婚姻法》第十二条的规定，婚姻无效的后果包括以下三个方面。

1. 对当事人的身份后果

对于无效婚姻，婚姻法采取溯及既往的立法原则规定自始无效，即被确定为无效婚姻的，自结婚之时就不产生合法婚姻的效力。

2. 对当事人的财产后果

根据我国《婚姻法》第十二条的规定，同居期间所得的财产，由当事人协议处理；协议不成时，由人民法院根据照顾无过错方的原则判决；对重婚导致的婚姻无效的财产处理，不得损害合法婚姻当事人的财产利益。因此，无效婚姻的财产不适用我国《婚姻法》第十七条、第十八条、第十九条规定的财产制度。

3. 无效婚姻所生育的子女

根据我国《婚姻法》的规定，无效婚姻所生育的子女，仍然适用本法有关父母子女关系的规定，当事人与所生子女的关系不应宣告其婚姻无效而受到任何影响，双方依法享有权利和承担义务。

 典型案例

原告邱某与被告唐某某系亲表兄妹，于2005年以夫妻名义同居。于2008年10月1日生育长女唐某甲，于2010年8月20日生育长子唐某乙，于2011年12月20日生育次女唐某丙。于2012年5月补办了结婚登记手续，双方长期因家庭琐事闹矛盾，原告邱某于2013年3月外出务工至今。原、被告共同生活期间共同盖有2间平房、1间瓦房，无债权债务。

2015年11月，原告邱某以被告唐某某对其长期实施家庭暴力，感情完全破裂为由，起诉至贵州省威宁彝族回族苗族自治县人民法院，请求法院判令双方离婚，长子唐某乙由原告邱某抚养，长女唐某甲和次女唐某丙由被告唐某某抚养，共同财产平均分割。

案例评析： 本案例涉及无效婚姻的认定、非婚生子女的抚养和双方同居期间共同财产的分割等问题。

（1）原告邱某与被告唐某某的婚姻无效。根据我国《婚姻法》第十条规定，有下列情形之一的，婚姻无效：①重婚的；②有禁止结婚的亲属关系的；③婚前患有医学上认为不应当结婚的疾病，婚后尚未治愈的；④未到法定婚龄的。本案中，原、被告系亲表兄妹，属于三代以内的同辈旁系血亲，双方结婚违反了法律的禁止性规定，双方的婚姻关系无效。

（2）子女抚养问题适用我国《婚姻法》有关父母子女关系的规定。无效婚姻当事人与所生子女的关系不应宣告其婚姻无效而受到任何影响，双方依法享有权利和承担义务。在双方婚姻被宣告无效后，其子女抚养问题，适用《婚姻法》有关未成年子女抚养的规定。本案中非婚生子女唐某甲、唐某乙和唐某丙的抚养问题，由双方当事人协商，协商不成的由人民法院本着保护子女合法权益的原则予以判决。

（3）同居期间所得财产按共同共有处理。根据《〈婚姻法〉司法解释（一）》第十五条规定，无效婚姻当事人同居期间所得财产按照共同共有处理。本案中原被告共有的2间平房、1间瓦房由双方协商分割，协商不成的由人民法院依法判决。

（4）人民法院对无效婚姻可依职权主动确认宣告，且判决书送达双方当事人后即发生法律效力。换言之，不管无效婚姻当事人和利害关系人是否提起确认婚姻无效之诉，人民法院在处理其他案件时发现当事人婚姻无效的，可依职权主动予以确认并宣告无效。本案中，原告邱某起诉要求与被告唐某某离婚，在案件审理中法院核实原被告当事人系亲表兄妹关系后，直接判决宣告婚姻无效便说明了这一点。

三、可撤销婚姻

（一）可撤销婚姻的概念和原因

可撤销婚姻，是指欠缺结婚实质要件中的私益要件，因而在法律上不具有婚姻效力的男女两性的结合。我国《婚姻法》第十一条规定："因胁迫结婚的，受胁迫的一方可以向婚姻登记机关或人民法院请求撤销该婚姻。受胁迫的一方撤销婚姻的请求，应当自结婚登记之日起一年内提出。被非法限制人身自由的当事人请求撤销婚姻的，应当自恢复人身自由之日起一年内提出。"由此，可撤销婚姻的法定原因为受胁迫而结婚。受胁迫结婚，违背婚姻自由原则，不符合男女双方完全自愿的结婚条件。为了维护当事人的利益，对于这种违法婚姻以可撤销婚姻论处。

受胁迫结婚，既可以是一方当事人受到胁迫，也可以是双方当事人均受到胁迫；既可以是一方当事人受另一方当事人胁迫，也可以是一方当事人受自己的父母、兄弟或拐卖妇女的人贩子等第三人的胁迫。无论何种胁迫，只要使得当事人一方或双方违背自己的意愿而结婚，就可以成为可撤销婚姻的法定原因。

（二）可撤销婚姻的撤销

1. 婚姻撤销的机关为婚姻登记机关或人民法院，其他机关无权撤销婚姻

受胁迫方既可依行政程序向婚姻登记机关提出撤销婚姻的申请，也可依诉讼程序向人民法院提起撤销婚姻的诉讼。具体使用何种程序，可由受胁迫方自由选择，但如果涉及子女抚养、财产和债务问题，只能通过诉讼程序处理。

2. 婚姻撤销的请求主体为受胁迫的一方

如男女双方均受到胁迫的，任何一方都可以请求撤销该婚姻。

3. 受胁迫的一方请求撤销婚姻，必须在法律规定的期限内

即受胁迫的一方请求撤销婚姻，应当自结婚登记之日起一年内提出；被非法限制人身自由的当事人请求撤销婚姻的，应当自恢复人身自由之日起一年内提出。

（三）可撤销婚姻的效力

受胁迫的婚姻被依法撤销后，即产生相应的法律后果。根据我国现行《婚姻法》第十二条的规定，被撤销的婚姻，自始无效，当事人不具有夫妻间的权利和义务。同居期间所得的财产，由当事人协议处理；协议不成时，由人民法院根据照顾无过错方的原则判决。当事人所生的子女，适用本法有关父母子女的规定。

第十二章

夫妻关系

夫妻关系又叫婚姻的直接效力，是指因婚姻而产生的夫妻间的权利义务关系。根据夫妻在法律上的权利与义务关系的不同，可分为两个方面，一是夫妻人身关系，二是夫妻财产关系。

第一节　夫妻人身关系

夫妻人身关系是指与夫妻的身份相联系而不具有直接经济内容的权利义务关系。夫妻人身关系决定着夫妻财产关系，夫妻财产关系须附属于夫妻人身关系。男女因结婚而享有夫妻人身权。

一、夫妻姓名权

姓名权，是指公民有决定、使用和依照法律规定改变自己姓名的权利。姓名权是人格权的重要组成部分，是一项重要的人身权利。在传统意义上，姓是代表家族的标志，名是代表个人的标志。就法律意义而言，姓名是使自然人特定化的社会标志，有无姓名权是有无独立人格的重要标志，姓名权是人格权的重要组成部分，是一项重要的人身权利。夫妻有无独立的姓名权是夫妻在家庭中有无独立人格和地位的一种标志。

我国《婚姻法》第十四条规定："夫妻双方都有各用自己姓名的权利。"其立法意图在于强调姓名权不受结婚的影响，推翻"妻从夫姓"的旧传统，保障妇女婚后独立的姓名权，维护已婚妇女独立的人格，促进夫妻家庭地位平等。《婚姻法》第二十二条规定："子女可以随父姓，可以随母姓。"这是夫妻平等姓名权在子女问题上的体现，也体现了男女平等的精神，有利于改变子女只能从父姓的旧传统，破除以男系为中心的宗法制度的残余影响。当然，子女成年后，有权依法决定保留原姓氏或变更原有姓名，包括父母在内的其他人不得非法干涉。

二、夫妻人身自由权

夫妻人身自由权，是指夫妻有参加社会活动，进行社会交往，从事社会职业的权利。

我国《婚姻法》第十五条规定："夫妻双方都有参加生产、工作、学习和社会活动的自由，一方不得对他方加以限制或干涉。"该条规定的夫妻人身自由权主要强调公民的人身自由权不因结婚而受限制，已婚男女仍然享有以独立身份、按照本人意愿参加社会活动、进行社会交往、从事社会职业的自由权利，它对于夫妻双方都适用。从两性关系的历史发展来看，《婚姻法》关于夫妻人身自由权问题的实质在于保护已婚妇女参加社会活动的自由权利，禁止丈夫或其他人横加干涉或限制。

三、婚姻住所决定权

所谓婚姻住所决定权，是指夫妻在平等协商基础上共同选择、决定夫妻婚后共同生活住所的权利。

我国《婚姻法》对婚姻住所决定权没有作明确的规定，但该法第九条规定："登记结婚后，根据男女双方的约定，女方可以成为男方的家庭成员，男方可以成为女方的家庭成员"。这一规定体现了在社会主义婚姻家庭中，夫妻平等地享有婚后住所决定权。

婚姻住所决定权意味着：一方面，登记结婚后，夫妻双方平等地享有婚姻住所决定权。对于共同生活住所的选择，应由夫妻双方自愿约定，一方不得对另一方强迫，第三人也不得干涉；另一方面，夫妻双方享有互为对方家庭成员的约定权。登记结婚后，根据男女双方的约定，女方可以成为男方的家庭成员，即女到男家落户，妻从夫居。男方也可以成为女方的家庭成员，即男到女家落户，夫从妻居。对于结婚时的约定，婚后也可以通过协商加以变更。当然，夫妻也可以另行组成新家庭，不加入任何一方原来的家庭，即从新居。婚姻住所权的实现与保障，不单是法律问题，而是一个复杂的社会问题，既受到传统观念与习惯的影响，也受到客观现实条件的制约。

四、夫妻生育权和计划生育义务

（一）夫妻生育权

夫妻生育权是指夫妻双方依法协商确定是否生育、何时生育、生育次数和生育间隔时间的权利。《中华人民共和国人口与计划生育法》（以下简称《人口与计划生育法》）第十七条规定，"公民有生育的权利"，确认了公民不分性别均享有生育权，改变了传统上将妇女视为传宗接代的生育工具、将生育责任强加给妇女的陋习。

夫妻双方享有平等的生育权，对生育问题都享有平等的决定权，担负起生育权的实现需要双方协商一致，如果双方对是否生育或生育时间、生育方式等问题达不成合意时，就会出现生育权的冲突。鉴于此，《最高人民法院关于适用〈中华人民共和国婚姻法〉若干问题的解释（三）》第九条规定："夫以妻擅自中止妊娠侵犯其生育权为由请求损害赔偿的，人民法院不予支持；夫妻双方因是否生育发生纠纷，致使感情确已破裂，一方请求离婚的，人民法院经调解无效，应依照婚姻法第三十二条第三款第（五）项的规定处理。"

（二）夫妻计划生育义务

计划生育是我国的一项基本国策，也是社会主义家庭职能的一项重要内容。婚姻家庭担负人口再生产的重要任务。我国《婚姻法》第十六条规定："夫妻双方都有实行计划生育的义务。"

同时，计划生育也是夫妻之间的一项法定权利。《人口与计划生育法》第十七条规定："公民有生育的权利，也有依法实行计划生育的义务，夫妻双方在实行计划生育中负有共同的责任。"夫妻享有依有关计划生育规定生育子女的权利，并应受国家法律的保护，任何人不得侵犯；同时，夫妻也有不生育的自由，任何人不得强迫或干涉。

五、夫妻日常家事代理权

日常家事代理权亦称家事代理权，是指夫妻一方在因家庭日常事务而与第三人为一定的法律行为时，享有代理配偶他方的权利。具体而言，夫妻一方代表家庭所为的行为，视为夫妻共同的意思表示，夫妻他方亦必须承担法律后果，夫妻双方对该行为承担连带责任。《〈婚姻法〉司法解释（一）》第十七条规定："夫或妻在处理夫妻共同财产上的权利是平等的。因日常生活需要而处理夫妻共同财产的，任何一方均有权决定。"

日常家事代理权基于夫妻身份而产生，不以夫妻一方明示为必要。日常家事代理权的行使范围仅限于日常家庭事务，即夫妻双方及其共同的未成年子女日常共同生活中必须发生的各种事项，如购置事物、衣服、家具等生活用品，娱乐、保健、医疗以及子女教育、雇工、对亲友的馈赠、订购报纸杂志等事项。

六、夫妻同居义务与忠实义务

（一）夫妻同居义务

夫妻同居义务是指男女双方婚后以配偶身份共同生活的义务。它是一种实质意义上的义务，夫妻除了有共同的婚姻住所外，还包括夫妻间的性生活、夫妻间共同的精神生活（如互相尊重、理解、慰藉等）、夫妻相互扶养的义务，以及共同承担对其他家庭成员生活所负的义务。

我国《婚姻法》对夫妻同居的权利与义务没有作明确的规定。从近年来的司法实践中看，在夫妻同居义务的履行过程中，往往伴随着一系列复杂的问题。一方面，虽然夫妻在结婚的时候确实选择了同居的权利和义务，但是这种选择却仅仅是结婚时的选择，并不意味着双方永远地选择了这项权利义务。如果法律明确规定了同居义务，那么意味着结婚后的男女的身体某一器官的专有使用权只属于其配偶，同时也意味着配偶的感情和肉体是自己的私有财产。这可能是对公民性自主权的剥夺。另一方面，夫妻一旦感情恶化，婚姻难以维持或基于生理等方面的原因，对同居义务中的性权利义务难以协调。因此，夫妻间无正当理由拒绝履行同居义务的，不得采取直接强制手段迫使当事人履行，但应当视为离婚的法定理由。

（二）夫妻忠实义务

夫妻间的忠实义务，主要是指夫妻之间的感情生活、性生活和物质生活的专一；也包含夫妻不得恶意遗弃其配偶，不得为第三人利益牺牲、损害配偶的利益。

我国《婚姻法》第四条规定，"夫妻应当互相忠实"。这一规定有利于维护婚姻家庭关系，维护社会秩序和生活秩序。

值得注意的是，忠实义务和同居义务一样不能强制执行。但违背忠实义务的行为应承担相应的法律责任，法律赋予受害配偶一方一定的权利。第一，依照我国《婚姻法》第三十二条规定，配偶一方重婚或与他人同居，是法院裁判准予离婚的法定理由，受害方可请求离婚。第二，离婚时请求损害赔偿。根据该法第四十六条规定，因配偶一方重婚或与他人同居而导致离婚的，无过错方有权请求损害赔偿。

第二节　夫妻财产关系

我国《婚姻法》对夫妻财产关系做了具体的规定。夫妻财产关系主要包括夫妻财产制、夫妻相互扶养的义务和夫妻遗产继承权等内容，他们以夫妻人身关系为依据，并最终决定着夫妻在家庭生活中的地位是否平等。

一、夫妻财产制

夫妻财产制又叫婚姻财产制，是指规定夫妻财产关系的法律制度。夫妻财产制是关于夫妻婚前财产和婚后所得财产的归属、管理、使用、收益、处分，以及家庭生活费用的负担，夫妻债务的清偿，婚姻终止时夫妻财产的清算和分割等问题的法律制度。

按夫妻财产关系发生的根据，我国现行的夫妻财产制分为法定财产制和约定财产制。

（一）夫妻法定财产制

法定财产制，是指夫妻在婚前或婚后均未就夫妻财产关系作出约定，或者所作约定无效时，依法律规定而直接适用的夫妻财产制度。它包括夫妻共同财产和夫妻个人特有财产。

1. 夫妻共同财产

夫妻共同财产是指夫妻双方或一方在婚姻存续期间所得，除法律另有规定或夫妻另有约定外，归夫妻共同所有的财产。我国《婚姻法》第十七条规定："夫妻在婚姻关系存续期间所得的下列财产，归夫妻共同所有：（一）工资、奖金；（二）生产、经营的收益；（三）知识产权的收益；（四）继承或赠与所得的财产，但本法第十八条第三项规定的除外；（五）其他应当归共同所有的财产。夫妻对共同所有的财产，有平等的处理权。"可见，我国的法定夫妻财产制是婚后所得共同制，在夫妻对其财产未作约定或约定不合法、不明确的情况下，当然适用法定财产制。

为了保障夫妻对共同财产的平等权利，我国《婚姻法》第十七条第二款规定："夫妻对共同所有的财产，有平等的处理权"。这是指夫妻对共同所有的财产，不问财产的来源及各自贡献的大小，都平等地享有占有、适用、收益和处分的权利。

2. 夫妻个人财产

夫妻个人财产又称夫妻个人特有财产，是指夫妻一方或双方在婚后实行共同财产制时，依据法律的规定，各自保留的一定范围的个人所有财产。法定的夫妻个人财产的性质属于公民个人财产的范畴，依法受法律保护。作为夫妻一方个人所有的财产，应由其本人占有、管理、支配和处分，他人无权干预；在离婚时，归个人所有，他人无权分割；在财产所有人死亡时，应划入遗产的范围，按继承法处理。我国《婚姻法》第十八条规定："有下列情形之一的，为夫妻一方的财产：（一）一方的婚前财产；（二）一方因身体受到伤害获得的医疗费、残疾人生活补助费等费用；（三）遗嘱或赠与合同中确定只归夫或妻一方的财产；（四）一方专用的生活用品；（五）其他应当归一方的财产"。

（二）约定财产制

约定财产制是指夫妻双方依法通过协议方式，对婚姻关系存续期间以及婚前财产的归属和债务的清偿、婚姻关系解除时财产计算等事项进行约定的财产制度。我国《婚姻法》第十九条规定："夫妻可以约定婚姻关系存续期间所得的财产以及婚前财产归各自所有、共同所有或部分各自所有、部分共同所有。约定应当采用书面形式。没有约定或约定不明确的，适用本法第十七条、第十八条的规定。夫妻对婚姻关系存续期间所得的财产以及婚前财产的约定，对双方具有约束力。夫妻对婚姻关系存续期间所得的财产约定归各自所有的，夫或妻一方对外所负的债务，第三人知道该约定的，以夫或妻一方所有的财产清偿。"这是我国婚姻法对夫妻约定财产制的规定。

根据现行《婚姻法》第十九条和《〈婚姻法〉司法解释（一）》第十八条规定，我国的夫妻约定财产制主要有以下几方面的内容：

1. 夫妻财产约定的有效条件

（1）约定的主体须具有合法的夫妻身份，且双方须具有完全民事行为能力。不具有夫妻身份者如未婚同居、婚外同居者之间的财产约定不属于夫妻财产约定；夫妻双方应具有完全民事行为能力，一方无行为能力，或限制行为能力，如精神病患者在犯病期间不能约定。

（2）当事人必须自愿，意思表示真实。约定必须双方自愿，以欺诈、胁迫手段或乘人之危使对方在违背真实意愿的情况下作出的约定，对方有权请求变更或者撤销。

（3）约定的内容必须合法，不能损害国家、集体、他人的利益，不得违背社会公共利益。例如，不得为逃避对第三人的债务，而将本属于夫妻双方共有的财产约定为一方个人所有；再如约定的财产范围不得超出夫妻财产的范围，不得将国家、集体或他人的财产列入约定财产的范围。

（4）约定应以书面形式。采用书面形式，能够促使当事人谨慎约定，且内容确定，可以避免争议，发生纠纷时也易于举证，同时利于将书面约定公开，以保护善意第三人的利益，维护交易安全。当然，如夫妻双方有口头约定，事后对约定没有争议的，该约定也有效。

2. 夫妻财产约定的时间

约定的时间可以是婚前、结婚登记时，也可以是婚后。约定可以附条件和期限，但所附条件和期限不得违背国家法律和社会公德的要求。婚前缔结的约定于结婚时或约定的其他时间发生效力，婚后缔结的约定于约定当时或约定的其他时间发生效力。约定生效后，因夫妻一方或双方的情况发生变化，可以依法变更或撤销原约定，适用法定财产制，亦可对原约定的内容进行部分或全部变更。如原约定采用部分分别财产制，即部分共同所有，部分各自所有，可变更为全部分别财产制，即全部财产均各自所有。变更或撤销原约定的，如果订立时采取书面形式或经过公证，变更和撤销时也要采取相同形式。

3. 夫妻财产约定的范围

约定的财产范围包括夫妻婚前与婚姻关系存续期间的财产。夫妻可以仅就婚前财产的归属作出约定，也可以就婚姻关系存续期间的财产的归属均作出约定；可以是夫妻的全部财产，也可以是夫妻的部分财产，法律对此不加限制。当事人对财产制度的选择，可以是共同财产制，也可以是分别财产制，还可以是部分共同、部分分别的财产制形式。即可以约定归共同所有或各自所有，也可以约定部分共同所有、部分各自所有。约定的内容必须符合法律及社会公共道德，不得损及国家、集体和第三人的利益。

4. 夫妻财产约定的效力

依照《婚姻法》第十九条的规定，约定财产制与法定财产制二者可以同时并用，但前者的效力高于后者，即有约定从约定，无约定或约定无效的从法定。该条第二款规定："夫妻对婚姻关系存续期间所得的财产以及婚前财产的约定，对双方具有约束力。"约定一经生效，对夫妻双方具有法律约束力。对外的效力，夫妻财产约定是特定主体间的法律行为，其效力不当然及于第三人，只有在第三人明知的情况下，才对第三人具有抗辩力。第三人不知道的，则财产约定对第三人不产生效力。

二、夫妻相互扶养义务

夫妻相互扶养义务是指夫妻之间在物质上相互供养、生活上相互扶助和精神上相互尊重与慰藉的权利和义务。我国《婚姻法》第二十条规定："夫妻有互相扶养的义务。一方不履行扶养义务时，需要扶养的一方，有要求对方付给扶养费的权利。"

婚姻是人们的基本生活方式之一，婚后夫妻间相互供养和扶助是婚姻的一大社会功能。夫妻作为共同生活的伴侣，离不开彼此的扶养和扶助。整个婚姻生活就是配偶相互扶养、相互扶助的过程。扶养权利义务的规定旨在保障婚姻共同生活，这是由婚姻效力而生的。在婚姻关系中，相互扶养是婚姻关系的必然要求，是保持夫妻关系的基本表现；夫妻之间理当保持相同的生活质量，接受同一生活水平的生活。

根据《婚姻法》第三十二条第三款规定，遗弃配偶的，构成诉请离婚的法定理由；第四十六条规定，遗弃配偶的，无过错一方享有离婚损害赔偿权。拒不履行扶养义务，情节严重构成遗弃犯罪的，依据我国《刑法》第二百六十一条规定，追究刑事责任。由此可见，扶养权受侵犯时的救济途径是多样的。夫妻之间发生扶养权纠纷时，双方可以通过有关组织或者部门进行调解，要求扶养义务人给付扶养费；也可直接向对方户籍所在地或者常住地的人民法院起诉，请求司法保护。人民法院审理此类纠纷，可以先行调解，调解无效时，应依法尽快判决并责令扶养义务人给付扶养费。情况紧急时的受扶养人还可请求人民法院先予执行扶养费。

三、夫妻遗产继承权

夫妻遗产继承权，又称配偶继承权，是指夫妻相互为对方遗产的法定继承人的权利。夫妻相互享有继承权是以夫妻身份关系为前提的一种财产权利，是夫妻双方在婚姻关系、家庭关系中地位平等的一个重要标志。

我国《婚姻法》第二十四条第一款明确规定："夫妻有相互继承遗产的权利。"《中华人民共和国继承法》（以下简称《继承法》）第三十条规定："夫妻一方死亡后另一方再婚的，有权处分所继承的财产，任何人不得干涉。"根据该规定，离婚妇女有带产再嫁的权利。"倒插门"的女婿在妻子死亡后有带产再婚的权利。《继承法》第九条、第十条进一步具体规定，继承权男女平等。遗产按照下列顺序继承：第一顺序，配偶、子女、父母；第二顺序，兄弟姐妹、祖父母、外祖父母。据此，配偶是法定第一顺序继承人，夫对妻的遗产享有继承权，妻对夫的遗产享有继承权。对待夫妻相互继承遗产的问题，应注意以下几点。

第一，夫妻为第一顺序法定继承人，任何人不得侵犯或限制妻对夫、夫对妻遗产的继承权。

第二，夫妻相互继承遗产时，应对夫妻共同财产先进行分割，然后再继承，防止把夫妻共同财产作为遗产继承，侵犯生存一方的合法利益。

第三，夫妻间的继承权因结婚而发生，离婚而消除。在离婚诉讼中，夫妻一方死亡，他方仍享有配偶继承权。

第四，依我国有关司法解释规定，1994 年 2 月 1 日《婚姻登记管理条例》施行前，未办理结婚登记即以夫妻名义同居的男女双方当事人，在同居期间一方死亡，另一方要求继承死者遗产的，如认定为事实婚姻关系，可以配偶身份按继承法的有关规定处理；如认定为非法同居关系，而又符合《继承法》第十四条规定的，可根据相互扶助的具体情况处理。

第五，夫妻登记结婚尚未同居时一方死亡，或同居时间很短一方死亡，应承认另一方享有继承权。

典型案例

年届不惑的曾某原是一家企业的营销人员，与前妻离婚后自主创业。2007 年，通过征婚，他与同是离异的贾某相识。经过短暂接触后登记结婚。由于双方均系再婚，为慎重起见，2008 年 6 月，夫妻俩经过友好协商，签署了一份"忠诚协议书"。该协议书中特别强调了"违约责任"：若一方在婚期内由于道德品质的问题，出现背叛另一方的不道德行为（如婚外情），要赔偿对方名誉损失及精神损失费 30 万元。协议签订后不久，贾某就感到丈夫与其他异性有染。2008 年 10 月 13 日晚，贾某得知丈夫在看望由前妻抚养的儿子时，留宿前妻家中。次日凌晨，贾某便和亲友前往查看，发现丈夫与其前妻都只穿着睡衣。2009 年 1 月，贾某发现丈夫与一年轻女子同居。同年 5 月，曾某向当地法院起诉要求与贾某离婚；与此同时，贾某以曾某违反"夫妻忠诚协议"为由提起反诉，要求法院判令曾某支付违约金 30 万元。

案例评析：本案涉及"夫妻忠诚协议"的法律效力问题。受理法院认定被告曾某"存在违约行为"，遂判令其支付对方违约金人民币 30 万元。曾某不服判决，向某市第一中级人民法院上诉，但不久又撤诉。最终，曾某赔偿贾某 25 万元人民币，当场一次性付清。从案件的判点看，关键在于当事人双方的"忠诚协议"是否有效。随着当事人意思自治越来越受到重视，应当说只要是不违反法律强制性规定的协议都应当认为有效，这在合同法中已经是明确的。但在婚姻法领域是否可以采取协议的方式来约束双方的行为？一般而言，人身关系并不能通过协议来设定。古老的婚姻法曾认为婚姻也是一种契约，其缘由是夫妻是人为设立的共同体，而非像血缘一样自然设立。我国婚姻法对此并不承认。但是针对本案而言，所谓的"忠诚协议"并没有针对人身关系来约定，其实质仍然是财产。如果该协议约定不忠诚即解除婚姻关系，则协议是无效的。而本案的协议约定的是财产上的关系，即给予一定数额的损失费，所以本协议并没有违反法律强制性规定，应当有效。法官据此判决当然是应该的。

第十三章

离婚制度

离婚制度属于婚姻家庭制度中的重要制度。合理、完善的离婚制度不仅有利于婚姻自由原则的贯彻落实，也有利于保护离婚当事人及其子女的合法权益，甚至对社会秩序的稳定、伦理道德、公秩良俗观念的净化及社会的文明进步等都起着至关重要的作用。依照我国《婚姻法》的规定，我国法定的离婚程序有行政程序和诉讼程序，依行政程序的离婚是以登记的方式实现的，依诉讼程序的离婚一般是通过法院的判决或调解协议实现的。因此，离婚方式一般有登记离婚和诉讼离婚两种方式。

第一节　登记离婚

登记离婚是婚姻关系因当事人合意解除的一种离婚方式，是指夫妻双方自愿离婚，并就子女抚养、财产分割等问题达成协议，经有关行政主管机关依行政程序办理登记的离婚。在我国，登记离婚又习惯称为协议离婚或行政程序的离婚。这种离婚方式手续简便，不仅节省时间和费用，节约社会和司法成本，而且有利于保护婚姻当事人的隐私。同时，这一离婚方式使当事人双方能够友好地分手，避免当事人在法庭上相互指责、造成更深的敌对情绪，从而使当事人在没有外来压力的情况下，平心静气地达成比较符合双方意愿的协议，有利于离婚协议的自愿履行。

一、登记离婚的条件

我国《婚姻法》第三十一条规定："男女双方自愿离婚的，准予离婚。双方必须到婚姻登记机关申请离婚。婚姻登记机关查明双方确实是自愿并对子女和财产问题已有适当处理时，发给离婚证。"《婚姻登记条例》第十一条、第十二条作了明确和具体的规定和要求，据此，登记离婚的条件如下。

1. 双方当事人须有合法的夫妻身份

无婚姻关系的同居、事实婚姻的"离婚"，婚姻登记机关不予受理。

2. 双方均具有完全民事行为能力

登记离婚是解除夫妻身份关系的重要民事法律行为，只能由当事人本人亲自实施。申请离婚登记必须由婚姻当事人双方共同实施，不得由他人代理。

3. 双方须有离婚的合意

婚姻当事人双方一致同意离婚，且意思表示真实、自愿，不是受对方或他人的欺诈、胁迫而做出的决定。

4. 双方对子女抚养和财产问题做出适当处理

双方须对子女的抚养教育达成一致协议。即离婚后子女随何方生活，对方是否负担子女抚养费，负担的数额，给付方式及对子女的探视均须达成协议；双方须对夫妻共同财产分割、债务清偿、一方对另一方生活困难所给予的经济帮助等问题达成一致协议。

申请离婚登记的当事人不具备上述条件的，婚姻登记机关不予受理，只能通过诉讼离婚的方式解除婚姻关系。

二、登记离婚的程序

（一）办理离婚登记的机关

《婚姻登记条例》第二条第一款规定："内地居民办理婚姻登记的机关是县级人民政府民政部门或乡（镇）人民政府，省、自治区、直辖市人民政府可以按照便民原则确定农村居民办理婚姻登记的具体机关。"

（二）办理离婚登记的程序

登记离婚的程序同登记结婚一样，也必须到婚姻登记机关办理登记手续，取得离婚证，才能解除婚姻关系。根据《婚姻登记条例》的规定，办理登记离婚的程序须经过申请、审查、登记三个步骤。

1. 申请

根据《婚姻登记条例》第十条、第十一条的规定，凡男女双方自愿离婚的，应共同到一方当事人常住户口所在地的婚姻登记机关申请离婚登记。申请时应当持本人户口簿、身份证，本人的结婚证，双方当事人共同签署的离婚协议书。离婚协议书应当载明双方当事人自愿离婚的意思表示，以及对子女抚养、财产和债务处理等事项协商一致的意见。

2. 审查

婚姻登记机关对当事人的离婚申请应进行认真的审查，并询问相关情况。审查当事人是否符合登记离婚的条件，当事人的证件是否齐全、真实。

3. 登记

依《婚姻登记条例》第十三条规定，婚姻登记机关经过审查和询问相关情况后，对当事人确属自愿离婚，并已对子女抚养和财产、债务等问题达成一致处理意见的，应当当场予以登记，发给离婚证。登记离婚的双方当事人从取得离婚证之时起，夫妻关系即告解除。如果当事人的离婚证遗失或毁损，当事人可持户口簿、身份证向原办理离婚登记的机关或者一方当事人常住户口所在地的婚姻登记机关申请补领。

第二节　诉讼离婚

诉讼离婚，是指夫妻双方对离婚、离婚后子女的抚养及财产分割等问题不能达成协议，由一方基于法定离婚原因，向人民法院提起离婚诉讼，经人民法院审理，调解或判决解除当事人双方之间婚姻关系的一种离婚方式。

一、诉讼离婚的法定条件

我国《婚姻法》第三十二条第一、二款规定："男女一方要求离婚的，可由有关部门进行调解或直接向人民法院提出离婚诉讼。人民法院审理离婚案件，应当进行调解；如感情确已破裂，调解无效，应准予离婚。"可见，人民法院判决准予离婚的法定条件是夫妻感情确已破裂。这一规定是我国离婚制度中判决离婚的法定理由，也是人民法院处理离婚纠纷的基本原则和法定依据。

（一）夫妻感情确已破裂的法定情形

《婚姻法》以夫妻感情确已破裂作为裁判离婚的概括性理由，对离婚案件的审理具有普遍指导意义；同时为了便于实践操作，减少法官自由裁量权的随意性，第三十二条第三、四款规定："有下列情形之一，调解无效的，应准予离婚：（一）重婚或有配偶者与他人同居的；（二）实施家庭暴力或虐待、遗弃家庭成员的；（三）有赌博、吸毒等恶习屡教不改的；（四）因感情不和分居满二年的；（五）其他导致夫妻感情破裂的情形。一方被宣告失踪，另一方提出离婚诉讼的，应准予离婚。"可见，《婚姻法》第三十二条第三、四款详细列举了夫妻感情确已破裂的表现的法定情形。

（二）夫妻感情是否确已破裂的认定

对如何认定夫妻感情确已破裂，最高人民法院于1989年11月21日颁布的《关于人民法院审理离婚案件如何认定夫妻感情确已破裂的若干具体意见》指出："判断夫妻感情是否确已破裂，应当从婚姻基础、婚后感情、离婚原因、夫妻关系的现状和有无和好的可能等方面综合分析。"婚姻基础主要是看结婚时的感情状况和结婚的自主程度，婚姻基础牢固与否直接影响到婚姻的质量，对离婚纠纷的产生也往往起到直接或间接的影响。婚后感情是评价婚姻关系的基本尺度。离婚原因是指导致离婚纠纷的直接原因，是判断夫妻感情破裂与否的重要依据。夫妻关系的现状是指发生离婚纠纷前后夫妻的生活状况。至于有无和好可能，一方面是通过了解夫妻的婚姻基础、婚后感情、离婚原因、夫妻关系的现状来看夫妻感情是否确已破裂，能否和好；另一方面是看双方当事人的态度，是否有和好的愿望和行动。

二、诉讼离婚的程序

（一）管辖

离婚案件管辖的一般原则是"原告就被告"，即原则上应当由被告住所地的基层人民法院管辖；被告住所地与经常居住地不一致的，由被告经常居住地基层人民法院管辖。特殊情况下，由原告住所地或经常居住地人民法院管辖，包括不在中华人民共和国领域内居住的人，下落不明或被宣告失踪的人，被采取强制性教育措施的人或被监禁的人。

（二）离婚诉讼中的调解

我国《婚姻法》第三十二条第二款前项规定，人民法院审理离婚案件，应当进行调解。调解是人民法院审理离婚案件的必经程序，也是人民法院审理离婚案件的重要结案方式之一。离婚诉讼中的调解（又叫诉内调解、庭内调解、司法调解）是指在人民法院审判人员的主持下，由双方当事人自愿协商达成协议、解决纠纷的一种方法。把调解作为必经程序是基于离婚案件本身作为身份关系诉讼的特点，通过调解结案有利于妥善解决当事人双方的矛盾，减轻精神创伤，合理处理各种关系。

当然，通过调解达成协议，必须双方自愿，不得强迫；协议内容不得违反法律规定。

经法院调解后，可能会出现三种结果：第一种是双方和好撤诉。人民法院应将和好的协议内容记入笔录，由双方当事人、审判人员、书记员签名或盖章。第二种是双方达成离婚协议。人民法院应当制作离婚调解书，离婚调解书经双方当事人签收后即具有法律效力。第三种是调解无效，包括调解和好不成、调解离婚无效及经过调解双方对其他离婚后果达不成协议。在这种情况下，离婚诉讼继续进行，人民法院必须作出判决。

（三）判决

对调解无效的离婚案件，人民法院应以事实为根据，以法律为准绳，作出是否离婚以及财产分割、子女抚养等问题的判决。在审理离婚案件时，当事人除不能表达意志的以外，都应出庭；确因特殊情况无法出庭的，必须向人民法院提交书面申请。当事人申请不公开审理的，可以不公开审理，但一律公开宣告判决。离婚案件一方当事人死亡的，双方当事人的婚姻关系自然消灭，人民法院应当终结诉讼。凡判决不准离婚或调解和好的离婚案件，没有新情况、新理由，原告在六个月内不得重新起诉。

三、离婚诉权的限制

（一）对现役军人的配偶要求离婚的特殊限制

我国《婚姻法》第三十三条规定："现役军人的配偶要求离婚，须得军人同意，但军人一方有重大过错的除外。"这一规定是对现役军人配偶的离婚请求权的一种限制，目的是保护现役军人的婚姻关系，以有利于巩固人民军队，提高人民解放军的战斗力。

法律在保护现役军人的婚姻权利的同时，也注重对非军人的婚姻权利的保护。当现役军人一方有重大过错而导致夫妻感情破裂时，其非军人配偶要求离婚的，根据本条规定可以不必征得军人的同意。依我国《婚姻法》第三十二条第三款及第四十六条所列举的情形，尤其是《〈婚姻法〉司法解释（一）》第二十三条规定，对"军人有重大过错"的判断依据可以作这样的理解：①现役军人重婚或与他人同居；②现役军人实施家庭暴力，或虐待、遗弃家庭成员的；③现役军人有赌博、吸毒等恶习，屡教不改的；④现役军人有其他重大过错导致感情破裂的。

（二）特定条件下对男方离婚诉权的特别限制

《婚姻法》第三十四条规定："女方在怀孕期间、分娩后一年内或中止妊娠后六个月内，男方不得提出离婚。女方提出离婚的，或人民法院认为确有必要受理男方离婚请求的，不在此限。"该规定是对特定条件下男方离婚诉权的限制，旨在充分保护孕妇、产妇和中止妊娠后的妇女的身心健康，并有利于胎儿、婴儿的发育成长。

人民法院认为确有必要受理男方离婚请求的，不受上述期限的限制。根据审判实践经验，主要是指两种情况：一是双方确实存在不能继续共同生活的重大而紧迫的理由，对他方有危及生命、人身安全的可能；二是女方怀孕是与他人通奸所致，女方也不否认，夫妻感情确已破裂的。

 **典型案例**

原告张某与被告康某于 1998 年 8 月经人介绍相识恋爱，1999 年 12 月 30 日登记结婚，

2002 年 2 月 4 日生育一女康小某。在婚姻存续期间双方聚少离多，期间一直是张某在家照顾老小。2010 年 12 月 13 日，被告康某因非法储存爆炸物罪被西藏自治区某县人民法院判处了有期徒刑 10 年。2011 年 3 月，原告张某起诉至重庆市某区人民法院，要求与被告康某离婚。法院受理后，在调解和好无果的情况下，判决准予张某和康某离婚。

案例评析：本案考查诉讼离婚的程序和人民法院判决离婚的法定事由问题。

（1）调解是人民法院审理离婚案件的必经程序。根据我国《婚姻法》第三十二条第二款规定，"人民法院审理离婚案件，应当进行调解；如感情确已破裂，调解无效，应当准予离婚。"因此，人民法院审理离婚案件，没有经过调解程序的，不能直接作出是否准予离婚的判决。

（2）夫妻感情确已破裂是人民法院判决离婚的法定条件。夫妻感情确已破裂具体表现在：①实施家庭暴力或虐待、遗弃家庭成员的；②重婚或有配偶者与他人同居的；③有赌博、吸毒等恶习屡教不改的；④因感情不和分居满 2 年的；⑤其他导致夫妻感情破裂的情形。对"其他导致夫妻感情破裂的情形"，实践中由人民法院根据具体情况予以认定。

本案中，受诉人民法院审理认为，原被告双方婚后关系一般，在婚姻存续期间聚少离多，婚后感情基础薄弱。加之被告因故意犯罪被判处有期徒刑 10 年，属于上述第⑤项其他导致夫妻感情破裂的情形。人民法院在调解和好无果的情况下作出准予离婚的判决是符合我国《婚姻法》规定的。

第三节 离婚的法律后果

离婚的法律后果又称为离婚的效力。离婚的效力主要表现在离婚在夫妻人身关系、夫妻财产关系、父母子女关系等几方面所产生的法律后果。

一、离婚在夫妻人身关系方面的法律后果

（一）夫妻身份终止

离婚使夫妻人身关系归于消灭，基于夫妻人身关系所产生的一切权利和义务关系也随之终止，彼此不得以夫妻相待。

（二）结婚自由权恢复

婚姻关系解除后，男女双方都享有再婚自由，彼此无权干涉。依登记程序离婚的，其再婚自由权自领取离婚证之日起恢复；依诉讼程序离婚的，其再婚自由权自人民法院离婚调解书或判决书生效之日起恢复。

（三）扶养关系终止

夫妻离婚后，随着夫妻身份关系的解除，夫妻互相扶养的义务也同时解除，任何一方不再有要求对方扶养的权利；任何一方也不再承担扶养对方的义务。

（四）法定继承人资格丧失

根据《继承法》规定，配偶是第一顺序法定继承人。夫妻离婚后，配偶身份关系解除，同时丧失了法定继承人资格，彼此无权再以配偶身份继承对方遗产。

（五）夫妻日常家事代理权消灭

家事代理主要是为婚姻共同生活的便利而设置，同时也有利于维护交易第三方的利益。随着双方当事人婚姻关系的解除，基于夫妻身份上的家事代理的权利，也随之消灭。

二、离婚在夫妻财产关系方面的法律后果

离婚不仅终止夫妻的人身关系，也终止夫妻间原有的财产关系，产生夫妻共同财产的分割、共同债务的清偿，并且引起一系列财产和生活方面的法律后果。

（一）夫妻共同财产的分割

《婚姻法》第三十九条规定："离婚时，夫妻的共同财产由双方协议处理；协议不成时，由人民法院根据财产的具体情况，照顾子女和女方权益的原则判决。夫或妻在家庭土地承包经营中享有的权益等，应当依法予以保护。"

1. 财产分割的范围

《婚姻法》第十七条规定的夫妻共同财产包括：工资、奖金；生产、经营的收益；知识产权的收益；继承或赠与所得的财产，但本法第十八条第三项规定的除外；其他应当归共同所有的财产。同时，最高人民法院相关司法解释还对夫妻共同财产的范围做了更具体、操作性更强的补充规定。

（1）夫妻分居两地分别管理、使用的婚后所得财产，应认定为夫妻共同财产。分割财产时，各自分别管理、使用的财产归各自所有，双方分别管理的财产相差悬殊的，差额部分，由多得财产的一方以与差额相当的财产抵偿另一方。

（2）一方以个人财产在婚姻关系存续期间投资取得的收益，除孳息和自然增值外，应认定为夫妻共同财产。

（3）男女双方实际取得或者应当取得的住房补贴、住房公积金、破产安置补偿费；男女双方实际取得或者应当取得的养老保险金。离婚时夫妻一方尚未退休、不符合领取养老保险金条件，另一方请求按照夫妻共同财产分割养老保险金的，人民法院不予支持；婚后以夫妻共同财产缴付养老保险费，离婚时一方主张将养老金账户中婚姻关系存续期间个人实际缴付部分作为夫妻共同财产分割的，人民法院应予支持。

（4）对个人财产还是夫妻共同财产难以确定的，主张权利的一方有责任举证。当事人举不出有力证据，人民法院又无法查实的，按夫妻共同财产处理。

（5）婚后购置的贵重首饰、价值较大的图书资料以及生产、生活资料虽然属于个人专用，也视为夫妻共同财产。

（6）婚后双方对婚前一方所有的房屋进行过修缮、装修、原拆原建，离婚时未变更产权的，房屋仍归产权人所有，增值部分中属于另一方应得的份额，由房屋所有权人折价补偿另一方；进行过扩建的，扩建部分的房屋应按夫妻共同财产处理。

（7）在婚姻关系存续期间，复员、转业军人所得的复员费、转业费、自主择业费等一次性费用的，应按夫妻共同财产进行分割。具体方法是以夫妻婚姻关系存续年限乘以年平均值，所得数额为夫妻共同财产。这里的年平均值，是指将发放到军人名下的上述费用总额按具体年限均分得出的数额。其具体年限为人均寿命七十岁与军人入伍时实际年龄的差额。

（8）由一方婚前承租、婚后用共同财产购买的房屋，房屋权属证书登记在一方名下的，应当认定为夫妻共同财产。

2. 财产分割的原则

（1）坚持男女平等原则。夫妻双方对共同财产享有平等分割的权利，对共同债务负有平等清偿的义务。因此，夫妻共同财产应当均等分割。

（2）照顾子女和女方利益原则。为了保障下一代的健康成长，分割夫妻共同财产不仅不得侵害子女和女方的合法权益，还应视女方的经济状况和子女的实际需要给予必要的照顾。

（3）有利于当事人的生产和生活原则。分割夫妻共同财产中的生产资料，不应损害财产的效用和经济价值，要保证生产活动和财产流通的正常进行。不能分割、不便分割的财产，应予以合理的调整或作价处理；分割夫妻共同财产中的生活资料，应考虑双方和子女的实际生活需要，做到方便生活，物尽其用。

（4）不得损害国家、集体和他人利益原则。离婚时，不能把属于国家、集体和他人所有的财产当作夫妻共同财产予以分割。非法所得（比如贪污受贿、盗窃等）财物必须依法追缴。

（5）照顾无过错方原则。对因一方过错，诸如重婚、与他人同居、实施家庭暴力、虐待、遗弃等行为而引起的离婚案件，无过错方往往承受了身体和精神上的伤害，财产分割时，对于无过错方应适当多分。

3. 财产分割的方法

根据我国《婚姻法》的规定，离婚时夫妻的共同财产由双方协议处理；协议不成时，由人民法院根据财产的具体情况，照顾子女和女方权益的原则判决。夫或妻在家庭土地承包经营中享有的权益等，应当依法予以保护。离婚时，夫妻共同财产的分割原则上是均等分割，其分割方法包括实物分割、价金分割、价格补偿等。

4. 离婚时一方侵犯对方财产权的处理

《婚姻法》第四十七条第一款规定："离婚时，一方隐藏、转移、变卖、毁损夫妻共同财产，或伪造债务企图侵占另一方财产的，分割夫妻共同财产时，对隐藏、转移、变卖、毁损夫妻共同财产或伪造债务的一方，可以少分或不分。离婚后，另一方发现有上述行为的，可以向人民法院提起诉讼，请求再次分割夫妻共同财产。"因而，如在离婚后一方才发现对方在离婚时有上述侵害财产的行为，根据《〈婚姻法〉司法解释（一）》第三十一条的规定，可以从发现之日起两年内向人民法院起诉，请求再次分割夫妻共同财产。

（二）夫妻共同债务的清偿

夫妻共同债务，是指夫妻关系存续期间因共同的婚姻生活或为履行各类扶养义务等所负的债务。我国《婚姻法》第四十一条规定："离婚时，原为夫妻共同生活所负的债务，应当共同偿还。共同财产不足清偿的，或财产归各自所有的，由双方协议清偿；协议不成时，由人民法院判决。"

司法实践中，人民法院在处理离婚案件分割财产时，一般采用先清偿后分割的办法，即有共同债务的，应当先清偿债务，再分割财产，以免造成不必要的纠纷。具体清偿顺序是：首先，夫妻共同债务应由夫妻共同财产清偿；其次，夫妻共同财产不足或财产归各自所有、无夫妻共同财产的，由双方协议各自的清偿数额；最后，夫妻双方协商不成的，由人民法院根据双方的财产状况、收入状况、财产分割情况等因素综合衡量判决各自应清偿的份额。

需要注意的是，根据《最高人民法院关于适用〈中华人民共和国婚姻法〉若干问题的解释（二）》第二十五、二十六条规定，当事人的离婚协议或者人民法院的判决书、裁定书、调解书已经对夫妻财产分割问题作出处理的，债权人仍有权就夫妻共同债务向男女双方主张权利。一方就共同债务承担连带清偿责任后，基于离婚协议或者人民法院的法律文书向另一方主张追偿的，人民法院应当支持。夫或妻一方死亡的，生存一方应当对婚姻关系存续期间的共同债务承担连带清偿责任。

三、离婚在父母子女关系方面的法律后果

（一）离婚后的父母与子女关系

我国《婚姻法》第三十六条第一款规定："父母与子女间的关系，不因父母离婚而消除。离婚后，子女无论由父或母直接抚养，仍是父母双方的子女。"根据这一规定，父母离婚只能解除他们各自的夫妻关系，而不能消除父母子女之间的权利义务关系。这是因为父母子女关系与婚姻关系在法律性质上是不同的两种关系。前者是基于出生事实而形成的自然血亲关系，不能通过法律程序人为地解除；而后者是男女两性基于自愿依法缔结的婚姻关系，它可依法定条件和程序而成立，也可依法解除。离婚后，子女无论随父母何方生活，仍然是父母双方的子女。

养父母和养子女之间的权利义务关系，适用婚姻法对父母子女关系的有关规定。生父母与继父母离婚后，继父母不同意继续抚养继子女的，应由生父母抚养，继父母与继子女之间的抚养关系消灭。受继父母抚养教育成年的继子女，其与继父母之间已经形成的抚养教育关系不因生父母与继父母离婚而自然解除。

（二）离婚后子女的抚养归属问题

《婚姻法》第三十六条第三款规定："离婚后，哺乳期内的子女，以随哺乳的母亲抚养为原则。哺乳期后的子女，如双方因抚养问题发生争执不能达成协议时，由人民法院根据子女的权益和双方的具体情况判决。"根据这一规定，哺乳期内的子女（通常为两周岁以下的子女），原则上由母亲直接抚养，如母亲有下列情形之一的，可由父亲抚养：一是哺乳的母亲患有久治不愈的传染性疾病或其他严重疾病，子女不宜与其共同生活；二是母亲有条件抚养而不尽抚养义务，而父亲要求子女随其生活的；三是双方协商由父亲直接抚养的。

哺乳期后的子女由谁抚养首先由双方协商处理。协商不成，人民法院根据子女的最大利益，并考虑父母双方的具体抚养条件以及是否具有优先直接抚养的条件来判决，如已做绝育手术或因其他原因丧失生育能力的一方有优先抚养权；十周岁以上未成年子女还应当考虑子女的意见。

父母抚养子女的条件基本相同，双方均要求子女与其共同生活，但子女单独随祖父母或外祖父母共同生活多年，且祖父母或外祖父母要求并且有能力帮助子女照顾孙子女或外孙子女的，可作为子女随父或随母生活的优先条件予以考虑。

（三）子女抚养费的负担与变更

1. 子女抚养费的负担

子女的抚养费包括但不限于生活费、教育费和医疗费。《婚姻法》第三十七条第一款规定："离婚后，一方抚养的子女，另一方应负担必要的生活费和教育费的一部或全部，负担费用的多少和期限的长短，由双方协议；协议不成时，由人民法院判决。"实践中，抚养费的数额应当兼顾子女的需要和父母的负担能力，并结合当地的实际生活水平来确定：负担一个子女，一般为月总收入的20%～30%，负担两个以上子女的，一般不超过月总收入的50%。无固定收入的，抚养费的数额可根据当年总收入或同行业平均收入，参照上述比例确定。

抚养费的给付期限：一般给付到子女成年（满十八岁）。对于尚在校接受高中及其以下学历教育，或者丧失或未完全丧失劳动能力等非因主观原因无法维持正常生活的成年子女，父母又有给付能力的，仍应负担必要的生活费。

2. 子女抚养费的变更

夫妻离婚后，已确定的子女抚养费会随着生活条件的变化而变化，包括抚养费的增加、减少或免除等情形。我国《婚姻法》第三十七条第二款规定："关于子女生活费和教育费的协议或判决，不妨碍子女在必要时向父母任何一方提出超过协议或判决原定数额的合理要求。"子女要求增加抚养费有下列情形之一的，父或母有给付能力的，应予支持：①原定抚育费数额不足以维持当地实际生活水平的；②因子女患病、上学，实际需要已超过原定数额的；③有其他正当理由应当增加的。

如果负有给付义务一方的确有困难，无力按判决或协议给付抚养费时，可以通过协议或判决予以减少或免除抚养费。这通常包括以下几种情况：①有给付义务的一方因长期疾病或丧失劳动能力，失去经济来源，确实无力按原判决或协议确定的数额给付，而抚养子女的一方又能够负担大部分或全部子女生活费和教育费的；②有给付义务的一方，因为犯罪被收监改造，无力给付抚养费的；③与子女共同生活的一方再婚，其配偶愿意负担继子女抚养费的一部或全部的。一旦出现上述情形，有给付义务一方，可要求减少或免除子女抚养费。

四、离婚损害赔偿制度

离婚损害赔偿制度，是指因婚姻关系的一方有法律规定的过错行为而导致离婚，无过错方在离婚时有权要求对方赔偿自己因离婚而遭受损失的法律制度。我国《婚姻法》第四十六条规定："有下列情形之一，导致离婚的，无过错方有权请求损害赔偿：（一）重婚的；（二）有配偶者与他人同居的；（三）实施家庭暴力的；（四）虐待、遗弃家庭成员的。"此条是关于离婚损害赔偿的规定。在具体适用这一规定时，应注意把握以下几方面问题。

（一）离婚损害赔偿的构成要件

1. 配偶一方有法定过错

我国《婚姻法》第四十六条将导致离婚损害赔偿的违法行为严格限定在四种情形之内：①重婚的；②有配偶者与他人同居的；③实施家庭暴力的；④虐待、遗弃家庭成员的。这四类行为中行为人的主观过错不言自明，若主观上处于过失状态是难于实施上述行为的。

2. 对方无过错

享有离婚损害赔偿请求权的一方，须无我国《婚姻法》第四十六条规定的法定过错，这是构成离婚损害赔偿的又一条件。如果双方都有法定过错，则双方都无权以对方有法定过错为由请求损害赔偿，侵权上的过错相抵原则在我国离婚损害赔偿中不适用。

3. 一方的法定过错行为导致离婚并给对方造成了实际损害

配偶一方实施的重婚、与他人同居等法定过错行为的客观存在是一个条件，而因为该类行为导致婚姻关系破裂，并造成无过错配偶遭受损害则是另一个条件。若配偶一方虽实施了上述损害行为，但并没有导致离婚，就不能获得损害赔偿。毕竟赔偿是与损害直接联系的，无损害就无赔偿，但这种损害既包括财产上的损害，又包括非财产上的损害。财产损害仅限于受害方所遭受的直接财产减损，如个人财产被损害或数量上减少，非财产上的损害则是指精神损害。

（二）提起离婚损害赔偿的特别规定

第一，人民法院判决不准离婚的案件，不支持离婚损害赔偿请求。

第二，无过错方作为原告向人民法院提起损害赔偿请求的，必须在离婚诉讼的同时提出。若无过错方是被告，既不同意离婚也不基于该条规定提起损害赔偿请求的，可以在离婚后一年内就此单独提起诉讼。

第三，当事人在婚姻登记机关办理离婚登记手续后，以我国《婚姻法》第四十六条规定为由向人民法院提出损害赔偿请求的，人民法院应当受理。但当事人在协议离婚时已经明确表示放弃该项请求，或者在办理离婚登记手续一年后提出的，不予支持。

 典型案例

张男和李女于2008年经人介绍恋爱结婚。婚后，张男的父母购买一套住房（登记在张男名下）给二人居住，李女娘家给了她一套家用电器作为嫁妆。婚后第二年，张男和李女生有一子。2013年开始，张男与宋女通奸，被李女发现斥责后，张男索性在外租房和宋女同居，很少回家。张的工资不高，为维持和宋女的开销，向他人借债5万元。李女独自抚养儿子，生活困难，也借外债15 000元。2015年3月，李女向某区人民法院起诉离婚，并要求抚养儿子，张男不同意离婚。提出如果离婚，孩子是他家的后代，必须由他抚养，否则不支付任何抚养费。法院经多次调解未果，遂判决准予离婚。

案例评析： 本案涉及判决离婚的法定条件、夫妻共同财产的分割、债务清偿和子女抚养等问题。

第一，根据《婚姻法》第三十二条规定的夫妻感情确已破裂认定的具体条款，张男在婚姻关系存续期间与宋女有同居行为，并且在李女发现斥责后，张男索性在外租房和宋女公开同居，应当认定为夫妻感情确已破裂，人民法院在多次调解未果的情况下应当判决准予离婚。

第二，根据《婚姻法》第三十六条规定，父母与子女间的关系，不因父母离婚而消除。离婚后，不与子女共同生活的一方，应当付给抚养费。考虑子女感情和父母的品质，其婚生子应当由母亲李女抚养为宜，父亲张某应支付相应的抚养费。对抚养费的数额和给付方式，双方协商解决，协商不成时由人民法院予以判决。

第三，根据《最高人民法院关于适用〈中华人民共和国婚姻法〉若干问题的解释（三）》第七条第一款规定，当事人结婚后，由一方父母出资为子女购买房屋，产权登记在出资方子女名下的，应认定为对自己子女一方的个人赠与，该不动产应认定为夫妻一方的个人财产。本案中的房屋属于婚后张男的父母全额出资购买，且产权登记在张男名下，属于张男的个人财产，离婚时不予以分割。因电器属于李女陪嫁之物，应认定为其婚前财产，也不予分割。同时，李女要求以夫妻共同财产对该电器在婚后共同生活中的自然损耗予以补偿的，人民法院不能予以支持。

第四，对婚姻关系存续期间的债务，属于夫妻共同债务的，由夫妻双方共同予以清偿；属于个人债务的，由举债人本人单独偿还，另一方没有代为清偿的义务。本案中，因张男所借债务并未用于家庭共同生活，系其个人债务，由张男个人偿还；李女所借的债务用于家庭共同生活，属于夫妻共同债务，由张男和李女共同清偿。

第十四章
父母子女关系

　　配偶、父母、子女、兄弟姐妹、(外)祖父母、(外)孙子女既是婚姻家庭法上的近亲属,也是现代核心家庭的主要成员。他们之间既有道德上的权利义务,也有法律上的权利义务。正确处理近亲属之间的权利义务关系有助于婚姻家庭的团结与稳定,维护社会和谐。

　　父母子女关系又称亲子关系,在法律上是指父母和子女之间的权利、义务关系。父母子女关系因出生的事实或法律拟制而发生,是最近的直系血亲关系,因而是家庭关系的重要组成部分。

　　我国《婚姻法》第二十一条至第二十七条对于父母子女间的权利义务作了规定,这些规定不仅适用于父母与亲生子女之间,也适用于养父母子女之间以及有抚养关系的继父母子女之间。

一、父母对子女有抚养教育的义务

　　我国《婚姻法》第二十一条规定,父母对子女有抚养教育的义务;父母不履行抚养义务时,未成年的或不能独立生活的子女,有要求父母付给抚养费的权利。

(一) 父母对子女有抚养义务

　　所谓抚养,是指父母在经济上对子女的供养和在生活上对子女的照料,包括负担子女的生活费、教育费、医疗费等。这是无条件的,除法律另有规定外,任何情况下父母都必须履行抚养义务。离婚后的父母,无论子女由哪方抚养,另一方都不因此而免除其对子女的抚养义务。

　　一般情况下,父母的抚养义务到子女成年为止。子女虽已成年,但不能独立生活,父母又具有负担能力的,父母仍然在法律上负有一定的抚养义务。"不能独立生活的子女",是指虽已成年,但非因主观原因而无法独立维持正常生活的子女。根据《〈婚姻法〉司法解释(一)》第二十条规定,"不能独立生活的子女"包括:子女丧失劳动能力或虽未完全丧失劳动能力但收入不足以维持生活的;子女尚在校接受高中及以下学历教育。

　　当未成年子女或不能独立生活的成年子女的受抚养的权利受到侵犯时,他们有向父母追索抚养费的权利;可向抚养义务人的所在单位或有关部门提出解决,也可直接向人民法院提起诉讼。

(二) 父母对子女有教育义务

　　所谓教育,是指父母在思想品德、学业上对子女的关怀和培养。它包括两方面:一是父母或者其他监护人应当尊重未成年人接受教育的权利,必须使适龄的未成年人按照规定接受义务教育，不得使在校接受义务教育的未成年人辍学。二是父母或者其他监护人应当以健康的思想、品行和适当的方法教育未成年人，引导未成年人进行有益身心健康的活动，预防和制止未成年人吸烟、酗酒、流浪以及聚赌、吸毒、卖淫等。

父母对子女的抚养教育义务，始于子女出生。父母以任何手段危害子女生命和健康的行为都是违法的。《婚姻法》第二十条第四款特别规定：禁止溺婴、弃婴和其他残害婴儿的行为。

二、父母对子女有保护和教育的权利义务

《婚姻法》第二十三条规定："父母有保护和教育未成年子女的权利和义务。在未成年子女对国家、集体或他人造成损害时，父母有承担民事责任的义务。"

保护，是指父母应保护未成年子女的人身安全和合法权益，防止和排除来自自然界的损害以及他人的非法侵害。教育，在这里应当理解为管教，是指父母按照法律和道德规范的要求，采用适当的方法对未成年子女进行管理和教育。

父母是未成年子女的法定监护人和法定代理人，当未成年子女的人身或财产权益遭受他人侵害时，父母有以法定代理人的身份提起诉讼，请求排除侵害、赔偿损失的权利。当未成年子女脱离家庭或监护人时，父母有要求归还子女的权利。发生拐骗子女行为时，父母有请求司法机关追究拐骗者刑事责任的权利。

在未成年子女对国家、集体或他人造成损害时，父母有承担民事责任的义务。《中华人民共和国侵权责任法》第三十二条规定："无民事行为能力人、限制民事行为能力人造成他人损害的，由监护人承担侵权责任。监护人尽到监护责任的，可以减轻其侵权责任。有财产的无民事行为能力人、限制民事行为能力人造成他人损害的，从本人财产中支付赔偿费用。不足部分，由监护人适当赔偿。"

三、子女对父母有赡养扶助的义务

《婚姻法》第二十一条规定，子女对父母有赡养扶助的义务。子女不履行赡养义务时，无劳动能力的或生活困难的父母，有要求子女付给赡养费的权利。《中华人民共和国老年人权益保障法》就家庭在赡养老人时应承担的义务作了更明确、具体的规定。老年人养老主要依靠家庭，家庭成员应当关心和照顾老人。根据法律规定，子女对父母物质上的供养扶助是有条件的。

第一，父母须是无劳动能力或生活困难的。无劳动能力是指完全丧失从事创造物质财富或精神财富活动的身体条件；虽然丧失劳动能力但有可靠的收入（包括社会保障金）维持自己生活的人除外。生活困难是指在完全丧失从事创造物质或精神财富的活动的身体条件的情况下，虽有收入但收入不足以维持当地一般生活水平，或者在未完全丧失从事创造物质或精神财富的活动的身体条件的情况下，虽有收入但收入不足以维持当地一般生活水平。

第二，子女须成年且有赡养能力。子女专指有独立的劳动收入或其他收入并在能够满足自己的最低生活水平之外有剩余的成年子女，或已满十六周岁而未满十八周岁但能够以自己的劳动收入维持当地一般生活水平的子女。对于有劳动能力、生活不困难的父母，子女自愿扶助孝敬父母，法律是提倡的，但不强制。

第三，赡养义务的内容包括经济上的供养，生活上、体力上的照料、帮助和精神上的尊敬、慰藉、关怀。

第四，赡养的方式既可以是与父母共同生活直接履行赡养义务，也可采用经常联系、探望并提供生活条件及生活费用的方式。如有多个子女，则应根据每个子女的经济状况，共同承担起对父母的经济责任。赡养人之间可以就履行赡养义务签订协议，并征得老年人的同意；居民委员会、村民委员会或者赡养人所在组织监督协议的履行。

第五，赡养费的数额，既要根据赡养人的经济负担能力，又要照顾父母的实际生活需要。一般而言，应不低于子女本人或当地的平均生活水平，以确保老人的生活需要。

第六，关于因追索赡养费的纠纷，可以要求家庭成员所在组织或者居民委员会、村民委员会调解，也可直接向人民法院提起诉讼。义务人有能力赡养而拒绝赡养，情节严重，构成遗弃罪的，应依法追究其刑事责任。

需要特别指出，法律规定子女对父母有赡养义务，但如果父母对子女遗弃、虐待情节严重的，就不应当再享有该子女的赡养权。

四、子女有尊重父母婚姻自由的义务

《婚姻法》第三十条规定："子女应当尊重父母的婚姻权利，不得干涉父母再婚以及婚后的生活。子女对父母的赡养义务，不因父母的婚姻关系变化而终止。"这一规定的目的在于保障老年人的再婚自由和再婚后的生活。

五、父母子女之间有相互继承遗产的权利

《婚姻法》第二十四条第二款规定："父母和子女有相互继承遗产的权利。"我国《继承法》第十条规定，父母、子女与被继承人的生存配偶，同为第一顺序的法定继承人。

法律所指的父母包括：生父母、养父母和有扶养关系的继父母；子女包括：婚生子女、非婚生子女、养子女和有扶养关系的继子女。父母与子女之间遗产继承权均是完全平等的，不应受到性别、年龄、已婚或未婚的限制和影响。

需指出的是：①非婚生子女有权继承生父母的遗产；②养子女有权继承养父母的遗产，但无权继承生父母的遗产；③形成了扶养关系的继父母和继子女之间享有相互继承遗产的权利，同时继父母继承了继子女遗产的，不影响其继承生子女的遗产；继子女继承了继父母遗产的，不影响其继承生父母的遗产。

法律还规定：①被继承人死亡时尚未出生的胎儿，也应依法保留其继承的份额，胎儿出生时是死体的，保留的份额由被继承人的继承人继承；胎儿出生后死亡的，则由其继承人继承。②子女先于父母死亡的，其晚辈直系血亲依法享有代位继承权。③被继承人订立的遗嘱应当对缺乏劳动能力又没有生活来源的继承人保留必要的遗产份额。

 典型案例

张某与陆某是男女朋友关系，未婚同居，感情较好，双方一直没有子女。2008 年年初张某在同学聚会时巧遇自己的初恋情人宋某，旧情复燃之下，双方发生了性行为。事后张某自觉对不起陆某，便告诉宋某，不希望因为自己的原因导致关系破裂，也不希望对宋某

的家庭关系有不良影响，双方仍然还是普通朋友，此后双方的关系渐渐疏远。不久，张某发现自己怀孕，经推算日期，这个孩子应该是宋某的，但张某没有告诉宋某。陆某一家人得知张某怀孕，都欣喜异常，对张某也是关怀备至。2008年10月，张某生下一子，此后生活渐趋平静。2009年以后，由于对父母的赡养问题和其他生活琐事，二人经常发生争执。一次激烈争吵时，陆某动手打了张某，张某一时气愤，说出了孩子不是陆某亲骨肉的事实。在陆某的追问之下，张某说出了事情的真相。陆某决定与张某分手，双方很快达成了协议，协议中约定孩子由张某抚养，陆某不承担抚养费。2010年1月，张某和陆某正式分手。张某单独抚养孩子难堪重负，于是找到宋某，要求宋某支付孩子的抚养费，起初宋某不承认孩子是他的，后虽然承认与孩子的血缘关系，但拒绝支付抚养费。2010年3月，张某作为孩子的法定代理人，向人民法院提起诉讼，要求宋某承担抚养义务，支付抚养费。

案例评析：本案例考查非婚生子女的认领和抚养问题。我国《婚姻法》中没有规定非婚生子女的认领制度，但根据司法实践及最高人民法院的有关司法解释的规定，生父与非婚生子女之间形成的血缘关系不因婚姻关系的改变而发生改变，对有血缘关系的非婚生子女，生父应当承担抚养责任；至于是否认领，需要看双方的实际情况及生母是否愿意和有无能力抚养而定。

本案在确认该子女与宋某存有血缘关系的基础上，如果张某愿意抚养，则应判决该非婚生子女随母亲共同生活，但生父宋某应当承担一定的抚养费直至子女成年；如果宋某愿意抚养该子女，也可判决由宋某抚养，张某承担一定的抚养费；如双方均不愿抚养该子女，则应根据实际情况确定由谁抚养，不排除依法作出由宋某承担抚养教育该非婚生子，该非婚生子与生父共同生活，由张某支付必要的抚养费的判决。

第十五章

继承法律制度概述

第一节　我国继承法的基本原则

继承法的基本原则是指能够贯穿所有继承法律规范内容的指导思想，它是继承法立法的基础，是处理遗产继承问题的基本准则。我国继承法的基本原则包括如下内容。

一、保护公民私有财产继承权原则

保护私有财产继承权，是我国继承立法的宗旨和出发点，也是继承法的首要原则，其基本内涵包括以下 5 个方面。

（1）凡是公民生前所有的个人合法财产，在其死后都可以作为遗产转移给其继承人。我国《中华人民共和国继承法》（以下简称《继承法》）第三条规定，遗产是公民死亡时遗留的个人合法财产，包括公民的收入；公民的房屋、储蓄和生活用品；公民的林木、牲畜和家禽；公民的文物、图书资料；法律允许公民所有的生产资料；公民的著作权、专利权中的财产权利；公民的其他合法财产。个人合法财产可以理解为，除法律禁止个人享有所有权的财产以外，只要有合法权源的财产都可以作为遗产由继承人继承。

（2）被继承人的遗产一般不收归国有，尽可能由继承人或受遗赠人取得。对于无人继承又无人受遗赠的遗产，首先按照《继承法》第十四条规定，对继承人以外的依靠被继承人扶养的缺乏劳动能力又没有生活来源的人，或继承人以外的对被继承人扶养较多的人，可以分给他们适当的遗产。其次，依《继承法》第三十二条规定，无人继承又无人受遗赠的遗产，归国家所有；死者生前是集体所有制组织成员的，应归所在集体所有制组织所有。

（3）继承人的继承权不得非法剥夺。除法律规定的丧失继承权的法定情形外，继承人的继承权不得因任何其他原因被剥夺。继承开始后，继承人没有明确表示放弃继承权的，视为接受继承，而不能作为放弃继承权处理。

（4）保障继承人、受遗赠人充分行使继承权和受遗赠权。除具有完全民事行为能力的继承人、受遗赠人由本人行使继承权和受遗赠权外，如果本人是无民事行为能力人或限制民事行为能力人，其继承权、受遗赠权可以由法定代理人行使或征得法定代理人同意后行使。

（5）继承人的继承权受到他人非法侵害时，有权在法定期间内通过诉讼程序请求法院依法保护。《继承法》第八条规定："继承权纠纷提起诉讼的期限为二年，自继承人知道或者应当知道其权利被侵犯之日起计算。但是，自继承开始之日起超过二十年的，不得再提起诉讼。"

二、继承权平等原则

继承权平等原则是民法平等原则在继承法中的具体化。具体而言，继承权平等原则主要体现在以下几方面。

（一）继承权男女平等

这是继承权平等原则的核心和基本表现，也是我国宪法确认的男女平等原则的具体体现之一。继承权男女平等主要体现在：①夫妻继承权平等，有相互继承遗产的权利；②在继承人范围和法定继承顺序上，男女亲等相同，父系与母系亲等平等；③代位继承既适用于父系血亲，也适用于母系血亲；④在遗嘱继承中，无论男女都有权按照自己的意愿处分自己的财产；⑤为避免阻挠寡妇带产再嫁，《继承法》第三十条规定，夫妻一方死亡后另一方再婚的，有权处分所继承的财产，任何人不得干涉。

（二）婚生子女、非婚生子女、养子女、形成事实抚养关系的继子女平等

尽管近代非婚生子女的地位有所提高，但有些国家仍然歧视非婚生子女，对非婚生子女的继承权采取限制或否定的态度。相反，我国继承法承认非婚生与婚生子女享有平等的继承权。《继承法》第十条规定，"……本法所说的子女，包括婚生子女、非婚生子女、养子女和有扶养关系的继子女……"

（三）儿媳与女婿继承权平等

《继承法》第十二条规定："丧偶儿媳对公、婆，丧偶女婿对岳父、岳母，尽了主要赡养义务的，作为第一顺序继承人。"

（四）同一顺序的继承人平等

同一顺序的继承人，无论辈分高低、年龄长幼，也无论职业、政治状况，都平等地继承被继承人的遗产。《继承法》第十三条第一款规定："同一顺序继承人继承遗产的份额，一般应当均等。"

三、权利义务相一致原则

权利义务相一致是指扶养义务和继承权的统一。享有权利的同时承担相应的义务。虽然继承法中关于继承的产生、遗产的分配等方面并不以权利义务相一致作为决定性因素，但是我国继承法在许多方面仍体现了权利义务相一致原则。

（一）遗产数额的确定

《继承法》第十三条规定："同一顺序继承人继承遗产的份额，一般应当均等。对生活有特殊困难的缺乏劳动能力的继承人，分配遗产时，应当予以照顾。对被继承人尽了主要扶养义务或者与被继承人共同生活的继承人，分配遗产时，可以多分。有扶养能力和有扶养条件的继承人，不尽扶养义务的，分配遗产时，应当不分或者少分。继承人协商同意的，也可以不均等。"将继承人对被继承人所尽扶养义务的多少作为确定遗产份额的一个考量因素，体现了权利义务相一致原则。

（二）丧偶儿媳对公婆、丧偶女婿对岳父母，尽了主要赡养义务的，作为第一顺序继承人

丧偶儿媳和丧偶女婿本不在继承顺序之中，对公婆、岳父母不享有继承权，但是法律考虑到他们对公婆、岳父母尽了主要赡养义务，因而规定他们享有继承权，并且是第一顺序的继承人。这充分体现了权利义务相一致原则。

（三）无法定扶养义务而对被继承人扶养较多的人可分得遗产以及通过遗赠扶养协议取得遗产

对被继承人生前没有扶养义务而对被继承人扶养较多的人，有权取得适当遗产。相反，法定继承人虐待、遗弃、故意杀害被继承人的，则丧失继承权。在有遗赠扶养协议时，只有抚养人按照扶养协议尽了扶养义务，才有权取得遗赠。没有履行扶养义务的，不能取得遗产。这些都充分体现了权利义务相一致原则。

（四）接受遗产的继承人需清偿被继承人的债务与履行遗赠负担义务

继承人在接受遗产的同时，必须在所继承的遗产实际价值限额内，对被继承人依法应当交纳的税款和债务负担清偿责任。遗嘱继承或遗赠附有义务的，继承人或受遗赠人应当履行义务；没有正当理由不履行义务的，法院可以取消其继承或接受遗产的权利。

四、养老育幼、照顾弱者原则

尊老爱幼、照顾弱者是中华民族长期以来形成的传统美德，特别是我国还处在社会主义初级阶段，经济水平和社会保障措施还不足以使得国家和社会能负担起全体老人、未成年人和无劳动能力人的生活供给，扶养这些人的职责大部分还需要由家庭来承担。因此，在财产继承时，要充分考虑这些弱者的生存需要，予以适当照顾。①

（1）保护缺乏劳动能力又没有生活来源者以及胎儿的利益。《继承法》第十九条规定："遗嘱应当对缺乏劳动能力又没有生活来源的继承人保留必要的遗产份额。"《继承法》第二十八条规定："遗产分割时，应当保留胎儿的继承份额。胎儿出生时是死体的，保留的份额按照法定继承办理。"这些规定体现了继承法通过限制被继承人的自由处分财产权，来保障这些弱者的基本生活需要。

（2）遗产份额在均等分割的基础上，应保护老弱病残等弱者，尽可能保障缺乏劳动能力又没有生活来源的继承人的基本生活；对与被继承人共同生活的继承人，特别是老年人和未成年人，分配遗产时应多分。

（3）保护父母已死亡的孙子女、外孙子女的生活和成长。《继承法》第十一条规定："被继承人的子女先于被继承人死亡的，由被继承人的子女的晚辈直系血亲代位继承。代位继承人一般只能继承他的父亲或者母亲有权继承的遗产份额。"

（4）为保障鳏寡孤独者的生活，继承法确立了遗赠扶养协议制度。

---

① 曹诗权，孟令志，麻昌华．婚姻家庭继承法［M］．北京：北京大学出版社，2006：283.

第二节　继承法律关系

一、继承法律关系的概念

继承法律关系指由继承法所调整的，因公民死亡而发生的继承人之间，以及继承人与他人之间在财产继承上的民事权利义务关系。

（1）继承法律关系是一种法律关系。首先，继承法律关系是一种人与人之间的社会关系，包括继承人之间的关系、继承人与他人之间的关系；其次，是由继承法规范调整的社会关系。

（2）继承法律关系因公民死亡而发生。公民死亡是引起继承法律关系发生的基本事实。法律事实可以分为事件和行为，前者不以人的意志为转移，后者则是人的意志所决定的。公民死亡是事件，即使是自杀，对于其他公民来说也是事件。

（3）继承法律关系是财产继承上的民事法律关系。首先，继承法律关系是一种民事法律关系，发生在平等的民事主体之间；其次，只能是财产继承上的民事法律关系。

二、继承法律关系的主体

（一）继承人

继承人是继承法律关系的主体，指依照继承法的规定，在法定继承和遗嘱继承中有权继承被继承人遗产的公民。继承人有以下特点。

（1）继承人只能是自然人。依《继承法》的规定，法人、非法人组织不能成为法定继承和遗嘱继承中的继承人；只有在遗赠、遗嘱扶养协议这样的非严格意义上的继承关系中才有可能成为受遗赠人。

（2）具有民事权利能力的自然人，即继承开始时生存。胎儿不是我国继承法中的继承人，但《继承法》第二十八条规定，遗产分割时，应保留胎儿的继承份额。胎儿出生时是死体的，保留的份额按照法定继承办理。这是对胎儿利益的特殊保护，而非承认胎儿的继承人主体地位。至于其他特殊民事主体，如被宣告失踪人，因其仍有民事权利能力，也是继承人。所以，我国继承法中，判断自然人是否有继承人的资格的标准是有无民事权利能力。

（3）继承人是法定范围内的继承人。不论是法定继承还是遗嘱继承，继承人均限定在配偶、父母、子女、兄弟姐妹、祖父母、外祖父母等近亲属范围内。

（4）继承人处于可继承的顺序。在具体的继承法律关系中并非法定范围内的继承人均可实际享有继承权，从而成为实际继承人。其一般的规则是：顺序在先者先行继承；处于后一顺序的继承人，只有前一顺序无继承人时，方可继承遗产；遗嘱继承中，依被继承人的事先指定确定实际享有继承权的继承人。

（5）继承人是没有丧失继承权的自然人。继承人如有《继承法》第七条规定的丧失继承权的情形，则丧失继承人的资格，无权继承被继承人的遗产。但《继承法》第七条所规定的丧失继承权是针对特定被继承人丧失继承权而已，其对他人享有的继承权并不受影响。所以，继承人应是对特定被继承人没有丧失继承权的自然人。

（二）胎儿的继承能力

《继承法》第二十八条规定："遗产分割时，应当保留胎儿的继承份额。胎儿出生时是死体的，保留的份额按照法定继承办理。"

我国采取的是"拟制式的立法惯例"，即承认胎儿有继承能力，但以降生后是活体为限。

三、继承法律关系的客体

继承法律关系的客体，是继承法律关系主体的权利、义务所指向的对象，即遗产。

（一）遗产的概念

遗产指被继承人死亡时遗留的，依照继承法规范能够转移给他人的财产权利及一定范围的财产义务。

《继承法》第三条第一款规定，遗产是公民死亡时遗留的个人合法财产。

（二）遗产的特征

（1）时间上的特定性。被继承人的财产权利和义务只有在其死亡时才能转化为遗产。

（2）内容上的财产性。遗产仅限于被继承人遗留的财产权利和义务，不包括人身方面的权利和义务。

（3）范围上的限定性。只能是被继承人死亡时遗留的可以转给他人的个人财产。

（4）性质上的合法性。只能是依法可以由公民拥有的，并且是由合法依据取得的财产。

（5）处理上具有可转让性。遗产必须是依继承法规范能够转让给他人的财产。

（三）遗产的范围

1. 遗产包括的财产

根据《继承法》第三条、第四条、第三十三条的规定，立法一方面概括地规定遗产的范围，另一方面也列举了具体的遗产类型。遗产的范围主要包括以下几类。

（1）公民的收入。收入，包括劳动收入和其他收入。劳动收入指被继承人通过自己的劳动所获取的工资、奖金、劳务报酬、收获物及个人承包经营的收益。除此之外，还有来自继承、赠与的收入，以及军人的伤亡保险金、伤残补助金、医药生活补助费等属于个人财产，也应当作为自然人的收入。还有个人资产投资所得的收益也属于收入。

（2）公民的房屋、储蓄和生活用品。公民的房屋是自然人最重要的生活资料。尽管我国土地属于国家和集体所有，但是我国法律历来承认个人对房屋的所有权，所以自然人的房屋可以被继承。

公民的储蓄，指自然人存入储蓄机构的属于其所有的货币及利息。

公民的生活用品，指自然人所有的为满足日常生活需要的生活资料，包括衣、食、住、行、用等各方面用途的生活资料。

（3）公民的林木、牲畜和家禽。公民的林木指依法归个人所有的树木、竹木等。自然人在其住宅地范围内或其承包经营的林地、自留山、自留地和依法承包的"四荒"土地上种植的林木归个人所有，可以归为自然人的遗产。公民的牲畜和家禽指自然人自己饲养的马、牛、猪、羊等牲畜和鸡、鸭、鹅等家禽。不论是为满足生产和生活需要，还是作为商品来饲养，均可以作为遗产来继承。

（4）公民的文物、图书资料。公民的文物是指公民个人收藏的具有历史、艺术、科学价值的物品，或至少具有其中一方面价值的物品。在我国法律上，文物是限制流通物，但这不妨碍它成为个人所有权的客体。我国《继承法》明确承认文物依法可被继承。公民的图书资料包括法律允许公民个人所有的各种类型的藏书和资料，包括一般图书资料和机密资料。

（5）法律允许公民所有的生产资料。生产资料是指劳动者进行生产所运用的资料和工具。对自然人拥有生产资料的所有权问题，我国采取逐步放宽的态度。① 只要是法律允许个人拥有的生产资料，在被继承人死亡时可以作为遗产。

（6）公民的著作权、专利权中的财产权利。知识产权既包括人身权利，也包括财产权利。其中的财产权利符合遗产的条件，可以作为遗产来继承。② 虽然我国《继承法》只规定了著作权和专利权中的财产权利可继承（未涉及其他类型的知识产权），但从立法精神上看，应当扩张解释为包括全部的知识产权中的财产权利，如商标权、发现权、发明权和其他科技成果权等其他知识产权中的财产权利。

（7）公民的其他合法财产。这主要包括以下几种。

①自然人依法享有的用益物权。用益物权设定后，在法定或约定的期限内物权人死亡，其享有的用益物权应纳入继承权的客体，由继承人继承。尽管我国物权法对于用益物权的继承问题没有涉及，但从我国其他现行法律和政策看，自然人的大部分用益物权已在实际上被纳入了遗产的范围。

②自然人依法享有的担保物权。依《中华人民共和国物权法》和《中华人民共和国担保法》的规定，我国担保物权包括抵押权、质权和留置权，这三种物权都是为保证债的实现而对担保标的物的价值予以直接支配并排除他人非法干涉的物权，是财产权，不具有专属性，可以继承，只是需要与其担保的主债一起构成继承的客体，当主债权发生继承时，其担保物权也一并被继承。

③债权债务。履行标的为财产的债权债务均应属于遗产，可由继承人继承。不论合同之债、侵权行为之债、不当得利之债，还是无因管理之债，均为财产权的一种，不具有专属性，均可继承。

④有价证券。有价证券具有财产性，不具有专属性，可以自由流通转让，因此在自然人死亡后，其所持有的有价证券可以作为遗产。

2. 遗产不能包括的财产

遗产不能包括的财产如下：

（1）他人的财产；

（2）指定了受益人的人身保险赔偿金；

（3）继承人生前赠与或已处分转归他人所有的财产；

（4）人身权。

---

① 房绍坤，范李瑛，张洪波. 婚姻家庭继承法［M］. 北京：中国人民大学出版社，2007：277.

② 王建平. 民法学［M］. 成都：四川大学出版社，2005：455.

四、继承法律关系内容

继承法律关系的内容指上述继承法律关系的主体享有的权利和负担的义务。其中最主要的是继承权。

（一）继承权的概念

继承权指公民依照法律规定或被继承人的遗嘱指定而承受被继承人的财产权利和义务的权利。

继承权有两层含义，即客观意义上的继承权和主观意义上的继承权。

客观意义上的继承权，又称继承期待权，指继承开始前，继承人依法律规定或遗嘱指定而享有的继承被继承人遗产的资格。该继承权是继承人将来可参与遗产继承的可能性。在继承开始前，被继承人有丧失或转让其财产的可能。继承人既不能处分被继承人的财产，也不能干预被继承人对财产的任意处分；而且继承人的继承顺序尚无法确定，也可能丧失继承权。所以，继承期待权不是完全的、具体的权利，且继承人不可放弃或转让该权利。[①]

主观意义上的继承权，又称继承既得权，指继承开始后，继承人在继承法律关系中实际享有的继承被继承人遗产的权利。这是一种具有现实性、财产性的继承权，继承人可以接受或放弃继承权。继承开始后，继承人没有明确表示放弃继承的，视为接受继承。

（二）继承权的行使与放弃

1. 继承权的行使

继承权的行使指继承人实现自己的继承权。由于客观意义上的继承权只是一种期待权，无行使的实际意义，所以继承人行使的只能是主观意义上的继承权。

完全民事行为能力人可以独立地行使继承权；无民事行为能力人的继承权由他的法定代理人代为行使；限制民事行为能力人的继承权，由他的法定代理人代为行使，或征得法定代理人同意后行使。法定代理人代为行使继承权时，不得损害被代理人的利益。原则上，代理人不得放弃继承权。行使继承权应注意以下几点：

（1）行使继承权是单方的意思表示，无须征得其他继承人的同意；

（2）行使继承权的意思表示可以是默示的，不明确表示放弃继承即视为接受继承；

（3）接受继承权应是无条件，继承人如对接受继承附条件，视为不接受继承。

2. 继承权的放弃

继承权的放弃是指继承人在继承开始后、遗产分割前作出的放弃其继承被继承人遗产的权利的意思表示。[②]

《继承法》第二十五条规定："继承开始后，继承人放弃继承的，应当在遗产处理前，作出放弃继承的表示。没有表示的，视为接受继承。受遗赠人应当在知道受遗赠后两个月内，作出接受或放弃受遗赠的表示。到期没有表示的，视为放弃受遗赠。"由此可见，继承和受遗赠在法律程度上存在一定差异。

---

① 陈棋炎，黄宗乐，郭振恭．民法继承新论［M］．台北：三民书局，2011：15 - 17.

② 王利明．民法［M］．北京：中国人民大学出版社，2005：705.

（1）放弃继承的意思表示必须在继承开始后、遗产处理前作出。放弃的是继承既得权。继承开始之前的继承期待权，不属于完全的、具体的民事权利，放弃不发生效力。

（2）放弃继承时单方的意思表示，只要继承人以明示的方式作出，即发生法律效力。放弃继承权意味着继承人丧失继承人的资格，不再享有继承人的权利，也不再承担继承人的义务。但是继承人因放弃继承权而导致其不能履行法定义务的，放弃继承权的行为无效。

（三）继承权的丧失

1. 概念

继承权的丧失又称继承权的剥夺，指依照法律规定，在发生法定事由时取消继承人继承被继承人遗产的资格。《继承法》第七条规定，继承权丧失的法定事由有四项：故意杀害被继承人；为争夺遗产而杀害其他继承人；遗弃被继承人的，或虐待被继承人情节严重的；伪造、篡改或销毁遗嘱，情节严重。继承权的丧失包括以下内容：

（1）继承权的丧失是客观意义上的继承权的丧失；

（2）继承权的丧失原因是法定的；

（3）继承权的丧失是对继承人继承资格的剥夺。

2. 继承权丧失的法定事由

1）故意杀害被继承人

《最高人民法院关于贯彻执行〈中华人民共和国继承法〉若干问题的意见》第十一条规定，继承人故意杀害被继承人的，无论是既遂还是未遂，均应确认其丧失继承权。然而，继承人出于正当防卫行为导致被继承人死亡的，不丧失继承权。

2）为争夺遗产而杀害其他继承人

为争夺遗产而杀害其他继承人的行为包括以下几种：

（1）继承人必须要有争夺遗产的故意；

（2）继承人要实施杀人的行为；

（3）继承人杀害的对象是其他继承人，包括第一顺序、第二顺序，也包括受遗赠人。

3）遗弃被继承人的，或虐待被继承人情节严重

遗弃被继承人是指继承人对没有劳动能力又没有生活来源的和没有独立生活能力的被继承人，拒不履行扶养义务。首先被遗弃的对象必须是需要扶养照料的被继承人，如被继承人年老、患病等；其次继承人有能力尽扶养义务而拒不履行。

继承人虐待被继承人是指继承人以各种手段对被继承人进行肉体摧残或精神折磨。虐待行为和遗弃行为的后果不同，遗弃行为只要成立，继承人即丧失继承权；继承人虐待被继承人的，并不立即丧失继承权，只有虐待情节严重才丧失继承权。继承人虐待被继承人情节是否严重，可以从实施虐待行为的时间、手段、后果和社会影响等方面认定。情节严重的，不论是否追究刑事责任，均可确认其丧失继承权。如以后确有悔改表现，而且被继承人生前又表示宽恕，可不确认其丧失继承权。

4）伪造、篡改或销毁遗嘱，情节严重

伪造遗嘱是指继承人以被继承人的名义制作假遗嘱。

篡改遗嘱是指继承人擅自改变或歪曲被继承人遗嘱的内容。

销毁遗嘱是指继承人将被继承人所立遗嘱完全破坏、毁灭的行为。①

伪造、篡改或销毁遗嘱应具备两方面的条件：首先，伪造、篡改或销毁遗嘱的行为必须是由法定继承人一人或数人实施的。非法定继承人实施的该行为，不能剥夺继承人的继承权。而且，继承人的心态应该是故意的。其次，在客观条件上，必须是继承人实施了伪造、篡改或销毁遗嘱的行为，且情节严重才能剥夺其继承权。《最高人民法院关于贯彻执行〈中华人民共和国继承法〉若干问题的意见》第十四条规定，继承人伪造、篡改或销毁遗嘱，侵害了缺乏劳动能力又没有生活来源的被继承人的利益，并造成其生活困难的，应认定其行为情节严重。

3. 继承权丧失需要注意的几个问题

（1）无论继承人的上述行为是发生在被继承人死亡之前，还是死亡之后，丧失继承权均应从继承开始时起生效，且具有自然丧失继承权的法律效果。

（2）继承人只丧失对特定被继承人遗产的继承权；如发生其他继承关系，其继承权并不因此而丧失。

（3）继承人丧失继承权，其晚辈直系血亲也丧失代位继承权。

（4）丧失继承权既适用于法定继承，也适用于遗嘱继承；既适用于第一顺序继承人，也适用于第二顺序继承人。

（5）继承人虐待被继承人情节严重的，或遗弃被继承人的，如以后确有悔改表现且被虐待人、被遗弃人生前又表示宽恕，可以不确认其丧失继承权。②

（四）继承恢复请求权

1. 概念

继承恢复请求是指合法继承人的继承权受到侵害时，有请求人民法院给予保护恢复其继承遗产的权利。

2. 行使继承恢复请求权的三要件如下：

（1）必须以不当继承人事实上已占有、使用或处分遗产为前提；

（2）占有遗产的人必须属于无权占有；

（3）占有遗产的人必须以否认合法继承人的继承权为要件。

3. 继承恢复请求权的保护期限

《继承法》第八条规定："继承权纠纷提起诉讼的期限为二年，自继承人知道或者应当知道其权利被侵犯之日起计算。但是，自继承开始之日起超过二十年的，不得再提起诉讼。"

① 王利明. 民法［M］. 北京：中国人民大学出版社，2005：703.
② 曹诗权，孟令志，麻昌华. 婚姻家庭继承法［M］. 北京：北京大学出版社，2006：287.

第十六章

法定继承与遗嘱继承

第一节 法定继承

一、法定继承概述

（一）法定继承的概念和特征

法定继承，是指根据法律直接规定的继承人范围、继承先后顺序、遗产分配原则或比例来继承被继承人遗产的一项法律制度。

法定继承具有以下特征：

（1）法定继承是一种不直接体现被继承人意志的继承方式；

（2）法定继承是由法律直接规定的继承人范围、继承先后顺序、遗产分配原则、比例的继承方式；

（3）法定继承是对遗嘱继承的限制和补充。

（二）法定继承的适用范围

法定继承的适用范围指在何种情况下适用法定继承。我国《继承法》第五条规定："继承开始后，按法定继承办理；有遗嘱的，按遗嘱继承或遗赠办理；有遗赠扶养协议的，按协议办理。"这是对法定继承适用范围的一般规定，明确了遗嘱继承或遗赠、遗赠扶养协议的效力高于法定继承。法定继承适用于没有合法有效的遗嘱和遗赠扶养协议的情形。具体而言，法定继承适用以下范围：

（1）被继承人生前未立遗嘱，也未订立遗赠扶养协议；

（2）被继承人所立遗嘱无效或部分无效；

（3）遗嘱继承人放弃继承或受遗赠人放弃受遗赠；

（4）遗嘱继承人丧失继承权或受遗赠人丧失受遗赠权；

（5）遗嘱继承人、受遗赠人先于遗嘱人死亡；

（6）遗嘱未处分的遗产。

二、法定继承人的范围和顺序

（一）法定继承人的范围

法定继承人是指由法律直接规定的，可依法继承被继承人遗产的人。法定继承人的范围是指适用法定继承方式时，哪些人可以成为被继承人遗产的继承人。法定继承人的范围是由法律直接规定的，不允许被继承人或其他主体自由决定，任何人也不能随意变更和否定法律所规定的主体的继承资格。

我国继承法上的法定继承人的范围主要是依据婚姻关系、血缘关系和扶养关系确定的。其具体包括配偶、子女、父母、兄弟姐妹、祖父母、外祖父母，以及对公婆或岳父母尽了主要赡养义务的丧偶儿媳和丧偶女婿。

1. 配偶

夫妻之间相互具有继承对方遗产的权利。配偶，又称夫妻，是合法婚姻中的男女双方之间的亲属称谓，男女双方互为配偶。作为法定继承人的配偶，应具备以下要件。

（1）作为法定继承人的配偶，必须男女双方存在合法的婚姻关系。我国《婚姻法》第二十四条规定："夫妻有相互继承遗产的权利。"结婚登记是婚姻关系成立的必经、唯一的法定程序。只有进行结婚登记，取得结婚证，才能确立夫妻关系。未经登记的男女同居关系双方必须于1994年2月1日以前同居且具备结婚的实质要件，方可认定是事实婚姻，男女双方互为配偶。对于1994年2月1日以后以夫妻名义同居生活的、未婚同居的、姘居的，以及各种无效婚姻，如果一方死亡的，他方无权以配偶身份继承遗产。

（2）作为法定继承人的配偶，必须于被继承人死亡时与被继承人之间存在合法的婚姻关系。原与被继承人有婚姻关系，但在被继承人死亡时婚姻关系已经终止的，不属于法定继承人的范围。婚姻关系的解除必须经过法定程序，如果夫妻双方协议离婚尚未办理离婚登记手续的，或双方正处于离婚诉讼过程中的，或在法院作出离婚判决没有发生法律效力前，双方的婚姻关系仍然存在，在此期间一方死亡，另一方仍然可以配偶身份继承对方的遗产。

2. 子女

子女是基于出生和法律拟制而确定的直系亲属，是被继承人最近的直系晚辈亲属。我国《继承法》规定，子女不论是婚生子女、非婚生子女、养子女、有扶养关系的继子女都平等地享有继承权。

（1）婚生子女。婚生子女是具有合法婚姻关系的男女所生育的子女。婚生子女与父母属于自然血亲，继承权不受父母婚姻关系是否存续的影响。即使父母离婚，婚生子女仍享有对生父母的遗产继承权。

（2）非婚生子女。非婚生子女是没有合法婚姻关系的男女所生育的子女。我国《继承法》规定非婚生子女与婚生子女享有同等的继承权，任何人不得以任何理由予以歧视或干涉。非婚生子女有权继承生母或生父的遗产，不受生父是否认领的限制。即使在生父死后才确认亲子关系，其法定继承权也可溯及继承开始时享有。

（3）养子女。养子女是指依法律规定的条件和程序而收养的子女。收养关系成立后，一方面，养父母和养子女之间形成拟制的直系血亲关系，养子女对养父母取得与婚生子女同等的法律地位，养子女有权继承养父母的遗产；另一方面，若养子女与生父母之间的权利义务关系消除，养子女不再享有对生父母的继承权。但在现实生活中，有些子女被收养后，仍与生父母保持密切往来，并在一定程度上赡养了生父母。对此，《最高人民法院关于贯彻执行〈中华人民共和国继承法〉若干问题的意见》第十九条规定："被收养人对养父母尽了赡养义务，同时又对生父母扶养较多的，除可依继承法第十条规定继承养父母的遗产外，还可以依继承法第十四条的规定分得生父母的适当的遗产。"这进一步表明，养子女不是生父母的法定继承人，但在一定条件下可以成为生父母的"酌情分得遗产人"。

养子女作为法定继承人源于合法有效的收养关系，事实收养不产生收养的法律效果。同时，这种合法有效的收养关系在养父母死亡时须仍然存在。若原来存在收养关系，但在养父母死亡时已经解除的，养子女不再作为法定继承人。

（4）有扶养关系的继子女。继子女是丈夫与前妻或妻子与前夫所生的子女。继子女与继父母的法律拟制的血亲关系。原则上继子女只能继承生父母的遗产。只有在继子女与继父母之间实际形成了扶养关系时，继子女才能继承继父母的遗产。依据《最高人民法院关于贯彻执行〈中华人民共和国继承法〉若干问题的意见》第二十一条的规定："继子女继承了继父母遗产的，不影响其继承生父母的遗产。"此种情况下的继子女，作为法定继承人享有双重继承权。

3. 父母

父母是基于出生和法律拟制而确立的直系尊亲属，是被继承人最近的直系长辈亲属。依《继承法》规定，作为法定继承人的父母包括生父母、养父母、形成事实上扶养关系的继父母，他们都有权继承子女的遗产。

（1）生父母。生父母对亲生子女的继承权包括对婚生子女的继承权和非婚生子女的继承权。

生父母的继承权主要受收养制度的限制。收养关系成立后，生父母对被他人收养的子女不再享有继承权。在收养关系解除的情况下，如果被收养的子女与父母恢复法律上的权利义务关系的，生父母对该子女享有继承权；未恢复法律上的权利义务关系的，生父母不享有继承权。

（2）养父母。养父母有权继承养子女的遗产。养父母的继承权随着收养关系依法成立而发生，同时随着收养关系的解除而消灭。养子女死亡时已经解除收养关系的，养父母无权继承养子女的遗产。若养父母还有自己的亲生子女，同时也是其亲生子女的法定继承人。此时养父母有双重法定继承人资格。

（3）形成事实上扶养关系的继父母。继父母有权继承形成扶养关系的继子女的遗产。继父母享有继承权的前提是与继子女形成了扶养教育关系。未形成扶养关系的继父母无权继承继子女的遗产。继父母是有扶养关系的继子女的法定继承人，不影响其也是亲生子女的法定继承人。由此，继父母也具有双重法定继承人的资格。

4. 兄弟姐妹

兄弟姐妹是血缘关系最近的旁系血亲，彼此之间也具有法定继承权。我国《继承法》规定，兄弟姐妹包括同父母的兄弟姐妹、同父异母的兄弟姐妹或同母异父的兄弟姐妹、养兄弟姐妹、有扶养关系的继兄弟姐妹。上述兄弟姐妹继承遗产的法律地位平等。

（1）亲生兄弟姐妹之间的继承权是基于血缘关系产生的，即使他们之间没有彼此扶养，其继承权也是存在的。

（2）养兄弟姐妹是以收养关系的成立而产生的亲属关系。如果收养关系依法解除，养兄弟姐妹之间不再互享继承权。同时，被收养人因收养关系的成立，与其亲兄弟姐妹之间互相不再享有继承权。若收养关系解除后，被收养人与生父母恢复法律上的父母子女关系的，与亲兄弟姐妹之间的权利义务关系恢复，相互间享有继承遗产的权利。

（3）继兄弟姐妹是由于其父或其母再婚而形成的法律拟制的旁系血亲关系。继兄弟姐妹之间继承权基于扶养关系而确立。只有形成了扶养关系的继兄弟姐妹之间才享有互相继承遗产的权利。

5. 祖父母、外祖父母

祖父母和外祖父母是孙子女与外孙子女的隔代直系血亲尊亲属，是孙子女和外孙子女的法定继承人。具有自然血缘关系的祖父母、外祖父母，因收养关系而形成的养祖父母、养外祖父母，以及因事实上的扶养关系而形成的继祖父母、继外祖父母对孙子女、外孙子女的遗产具有法定继承权。

6. 对公婆或岳父母尽了主要赡养义务的丧偶儿媳和丧偶女婿

儿媳对于公婆、女婿对于岳父母是最近的直系姻亲。我国《婚姻法》并未规定该类姻亲的权利义务关系，但是现实生活中，儿媳与公婆、女婿与岳父母很多情况下来往密切或共同生活，并与配偶一起承担扶助和赡养的义务，特别是有些儿媳、女婿在丧偶后，还继续维持原来的亲属关系，恪尽孝道，为保障公婆、岳父母的生活付出了较大的努力。本着鼓励、弘扬敬老爱幼的优良传统和遵守权利义务相一致的原则，我国《继承法》将丧偶儿媳和丧偶女婿对公婆或岳父母尽了主要赡养义务的，作为第一顺序法定继承人。

所谓尽了主要的赡养义务，是指提供了主要的经济来源，或在劳务方面给予了主要的扶助；而且不论经济上的供养和劳务上的扶助还必须具有经常性、长期性，偶尔的寄钱、看望或照顾，不能视为尽了主要赡养义务。丧偶儿媳或丧偶女婿对公婆或岳父母尽了主要赡养义务作为第一顺序法定继承人的继承地位，不受其是否再婚的影响，也不影响其晚辈直系血亲的代位继承权。

（二）法定继承人的继承顺序

我国《继承法》为法定继承人继承遗产设定了两个顺序，第一顺序继承人享有优先权，排斥第二顺序继承人。继承开始后，由第一顺序继承人继承，只要第一顺序中有一个继承人存在，其享有并行使继承权，第二顺序继承人就无权参加继承。只有第一顺序继承人无人存在，或第一顺序继承人因放弃或丧失继承权而无人享有或行使继承权时，方由第二顺序继承人继承。每一顺序的继承人继承地位平等。

（1）第一顺序的法定继承人为：配偶、子女、父母、对公婆或岳父母尽了主要赡养义务的丧偶儿媳或女婿。

配偶、子女、父母列为第一顺序法定继承人是因为夫妻之间、父母子女之间具有最密切的人身关系和财产关系，相互间具有法定的扶养义务，将他们列为优先顺位继承遗产，有利于实现家庭的职能。

丧偶的儿媳或女婿对公婆、岳父母尽了主要赡养义务的作为第一顺序法定继承人是我国继承法在继承顺序上的特色。它不仅体现了权利义务相一致的原则，而且有利于鼓励赡养老人的风尚，提倡家庭成员间的团结互助精神。

（2）第二顺序的法定继承人为：兄弟姐妹、祖父母、外祖父母。

《继承法》将兄弟姐妹、祖父母和外祖父母列为第二顺序法序继承人，是因为他们与被继承人之间的血缘关系较近，而且在一定条件下存在相互扶养的法定义务。

《继承法》第十二条规定："丧偶儿媳对公、婆，丧偶女婿对岳父、岳母，尽了主要赡养义务的，作为第一顺序继承人。"

《继承法》第十条第二款规定："继承开始后，由第一顺序继承人继承，第二顺序继承人不继承。没有第一顺序继承人的，由第二顺序继承人继承。"

三、法定继承的遗产分配

近现代各国继承立法关于法定继承方式中的遗产分配，主要有两种立法例：一种是由法律直接规定各法定继承人应当继承的遗产份额；另一种是法律规定同一顺序的法定继承人平均分配遗产。我国法定继承中，遗产主要在法定继承人之间分配，但在法律有特别规定的情况下，法定继承人以外的特定主体也可适当分得遗产。

（一）法定继承的遗产分配原则

遗产分配原则，是指在法定继承中，数个继承人共同继承被继承人遗产时，确定继承人应继承遗产份额的一般准则。

1. 一般情况下同一顺序继承人的应继份应均等

在无法律规定的特殊情形时，继承人应按人数平均分配遗产，即各继承人的应继承份额相等。

2. 特殊情况下同一顺序继承人的应继份可不均等

为贯彻权利义务相一致和保护照顾老幼病残等弱者利益的原则，《继承法》规定了特殊情况下同一顺序的法定继承人分配遗产的份额可以不均等，主要体现在以下几方面。

（1）对生活有特殊困难的缺乏劳动能力的继承人，分配遗产时，应当予以照顾。对这类继承人多分遗产，可以保障那些老弱病残，没有劳动能力又没有独立生活来源的继承人的基本生活需求。

（2）对被继承人尽了主要扶养义务或与被继承人共同生活的继承人，分配遗产时，可以多分。有扶养能力和扶养条件的继承人，不尽扶养义务的，分配遗产时，应当不分或少分。以继承人对被继承人所尽扶养义务的多少作为分配遗产份额的标准，体现了权利义务相一致的思想，有利于鼓励尊老养老行为。

（3）有扶养能力和有扶养条件的继承人，不尽扶养义务的，分配遗产时，应当不分或少分。

（4）继承人协商同意的不均分。《继承法》第十三条规定："同一顺序继承人继承遗产的份额，一般应当均等。对生活有特殊困难的缺乏劳动能力的继承人，分配遗产时，应当予以照顾。对被继承人尽了主要扶养义务或者与被继承人共同生活的继承人，分配遗产时，可以多分。有扶养能力和有扶养条件的继承人，不尽扶养义务的，分配遗产时，应当不分或者少分。继承人协商同意的，也可以不均等。"

（二）酌情分得遗产的人对遗产的取得

在法定继承中，除享有合法继承权的法定继承人参与继承外，《继承法》第十四条还赋予一些符合一定条件但没有继承权的人取得遗产，这些人就是法定继承人以外的酌情分得遗产人。

《继承法》第十四条规定："对继承人以外的依靠被继承人扶养的缺乏劳动能力又没有生活来源的人，或者继承人以外的对被继承人扶养较多的人，可以分给他们适当的遗产。"

四、代位继承与转继承

（一）代位继承

1. 代位继承的概念

代位继承是指被继承人的子女先于被继承人死亡时，由被继承人子女的晚辈直系血亲代替先死亡的长辈直系血亲继承被继承人遗产的一项法定继承制度和方式。其中，先于被继承人死亡的被继承人子女是"被代位继承人"，代替被代位继承人取得遗产的晚辈直系血亲是"代位继承人"。代位继承仅适用于法定继承，法律设立代位继承的目的，是为了保障先于被继承人死亡的子女的晚辈直系血亲的物质利益，体现了我国继承制度的养老育幼原则。通常在现实生活中代位继承表现为孙子女、外孙子女代替其死亡的父、母继承祖父母、外祖父母的遗产，成为祖父母、外祖父母的第一顺序继承人。

2. 代位继承的条件

依据我国《继承法》规定，适用代位继承应符合以下条件。

（1）被代位继承人先于被继承人死亡。这是代位继承的发生前提条件和法定事由。若被继承人的子女晚于被继承人死亡，则发生转继承，而非代位继承。这是代位继承和转继承的重要区别之一。

（2）被代位继承人是被继承人的子女，包括婚生子女、非婚生子女、养子女和形成事实扶养关系的继子女。

（3）被代位继承人未丧失继承权。我国最高人民法院的司法解释中明确规定，继承人丧失继承权的，其晚辈直系血亲不得代位继承。[①]

（4）代位继承人须为被代位继承人的晚辈直系血亲。只要是晚辈直系血亲，都可以代位继承，而无论是自然血亲，还是拟制血亲，也没有代数限制。

（5）代位继承只适用于法定继承，遗嘱继承不适用。若被代位继承人享有遗嘱继承权，则该遗嘱会因继承人先于被继承人死亡而失去效力，不发生代位继承。

3. 代位继承的应继份额

代位继承的应继份额，是被代位人应得的遗产份额。《继承法》第十一条规定："被继承人的子女先于被继承人死亡的，由被继承人的子女的晚辈直系血亲代位继承。代位继承人一般只能继承他的父亲或者母亲有权继承的遗产份额。"不论代位继承人的人数多少，代位继承人参加继承时，不是与同一顺序的其他继承人平均分割被继承人的遗产，而是共同继承被代位人有权继承的份额。

（二）转继承

1. 转继承的概念和性质

转继承又称转归继承、连续继承、再继承，是指继承人在继承开始后、遗产分割前死亡，其所应继承的遗产份额由其继承人承受的制度。其中，继承人是被转继承人，继承人的继承人是转继承人。[②]

---

① 我国目前在代位继承理论上采用"代表权说"，则被代位人未丧失继承权应作为代位继承适用的一个条件。

② 杨遂全. 亲属与继承法论［M］. 成都：四川大学出版社，2005：204.

转继承实质上是两个继承的连续发生，一并处理的继承方式。《最高人民法院关于贯彻执行〈中华人民共和国继承法〉若干问题的意见》第五十二条规定："继承开始后，继承人没有表示放弃继承，并于遗产分割前死亡的，其继承遗产的权利转移给他的合法继承人。"

2. 转继承的条件

（1）被转继承人在继承开始后、遗产分割前死亡。如果被转继承人在继承开始前死亡，则应适用代位继承；如果被转继承人在遗产分割后死亡，则前一个继承关系已经结束，对其遗产直接适用继承制度，不会引起转继承的适用。

（2）被转继承人生前没有丧失继承权，也没有放弃继承权。转继承以被转继承人具有继承权为必备条件，如果被转继承人没有继承权，则不能参与遗产的分割，当然也就不会产生转继承。

（3）被转继承人有权分得的遗产由其继承人承受。被转继承人留有遗嘱的，由遗嘱继承人继承；没有有效遗嘱的，则由法定继承人继承。

（三）转继承和代位继承的区别

转继承和代位继承均存在两个死亡事实，表象上均是被继承人的遗产由继承人的继承人取得，很容易发生混淆。其实二者在性质、适用条件、适用范围等诸多方面存在明显区别。

1. 性质不同

转继承是两个直接继承的连续发生。

代位继承是由代位继承人间接地一次性继承被继承人的遗产，具有替补继承的性质。

2. 主体范围不同

转继承中的被转继承人可以是被继承人的一切合法继承人，法定继承人、遗嘱继承人或受遗赠人均可。转继承人也可以是被转继承人的任何继承人，包括被转继承人的配偶、父母和兄弟姐妹、祖父母、外祖父母等。

代位继承中的被代位人只限于被继承人的子女，代位继承人也只能是被继承子女的晚辈直系血亲。

3. 发生的时间和条件不同

转继承发生在继承开始后、遗产分割前继承人死亡的情况下。转继承发生的条件是被继承人的继承人死亡。

代位继承发生在被继承人的子女先于被继承人死亡的情况下。代为继承发生的条件是被代位人在继承开始前死亡。

4. 适用范围不同

转继承既可适用于法定继承，也可适用于遗嘱继承和遗赠等遗产转移方式。

代位继承只适用于法定继承。

第二节　遗嘱继承

一、遗嘱和遗嘱继承的概念

（一）遗嘱的概念

遗嘱是指公民生前按照法律的规定，对其个人财产及与财产有关的其他事务进行预先的处分，并于其死后发生法律效力的一种民事法律行为。立遗嘱的公民成为遗嘱人，接受遗嘱指定继承遗产的人称为遗嘱继承人，接受遗嘱指定受赠遗产的人称为受遗赠人。[①]

（二）遗嘱继承的概念

遗嘱继承，指按照被继承人生前所立的合法有效的遗嘱来确定继承人的范围和顺序，并继承被继承人遗产的一种继承方式。遗嘱继承中，遗产的继承人及其取得的遗产份额都由被继承人在遗嘱中指定，因此，遗嘱继承也称指定继承，遗嘱指定的继承人称为遗嘱继承人。

遗嘱继承有以下特征。

1. 遗嘱继承以存在被继承人所立的合法有效遗嘱为前提

遗嘱直接表示了被继承人的意愿，也是继承人取得遗产的依据，被继承人所立的合法有效的遗嘱的存在，是继承人依据遗嘱继承遗产的前提条件。

2. 遗嘱继承的开始，由被继承人立有合法有效的遗嘱和立遗嘱的被继承人死亡两个法律事实构成

两个事实必须同时具备，缺一不可。被继承人所立遗嘱无效或撤销，不发生遗嘱继承；被继承人立有合法有效的遗嘱但还未死亡，则遗嘱不发生执行效力，遗嘱继承人不得依遗嘱而请求继承遗产。

3. 被继承人在遗嘱中指定的继承人在法定继承人的范围之内

《继承法》第十六条第二款规定："公民可以立遗嘱将个人财产指定由法定继承人的一人或数人继承。"遗嘱中指定的取得遗产的人，如果是国家、集体或法定继承人以外的人，则此种处分遗产的方式属于遗赠而不是遗产继承。

4. 遗嘱继承中继承人的顺序、遗产份额，由遗嘱人在遗嘱中指定

遗嘱人可以在遗嘱中按自己的意愿，确定各遗嘱继承人的继承顺序和遗产份额，一般不受《继承法》就法定继承所规定的法定继承人的继承顺序和遗产分配原则的限制，但遗嘱应当对缺乏劳动能力又没有生活来源的继承人保留必要的遗产份额。继承人必须按遗嘱的要求行使继承权。当然遗嘱继承人依遗嘱取得遗产后，不影响其依法取得遗嘱未处分的遗产。[②]

二、遗嘱的有效要件

（一）遗嘱人立遗嘱时须具有遗嘱能力

遗嘱能力即遗嘱人的行为能力，指公民依法享有的订立遗嘱、独立自由地处分自己财产的资格。

《继承法》第二十二条第一款规定："无行为能力人或者限制行为能力人所立的遗嘱无效。"

《最高人民法院关于贯彻执行〈中华人民共和国继承法〉若干问题的意见》第四十一条规定："遗嘱人立遗嘱时必须有行为能力。无行为能力人所立的遗嘱，即使其本人后来

---

① 巫昌祯. 婚姻与继承法学 [M]. 修订版. 北京：中国政法大学出版社，1999：325.
② 杨遂全. 亲属与继承法论 [M]. 成都：四川大学出版社，2005：223.

有了行为能力，仍属无效遗嘱。遗嘱人立遗嘱时有行为能力，后来丧失了行为能力，不影响遗嘱的效力。"

（二）遗嘱必须是遗嘱人的真实意思表示

遗嘱必须是遗嘱人自愿作出的，其内容必须真实可靠，即遗嘱人所立遗嘱必须是其真实的意思表示。《继承法》第二十二条规定，遗嘱必须表示遗嘱人的真实意思，受胁迫、欺骗所立的遗嘱无效；伪造的遗嘱无效。

无效遗嘱有以下几种情形。

（1）受胁迫所立的遗嘱。胁迫是指他人对遗嘱人施以要挟，逼迫其立遗嘱的行为。

（2）受欺骗所立的遗嘱。他人采用捏造事实或隐瞒真相的方法，使遗嘱人陷入错误认识，并基于此立下的遗嘱。

（3）伪造的遗嘱。即假遗嘱，指他人假借遗嘱人的名义制作的遗嘱，完全不能体现遗嘱人生前的意志。

（三）遗嘱的内容须合法

1. 遗嘱只能处分遗嘱人的个人合法财产

《继承法》第十六条第一款规定："公民可以依照本法规定立遗嘱处分个人财产。"这一规定界定了遗嘱处分的财产是公民个人财产，凡是违反这一条规定的遗嘱无效。因此，遗嘱人以遗嘱处分了属于国家、集体或他人所有的财产的，遗嘱的这部分无效。

2. 遗嘱不得取消缺乏劳动能力又没有生活来源的继承人的继承权

《继承法》第十九条规定："遗嘱应当对缺乏劳动能力又没有生活来源的继承人保留必要的遗产份额。"

（四）遗嘱的形式须合法

1. 公证遗嘱

公证遗嘱是指依据公证程序和方式所订立的遗嘱。以公证方式订立遗嘱的，公证人员应遵循法律规定的公证程序，由遗嘱人亲自申请办理公证，在公证员面前亲自书写或口述遗嘱内容。遗嘱人亲笔书写遗嘱的，要在遗嘱上签名或盖章，并注明年、月、日。遗嘱人口授遗嘱的，由公证人员作出记录，然后向遗嘱人宣读，经确认无误后，由在场的公证人员和遗嘱人签名盖章，并注明设立遗嘱的年、月、日。公证人员应对遗嘱的相关事项进行审查，包括审查遗嘱人的遗嘱能力，遗嘱的真实性、合法性等。公证机关经过审查，认为遗嘱人有遗嘱能力，遗嘱是遗嘱人的真实意思表示，符合法律规定的，由公证员出具公证书，公证处和遗嘱人分别保存公证书。

《最高人民法院关于贯彻执行〈中华人民共和国继承法〉若干问题的意见》第四十二条规定："遗嘱人以不同形式立有数份内容相抵触的遗嘱，其中有公证遗嘱的，以最后所立公证遗嘱为准；没有公证遗嘱的，以最后所立的遗嘱为准。"

2. 自书遗嘱

自书遗嘱指遗嘱人生前亲笔书写的遗嘱。自书遗嘱由遗嘱人亲笔书写，不需要见证人在场见证，简便易行，又节省费用、保守秘密，充分表明遗嘱人的真实意思，因此是遗嘱的法定形式之一。自书遗嘱必须由遗嘱人亲笔书写全文、签名，并注明制作遗嘱的年、月、日。需要说明的是，遗嘱符合条件的，可按自书遗嘱对待。

《继承法》第十七条第二款规定："自书遗嘱由遗嘱人亲笔书写，签名，注明年、月、日。"

《最高人民法院关于贯彻执行〈中华人民共和国继承法〉若干问题的意见》第四十条规定："公民在遗书中涉及死后个人财产处分的内容，确为死者真实意思的表示，有本人签名并注明了年、月、日，又无相反证据的，可按自书遗嘱对待。"

3. 代书遗嘱

代书遗嘱是指由遗嘱人口述内容，他人代为书写的遗嘱。[①] 在遗嘱人没有文字书写能力或其他原因不能亲笔书写遗嘱的情况下，请他人代书是实现遗嘱人立遗嘱意愿的重要途径，它适合人民群众的实际需要。为保证遗嘱确实体现了遗嘱人的真实意愿，代书遗嘱时应有两个以上见证人在场见证，由其中一人代书，代书人书写的遗嘱需要经过遗嘱人确认，注明年、月、日，并由代书人、其他见证人和遗嘱人签名。

《继承法》第十七条第三款规定："代书遗嘱应当有两个以上见证人在场见证，由其中一人代书，注明年、月、日，并由代书人、其他见证人和遗嘱人签名。"

4. 录音遗嘱

录音遗嘱是指遗嘱人口述遗嘱内容，以录音带录制来表达遗嘱人意愿的遗嘱形式。录音遗嘱是一种较新颖的遗嘱形式，具有简便易行、表达准确的特点，但是录音制品易被他人伪造、篡改，并且不易保管。所以，制作录音遗嘱应由遗嘱人亲自叙述遗嘱的内容，要有两个以上的见证人在场见证，说明制作的地址和年、月、日，制作完毕后要将遗嘱封存，并由见证人签名，注明年、月、日，然后交遗嘱人或见证人保管。

《继承法》第十七条第四款规定："以录音形式立的遗嘱，应当有两个以上见证人在场见证。"

5. 口头遗嘱

口头遗嘱是指遗嘱人以口头形式设立的遗嘱。口头遗嘱是遗嘱人处在生命垂危或其他紧急情况下，来不及订立其他形式的遗嘱时的一种特别遗嘱方式。口头遗嘱最为简便，适用于危急情况，但容易失实，难以认定，也容易被他人篡改、伪造，所以法律也规定了严格的条件。遗嘱人只有在生命垂危或其他紧急情况下，无法采取其他形式订立遗嘱时，才可以订立口头遗嘱。订立口头遗嘱必须有两个以上的与遗嘱无利害关系的见证人在场见证。遗嘱人口述遗嘱内容，见证人必须记录口述遗嘱的年、月、日，如果见证人文化水平低、不能记录时，应牢记口述遗嘱的具体时间和地点。

《继承法》第十七条第五款规定："遗嘱人在危急情况下，可以立口头遗嘱。口头遗嘱应当有两个以上见证人在场见证。危急情况解除后，遗嘱人能够用书面或者录音形式立遗嘱的，所立的口头遗嘱无效。"

上述 5 种形式的遗嘱是遗嘱人表达自己意愿、处分自己财产的不同方式。针对在实际中遗嘱人可能以不同的形式立数份内容相抵触的遗嘱的情况，《继承法》第二十条规定："遗嘱人可撤销、变更自己所立的遗嘱。立有数份遗嘱，内容抵触的，以最后的遗嘱为准。自书、代书、录音、口头遗嘱，不得撤销、变更公证遗嘱。"《最高人民法院关于贯彻执行

---

① 巫昌祯. 婚姻与继承法学［M］. 北京：中国政法大学出版社，2001：325.

〈中华人民共和国继承法〉若干问题的意见》第四十二条规定："遗嘱人以不同形式立有数份相抵触的遗嘱，其中有公证遗嘱的，以最后所立的公证遗嘱为准；没有公证遗嘱的，以最后所立的遗嘱为准。"

三、无效遗嘱和不生效遗嘱

（一）无效遗嘱

无效遗嘱是指遗嘱因不符合有效要件而不发生效力。无效的遗嘱既不具有设立效力，也不具有执行效力。无效遗嘱的存在，不影响遗嘱人设立新的遗嘱处分其遗产。继承人或受遗赠人不能依据无效的遗嘱主张继承或受遗赠。遗嘱中有部分内容不符合法律规定的要求的，该部分内容无效。

（二）不生效遗嘱

不生效遗嘱是指有效遗嘱不能被执行，即不能依照遗嘱的内容在当事人之间产生权利义务关系。具备有效条件的遗嘱原则上在遗嘱人死亡时发生执行效力，但遗嘱订立后，出现导致遗嘱不能被执行的情况也存在。[1] 遗嘱不生效的情形主要有以下几种。

（1）遗嘱指定的继承人、受遗赠人先于遗嘱人死亡。因没有人可依据遗嘱的内容继承或接受遗赠，遗嘱不发生效力。

（2）遗嘱指定的继承人、受遗赠人在遗嘱设立后，丧失继承权或受遗赠权，则遗嘱不发生效力。

（3）在继承开始时，遗嘱的标的物已不存在或已不属于遗产，则遗嘱不发生效力。[2]

（4）附有解除条件的遗嘱，所附条件如果在遗嘱人死亡之前或之时已经成就，遗嘱不发生效力。

四、遗嘱的变更和撤销

遗嘱的变更，指遗嘱人在遗嘱设立后依法对遗嘱内容的部分修改。遗嘱的撤销，指遗嘱人在设立遗嘱后又取消原来所立的遗嘱。遗嘱的撤销，实质上应当是遗嘱的撤回。《继承法》第二十条第一款规定："遗嘱人可以撤销、变更自己所立的遗嘱。"

（一）遗嘱变更和撤销的要件

（1）遗嘱人变更、撤销遗嘱时，须具有遗嘱能力；

（2）遗嘱的变更、撤销须是遗嘱人的真实意思表示；

（3）遗嘱的变更、撤销须由遗嘱人本人亲自作出；

（4）遗嘱的变更、撤销须依法定的方式和程序进行；

（5）遗嘱的变更、撤销须在遗嘱生效前作出。

变更、撤销遗嘱有明示方式和推定方式两种。

（1）明示方式：遗嘱人另立新的遗嘱，并在新的遗嘱中明确声明变更或撤销原来所立的遗嘱；遗嘱人以与遗嘱形式一致的方式，专门针对原来所立的遗嘱作出明确的变更或

---

① 秦伟. 继承法 [M]. 上海：上海人民出版社，2001：192.

② 杨遂全. 亲属与继承法论 [M]. 成都：四川大学出版社，2005：218.

撤销。

（2）推定方式：遗嘱人虽然没有以明确的意思表示变更、撤销所设立的遗嘱，但法律根据遗嘱人生前在遗嘱成立后所为的某种行为可以推定遗嘱人具有变更或撤销原来所立遗嘱的意思，从而实际产生变更、撤销遗嘱的法律后果。

《继承法》第二十条第二款、第三款规定："立有数份遗嘱，内容相抵触的，以最后的遗嘱为准。自书、代书、录音、口头遗嘱，不得撤销、变更公证遗嘱。"

《最高人民法院关于贯彻执行〈中华人民共和国继承法〉若干问题的意见》第三十九条规定："遗嘱人生前的行为与遗嘱的意思表示相反，而使遗嘱处分的财产在继承开始前灭失，部分灭失或所有权转移、部分转移的，遗嘱视为被撤销或部分被撤销。"

《最高人民法院关于贯彻执行〈中华人民共和国继承法〉若干问题的意见》第四十二条规定："遗嘱人以不同形式立有数份内容相抵触的遗嘱，其中有公证遗嘱的，以最后所立公证遗嘱为准；没有公证遗嘱的，以最后所立的遗嘱为准。"

（二）遗嘱变更、撤销的效力

遗嘱变更的，应以变更后的遗嘱内容为遗嘱人的真实意思表示，并以变更后的遗嘱来确定遗嘱的有效、无效，变更后的遗嘱有效的，依其执行；遗嘱撤销的，被撤销的原遗嘱作废，以新设立的遗嘱为遗嘱人的真实意思表示，并以其确定遗嘱的有效、无效，新设立的遗嘱有效的，依其执行。遗嘱撤销后未再立新的遗嘱，则应视为未立遗嘱，适用法定继承。

第十七章

遗赠与遗赠扶养协议

第一节 遗 赠

一、遗赠的概念

遗赠是指自然人以遗嘱的方式将遗产全部或部分无偿赠给国家、集体或法定继承人以外的自然人，并于其死后发生法律效力的法律行为。其中，设立遗嘱遗赠财产的自然人称为遗赠人，被遗嘱指定而受遗赠的国家、集体或自然人称为受遗赠人，遗嘱中指定赠与的财产称为遗赠财产或遗赠物。

《继承法》第十六条第三款规定："公民可以立遗嘱将个人财产赠给国家、集体或者法定继承人以外的人。"法律允许公民通过遗嘱将遗产处分给法定继承人以外的人，不仅充分尊重了遗嘱人的意愿，也有利于更好地实现财产的社会价值。遗赠以遗嘱的存在为前提，可以是遗嘱内容的一部分，也可以是遗嘱的全部，而且受遗赠人取得是遗赠人遗产的一部分或全部，所以遗嘱应具有的条件和特征也适用于遗赠。遗赠人应具有遗嘱能力，遗赠也是单方的、要式的民事法律行为。

二、遗赠的特征

（一）遗赠是一种单方民事法律行为

遗赠必须以遗嘱的方式进行，而遗嘱是一种单方民事法律行为。因此，遗赠也必然是一种无相对人的单方民事法律行为。遗赠的成立只需有遗赠人一方的意思表示就可成立。

（二）遗赠在遗赠人死后才生效

遗赠人立遗嘱将财产赠与他人的意思表示是在生前作出，但遗嘱只有在遗赠人死后才能发生法律效力。所以，遗赠人死亡是受遗赠人取得财产的前提条件。

（三）受遗赠人是国家、集体或法定继承人以外的自然人

法定继承人不能作为受遗赠人，而只能成为遗嘱继承人。法定继承人基于遗嘱取得遗产也可能是无偿的，但在继承法上把这归于遗嘱继承的遗产取得方式。法定继承人只是自然人，而受遗赠人不仅可以是自然人，也可以是法人和集体组织。遗嘱继承人限于法定继承人的范围内，受遗赠人只能是法定继承人范围以外的人。

（四）遗赠是给受遗赠人以财产利益的无偿行为

不同于法定继承人的是，受遗赠人与遗赠人之间没有法律上的血缘关系、婚姻关系、

扶养关系等，遗赠人给予他人的财产利益，是无偿的转移，不以受遗赠人应尽法律上的义务为前提。在遗赠中，虽然有时也附有某种义务，但这种义务不可能是对等的。遗赠人不能只将财产义务赠与他人，也不能使受赠人所负的义务超过其所享受的权利，所以，遗赠必须是无偿的。[①]

三、遗赠的适用条件

（一）遗赠人必须具有遗嘱能力

公民只有具备完全民事行为能力才有遗嘱能力，遗赠人有无遗嘱能力应以设立遗嘱时为准，如果设立遗嘱时有遗嘱能力其后又丧失，并不影响遗嘱的效力；但如果立遗嘱时是未成年人或精神病人，其后长大成年或治愈了精神病，该遗嘱也为无效。

（二）遗赠必须以遗嘱的方式进行

遗赠人所立的遗嘱必须符合法律规定的形式。遗赠形式应符合遗嘱的形式要件，即公证遗嘱、自书遗嘱、代书遗嘱、录音遗嘱和口头遗嘱五种形式。凡不符合这五种形式的遗赠，不发生法律效力。

（三）遗赠人已为缺乏劳动能力又无生活来源的继承人保留必要的份额

如果遗赠人死亡时，其法定继承人中有缺乏劳动能力又没有生活来源的人，应为缺乏劳动能力又没有生活来源的继承人保留必要的遗产份额后，再将遗产交付受遗赠人。

（四）受遗赠人必须未丧失受遗赠权

受遗赠的公民接受遗赠与继承人继承遗产，都是将被继承人的财产转移为自己所有的行为。受遗赠人与继承人一样，可因实施侵害被继承人或其他继承人的利益的行为而丧失受遗赠权。

（五）遗赠的财产属于遗产的范围

遗赠人遗赠的财产应是属于自己所有的财产。如果遗赠的财产全部不属于遗产，则该遗赠全部无效；遗赠的部分不属于遗产，则该部分无效。

四、遗赠的接受、放弃和执行

（1）受遗赠人应当知道受遗赠后两个月内，作出接受或放弃受遗赠的表示；到期没有表示的，视为放弃受遗赠。遗赠的接受是指受遗赠人同意受领遗嘱人赠给的遗产的意思表示。遗赠的放弃，是指受遗赠人不予受领遗嘱人赠给的遗产的意思表示。[②] 受遗赠人接受遗赠的，应当以明示的方式表示接受，而且必须在知道受遗赠后两个月内作出这种意思表示；受遗赠人放弃遗赠的，可以明示的方式作出，也可以默示的方式作出，受遗赠人在两个月期限内没有作出接受或放弃受遗赠的表示的，推定其放弃受遗赠。《继承法》第二十五条第二款规定："受遗赠人应当在知道受遗赠后两个月内，作出接受或者放弃受遗赠的

---

① 郭明瑞，房绍坤. 继承法［M］. 北京：法律出版社，1996：176.
② 郭明瑞，房绍坤，关涛. 继承法研究［M］. 北京：中国人民大学出版社，2003：330.

表示。到期没有表示的，视为放弃受遗赠。"

（2）继承开始后受遗赠人表示接受遗赠，并于遗产分割前死亡的，其接受遗赠的权利转移给他的继承人。受遗赠人接受遗赠的，在其死亡后，接受遗赠的权利转移给其继承人。《最高人民法院关于贯彻执行〈中华人民共和国继承法〉若干问题的意见》第五十三条规定："继承开始后，受遗赠人表示接受遗赠，并于遗产分割前死亡的，其接受遗赠的权利转移给他的继承人。"

（3）遗赠的执行是指受遗赠人按照遗嘱人的遗嘱取得所赠遗产。遗赠的执行是以遗嘱的合法有效存在为前提，而且受遗赠人应是没有丧失受遗赠权或放弃受遗赠。受遗赠人一般不直接参与遗产分配，而是从遗嘱继承人或遗嘱执行人那里取得遗赠人的财产。《继承法》第三十四条规定："执行遗赠不得妨碍清偿遗赠人依法应当缴纳的税款和债务。"如果遗赠人生前欠有税款和债务时，遗赠执行人应在清偿完遗赠人生前所欠税款和债务后才能对遗产剩余的部分执行遗赠。如果在清偿完遗赠人生前所欠税款和债务后没有剩余的遗产，则遗赠不再执行。

五、遗赠和遗嘱继承的区别

（一）主体范围不同

（1）遗赠中的受遗赠人可以是国家、集体或法定继承人以外的任何人。

（2）遗嘱继承人只限于法定继承人中的一人或数人，只能是自然人，而且与遗嘱人有血缘关系、婚姻关系或扶养关系。

（二）所负义务不同

（1）受遗赠人是无偿取得遗产，只享受权利不承担义务。

（2）遗嘱继承是对遗嘱人的财产权利和义务的概括承受。

（三）取得遗产的途径不同

（1）受遗赠人一般不直接参与遗产分配，而是从遗嘱继承人或遗嘱执行人处取得遗赠的财产。

（2）遗产继承人可以直接参与遗产的分配以实现其继承权。

第二节　遗赠扶养协议

一、遗赠扶养协议概念

遗赠扶养协议是指遗赠人和扶养人之间签订的，由遗赠人将其财产指定在其死后转移给扶养人所有，而由扶养人承担遗赠人生养死葬义务的协议。其中，遗赠人又是被扶养人，扶养人又是受遗赠人，它可以是自然人，也可以是集体所有制组织。《继承法》第三十一条规定："公民可以与扶养人签订遗赠扶养协议。按照协议，扶养人承担该公民生养死葬的义务，享有受遗赠的权利。公民可以与集体所有制组织签订遗赠扶养协议。按照协议，集体所有制组织承担该公民生养死葬的义务，享有受遗赠的权利。"

二、遗赠扶养协议的特征

（一）遗赠扶养协议是双方法律行为

遗赠扶养协议，是双方当事人平等协商基础上的意思表示一致。遗赠扶养协议也是有偿的法律行为，双方当事人互享权利、互负义务。遗赠扶养协议，不是遗赠人和扶养人之间的商品交换关系，扶养人付出的代价不一定与取得的遗产价值相等。

（二）遗赠扶养协议是双务、有偿的法律行为

遗赠方依据协议的约定取得扶养方供养自己的权利，而在生前对死后要转移给扶养人所有的财产负有妥善保管不予处理的义务；扶养方则应当承担起对遗赠人生养死葬的义务，而在遗赠人死后享有取得遗产的权利。

（三）遗赠扶养协议是诺成性法律行为

遗赠方和受遗赠方双方意思表示一致，遗赠扶养协议方可成立。

（四）遗赠扶养协议的主体具有特殊性

遗赠扶养协议中的受扶养人一般都是没有劳动能力又缺乏生活来源的鳏寡孤独或盲聋哑等病残者，也有因种种原因不愿将遗产交给法定继承人继承，也不愿将遗产无偿赠与他人的自然人。

（五）遗赠扶养协议具有效力优先性

遗赠扶养协议的效力产生于协议订立之时，即在遗赠人死亡前已发生。《继承法》第五条规定："继承开始后，按照法定继承办理；有遗嘱的，按照遗嘱继承或者遗赠办理；有遗赠扶养协议的，按照协议办理。"遗赠扶养协议较遗嘱继承和法定继承具有优先的效力。

三、遗赠扶养协议的效力

遗赠扶养协议具有优先适用的效力。遗赠扶养协议一经签订即具有法律效力，对双方当事人都有约束力。扶养人应当按照协议履行自己的扶养义务，在遗赠人生前对其给予生活上的照料和扶助；在遗赠人死后负责办理丧事。任何一方当事人都不能随意变更或解除。

《继承法》第五条规定："继承开始后，按照法定继承办理；有遗嘱的，按照遗嘱继承或者遗赠办理；有遗赠扶养协议的，按照协议办理。"

《最高人民法院关于贯彻执行〈中华人民共和国继承法〉若干问题的意见》第五条规定："被继承人生前与他人订有遗赠扶养协议，同时又立有遗嘱的，继承开始后，如果遗赠扶养协议与遗嘱没有抵触，遗产分别按协议和遗嘱处理；如果有抵触，按协议处理，与协议抵触的遗嘱全部或部分无效。"

《最高人民法院关于贯彻执行〈中华人民共和国继承法〉若干问题的意见》第五十六条规定："扶养人或集体组织与公民订有遗赠扶养协议，扶养人或集体组织无正当理由不履行，致协议解除的，不能享有受遗赠的权利，其支付的供养费用一般不予补偿；遗赠人无正当理由不履行，致协议解除的，则应偿还扶养人或集体组织已支付的供养费用。"

四、遗赠扶养协议的解除

(1) 扶养人对被扶养人进行生活上、精神上的虐待，情节严重；

(2) 扶养人不履行或不按协议履行；

(3) 扶养人故意伤害或杀害被扶养人；

(4) 被扶养人故意毁坏财产，擅自处分财产；

(5) 被扶养人对扶养人有违反法律、社会公德行为。

五、遗赠扶养协议与遗赠的区别

遗赠扶养协议和遗赠都是财产所有人对自己的财产在生前作出处分而在死后实现财产所有权转移的行为，但二者仍有明显的区别，主要体现在以下几方面。

（一）法律性质不同

(1) 遗赠扶养协议是一种合同行为，需要扶养人和被扶养人按书面合同的方式和要求订立，双方意思表示一致才能成立。遗赠以遗嘱为存在形式，必须符合法定的形式，属要式行为。

(2) 遗赠以遗嘱的方式订立，是单方法律行为，遗赠人一方的意思表示即可。遗赠扶养协议没有限定必须采取的形式，属不要式行为。

（二）是否有偿不同

(1) 遗赠扶养协议属于有偿法律行为，被扶养人以将其财产转归扶养人为代价得到扶养人的生养死葬，扶养人取得被扶养人的财产，也必须对其尽生养死葬的义务。

(2) 遗赠属于无偿法律行为。受遗赠人只享有接受遗赠财产的权利，一般不承担相对的义务。

（三）发生效力的时间不同

(1) 遗赠扶养协议自订立时即对双方有法律约束力。在被扶养人生前，扶养人就应对被扶养人尽生养死葬的义务。

(2) 遗赠是在遗赠人死后才能生效的法律行为。遗赠人生前虽然以遗嘱的方式将其财产赠送给受遗赠人，但受遗赠人只有在遗赠人死亡后才能实现接受遗赠财产的权利。遗赠人在死亡前可以随时变更或撤销其所立的遗嘱。

第十八章

债务清偿与遗产分割

第一节　遗产债务的清偿

一、遗产债务的概念和范围

（一）遗产债务的概念

遗产债务是指被继承人生前所负担、应该由继承人用遗产进行清偿的债务。

（二）遗产债务的范围

被继承人生前所负担、应该清偿的债务包括被继承人生前应清偿的合同之债、侵权行为之债、不当得利之债、无因管理之债，以及被继承人生前所欠国家税款等。[1]《继承法》第三十三条规定："继承遗产应当清偿被继承人依法应当缴纳的税款和债务，缴纳税款和清偿债务以他的遗产实际价值为限。超过遗产实际价值部分，继承人自愿偿还的不在此限。"

二、遗产债务的清偿原则

（一）有限清偿原则

有限清偿是指继承人对被继承人的遗产债务不负无限清偿责任，而仅以继承的遗产的实际价值负有限的清偿责任。[2] 继承债务用遗产清偿，没有遗产的，则不清偿；超过遗产实际价值的部分，继承人自愿偿还额度，不受此限制；继承人放弃继承的，可以对被继承人的遗产债务不负偿还责任。

（二）保留"必留份"原则

保留"必留份"原则指清偿遗产债务时，应为特定的继承人保留适当的遗产。

《最高人民法院关于贯彻执行〈中华人民共和国继承法〉若干问题的意见》第六十一条规定："继承人中有缺乏劳动能力又没有生活来源的人，即使遗产不足清偿债务，也应为其保留适当遗产，然后再按继承法第三十三条和民事诉讼法第一百八十条的规定清偿债务。"这一规定是继承法扶老育幼精神的体现，既适用于法定继承也适用于遗嘱继承。

---

① 孙若军. 继承法原理与案例教程［M］. 北京：中国人民大学出版社，2008：237.

② 郭明瑞，房绍坤，关涛. 继承法研究［M］. 北京：中国人民大学出版社，2003：341.

（三）清偿债务优先于执行遗赠原则

《继承法》第三十四条规定："执行遗赠不得妨碍清偿遗赠人依法应当缴纳的税款和债务。"遗赠是被继承人以遗嘱方式将财产于死后赠与国家、集体或法定继承人之外的人，在执行遗赠时，先清偿遗产债务，有利于保护遗产债权人的利益。

三、遗产债务的清偿程序

《最高人民法院关于贯彻执行〈中华人民共和国继承法〉若干问题的意见》第六十二条规定："遗产已被分割而未清偿债务时，如有法定继承又有遗嘱继承和遗赠的，首先由法定继承人用其所得遗产清偿债务；不足清偿时，剩余的债务由遗嘱继承人和受遗赠人按比例用所得遗产偿还；如果只有遗嘱继承和遗赠的，由遗嘱继承人和受遗赠人按比例用所得遗产偿还。"在遗产被分割后，对遗产债务的清偿，根据是否有遗嘱继承和遗赠而分别处理：只有遗嘱和遗赠而没有法定继承的，由遗嘱继承人和受遗赠人按比例用所得遗产偿还；有法定继承又有遗嘱继承和遗赠的，先由法定继承人用其所得遗产清偿，不足清偿的，剩余的债务由遗嘱继承人和受遗赠人按比例用所得遗产偿还。[①]

第二节　遗产的分割

一、遗产分割的原则

遗产分割的原则是遗产分割中应遵循的基本原则。我国《继承法》第二十九条第一款规定："遗产分割应当有利于生产和生活需要，不损害遗产的效用。"

（一）自由分割原则

自由分割原则是指遗产分割的时间、方法、数额等应尊重被继承人、继承人的意愿。尊重继承人的意愿，就是要坚持遗嘱继承优先于法定继承，在有遗嘱的情况下，应按遗嘱指定的份额、数额或分割方法或时间分割遗产。尊重继承人的意愿主要体现在，没有遗嘱限制情况下，继承人可随时请求分割遗产；继承人应本着互谅互让、和睦团结的精神，协商处理遗产继承问题。坚持自由分割原则，允许继承人随时请求分割遗产，有助于使遗产更好地满足继承人生产和生活的需要，有助于减少继承纠纷、稳定家庭关系。

基于保护第三人利益、尊重被继承人意愿、保护弱者及实现遗产效用等，给予一定的限制。

（1）先清偿遗产债务，后分割遗产。

（2）遗嘱对遗产分割有限制的，应尊重遗嘱人意愿。为尊重遗嘱人的意愿，除按遗嘱的指定分割遗产外，遗嘱指定一定期间内不得分割遗产的，在该期间内，继承人不应分割遗产，遗嘱指定的期限需符合法律的规定。

（3）保护胎儿利益。《继承法》第二十八条规定："遗产分割时，应当保留胎儿的继承份额。胎儿出生时是死体的，保留的份额按照法定继承办理。"

（4）发挥遗产效用的限制。分割遗产严重影响遗产的价值或效用的，可允许继承人请

---

① 刘春茂. 中国民法学：财产继承 [M]. 北京：人民法院出版社，2008：435 - 437.

求司法机关作出暂缓分割遗产的裁判。

（二）按照应继承份额分割原则

应继份额是指共同继承人依据法律规定或遗嘱指定应当继承遗产的份额。不论法定继承还是遗嘱继承，分割遗产时都应按照继承人的应继份额进行分割。一般情况下，同一顺序继承人继承遗产的份额应均等；经继承人协商同意的，也可以不均等，而且应保留胎儿的继承份额。

（三）权利和义务相一致原则

分割遗产时，坚持权利和义务相一致，考虑继承人和被继承人之间的关系，做到公平分割，有利于促进家庭成员间的互助团结和发扬扶老育幼的传统美德。《继承法》第十二条规定："丧偶儿媳对公、婆，丧偶女婿对岳父、岳母，尽了主要赡养义务的，作为第一顺序继承人。"《继承法》第十三条第三、四款规定："对被继承人尽了主要扶养义务或者与被继承人共同生活的继承人，分配遗产时，可以多分。有扶养能力和有扶养条件的继承人，不尽扶养义务的，分配遗产时，应当不分或者少分。"《继承法》第十四条规定："对继承人以外的依靠被继承人扶养的缺乏劳动能力又没有生活来源的人，或者继承人以外的对被继承人扶养较多的人，可以分给他们适当的遗产。"

（四）照顾弱者原则

遗产分割时，应对生活困难、缺乏劳动能力的继承人予以照顾。《继承法》第十三条第二款规定："对生活有特殊困难的缺乏劳动能力的继承人，分配遗产时，应当予以照顾。"法律要求遗嘱应对缺乏劳动能力又没有生活来源的继承人保留必要的继承份额；在遗产处理时，如果遗嘱人没有保留缺乏劳动能力又没有生活来源的继承人的遗产份额，应当为该继承人留下必要的遗产，剩余的部分，才参照遗嘱确定的分配原则处理。《继承法》第十四条规定："对继承人以外的依靠被继承人扶养的缺乏劳动能力又没有生活来源的人，或者继承人以外的对被继承人扶养较多的人，可以分给他们适当的遗产。"

（五）发挥遗产效用原则

遗产分割时，应从有利于继承人的生产和生活需要出发，尽量做到物尽其用。《继承法》第二十九条第一款规定："遗产分割应当有利于生产和生活需要，不损害遗产的效用。"《最高人民法院关于贯彻执行〈中华人民共和国继承法〉若干问题的意见》第五十八条规定："人民法院在分割遗产中的房屋、生产资料和特定职业所需要的财产时，应依据有利于发挥其使用效益和继承人的实际需要，兼顾各继承人的利益进行处理。"

二、遗产分割方法

遗产分割方法是遗产分割方案的重要内容，应从有利于发挥遗产的使用效益和继承人的实际需要出发选择确定具体的分割方法。遗产分割可以采取以下方法。

（一）实物分割

遗产为可分物，而且不会因分割减损价值的，一般应采用实物分割的方法进行分割。

（二）变价分割

遗产不宜进行实物分割，或共同继承人都不愿意取得的，采取变卖折价的方式换取价金，各继承人分割价金。

（三）补偿分割

实物分割时，取得实物的继承人就超出自己应继份额的部分，对其他继承人予以补偿。

（四）保留共有

继承人愿意采用共有形式而不采用其他方式分割遗产的，可以保持共有关系，不过各继承人的共有份额应确定下来。

《继承法》第二十九条第二款规定："不宜分割的遗产，可以采取折价、适当补偿或者共有等方法处理。"

《最高人民法院关于贯彻执行〈中华人民共和国继承法〉若干问题的意见》第五十八条规定："人民法院在分割遗产中的房屋、生产资料和特定职业所需要的财产时，应依据有利于发挥其使用效益和继承人的实际需要，兼顾各继承人的利益进行处理。"

第三节　无人继承又无人受遗赠遗产的处理

一、无人继承又无人受遗赠遗产的认定

无人继承遗产是指公民死亡后无人继承又无人受遗赠的遗产。公民死亡后，有下列情形之一的，其遗产属于无人继承又无人受遗赠的遗产：

（1）公民死亡时，没有法定继承人，也没有遗嘱继承人、受遗赠人；

（2）公民死亡时，虽有法定继承人、遗嘱继承人或受遗赠人，但他们全都表示放弃继承或拒绝接受遗赠；

（3）公民死亡时，虽有法定继承人或遗嘱继承人，但他们全部丧失了继承权，同时没有受遗赠人或虽有受遗赠人但没有表示接受遗赠；

（4）公民死亡时没有法定继承人，只用遗嘱遗赠了部分遗产，其余未处分的遗产成为无人继承的遗产。

公民死亡时，有无继承人的情况不明或继承人下落不明，并不意味着死者的遗产就是无人继承遗产。只有确认没有继承人又无人受遗赠之后，死者的遗产才能按无人继承遗产处理。

二、无人继承又无人受遗赠遗产的处理

我国《继承法》第三十二条规定："无人继承又无人受遗赠的遗产，归国家所有；死者生前是集体所有制组织成员的，归所在集体所有制组织所有。"可见，我国立法直接确认了无人继承又无人受遗赠遗产的归属，而且根据死者生前身份的不同而规定不同的财产取得人。死者生前是集体所有制组织成员的，其遗产归其所在集体所有制组织所有；死者生前不属于集体所有制组织的，其遗产归国家所有。

《最高人民法院关于贯彻执行〈中华人民共和国继承法〉若干问题的意见》第五十七条规定："遗产因无人继承收归国家或集体组织所有时，按继承法第十四条规定可以分给遗产的人提出取得遗产的要求，人民法院应视情况适当分给遗产。"

参考文献

［1］韦伯．新教伦理与资本主义精神［M］．于晓，译．上海：上海三联书店，1987.

［2］陈金钊．法治与法律方法［M］．济南：山东人民出版社，2003.

［3］沃克．牛津法律大辞典［M］．邓正来，等译．北京：光明日报出版社，1988.

［4］沈宗灵．法理学［M］．北京：北京大学出版社，1994.

［5］郭道晖．法的时代精神［M］．长沙：湖南出版社，1997.

［6］孙笑侠．法治、合理性及其代价［J］．法制与社会发展，1997（1）.

［7］夏勇．法治是什么：渊源、规诫与价值［J］．中国社会科学，1999（4）.

［8］姚建宗．法治的生态环境［M］．济南：山东人民出版社，2003.

［9］亚里士多德．政治学［M］．北京：商务印书馆，1965.

［10］马克思恩格斯选集：第39卷［M］．北京：人民出版社，1974.

［11］黑格尔．法哲学原理［M］．中译本．北京：商务印书馆，1961.

［12］徐显明．论法治构成要件［J］．法学研究，1996（4）.

［13］谢晖．法律信仰［M］．北京：商务印书馆，1993.

［14］伯尔曼．法律与宗的理念与基础［M］．济南：山东人民出版社，1997.

［15］托克维尔．论美国的民主教［M］．梁治平，译．北京：中国政法大学出版社，2003.

［16］卢梭．社会契约论［M］．北京：商务印书馆，2003.

［17］张文显．法理学［M］．北京：高等教育出版社，1999.

［18］韦德．行政法［M］．徐炳，译．北京：中国大百科全书出版社，1997.

［19］邓小平．邓小平文选：第2卷［M］．北京：人民出版社，1994.

［20］马克思恩格斯全集：第1卷［M］．北京：人民出版社，1956.

［21］邓小平．邓小平文选：第3卷［M］．北京：人民出版社，1993.

［22］列宁全集：第55卷［M］．北京：人民出版社，1990.

［23］郑永流．法治四章［M］．北京：中国政法大学出版社，2002.

［24］葛洪义．法理学［M］．北京：中国政法大学出版社，1999.

［25］马克思恩格斯选集：第2卷［M］．北京：人民出版社，1974.

［26］马克思恩格斯选集：第4卷［M］．北京：人民出版社，1974.

［27］钱明星，温世扬．国家司法考试辅导用书［M］．北京：法律出版社，2007.

［28］杨毅．大学生创业基础与实践［M］．成都：西南交通大学出版社，2010.

［29］李宇红．创业实务教程［M］．北京：北京大学出版社，2012.

［30］崔建远．合同法［M］．北京：法律出版社，2000.

［31］王利明．合同法［M］．北京：中国人民大学出版社，2013.

［32］房绍坤，范李瑛，张洪波．婚姻家庭与继承法［M］．4版．北京：中国人民大学出版社，2015.

［33］王利明，杨立新，王轶等．民法学［M］．4版．北京：法律出版社，2015.

［34］陈苇. 婚姻家庭继承法学［M］. 2 版. 北京：中国政法大学出版社，2014.

［35］王琳. 亲属与继承法［M］. 北京：法律出版社，2014.

［36］杨大文. 亲属法与继承法［M］. 北京：法律出版社，2013.

［37］许莉. 婚姻家庭继承法学［M］. 2 版. 北京：北京大学出版社，2012.

［38］孟令志. 婚姻家庭与继承法［M］. 北京：北京大学出版社，2012.